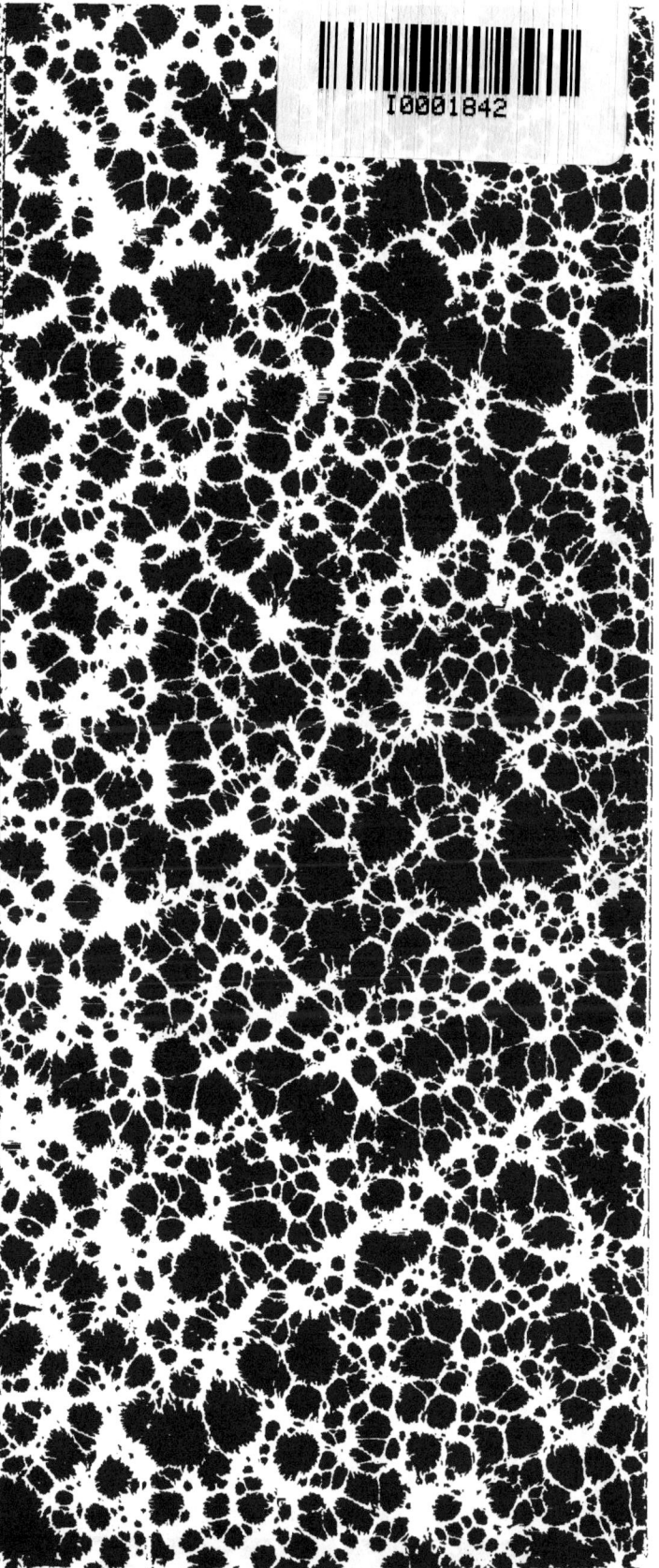

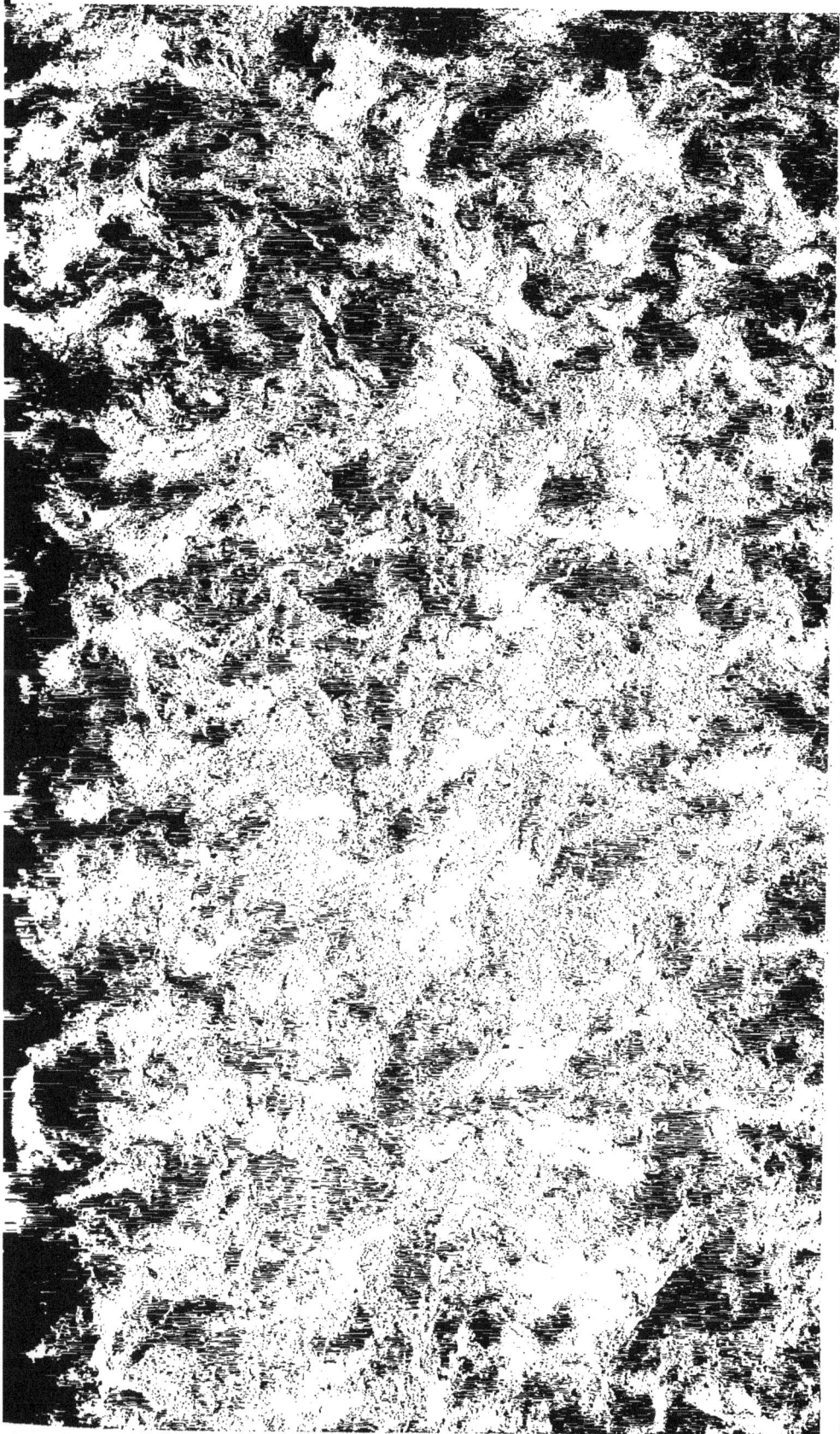

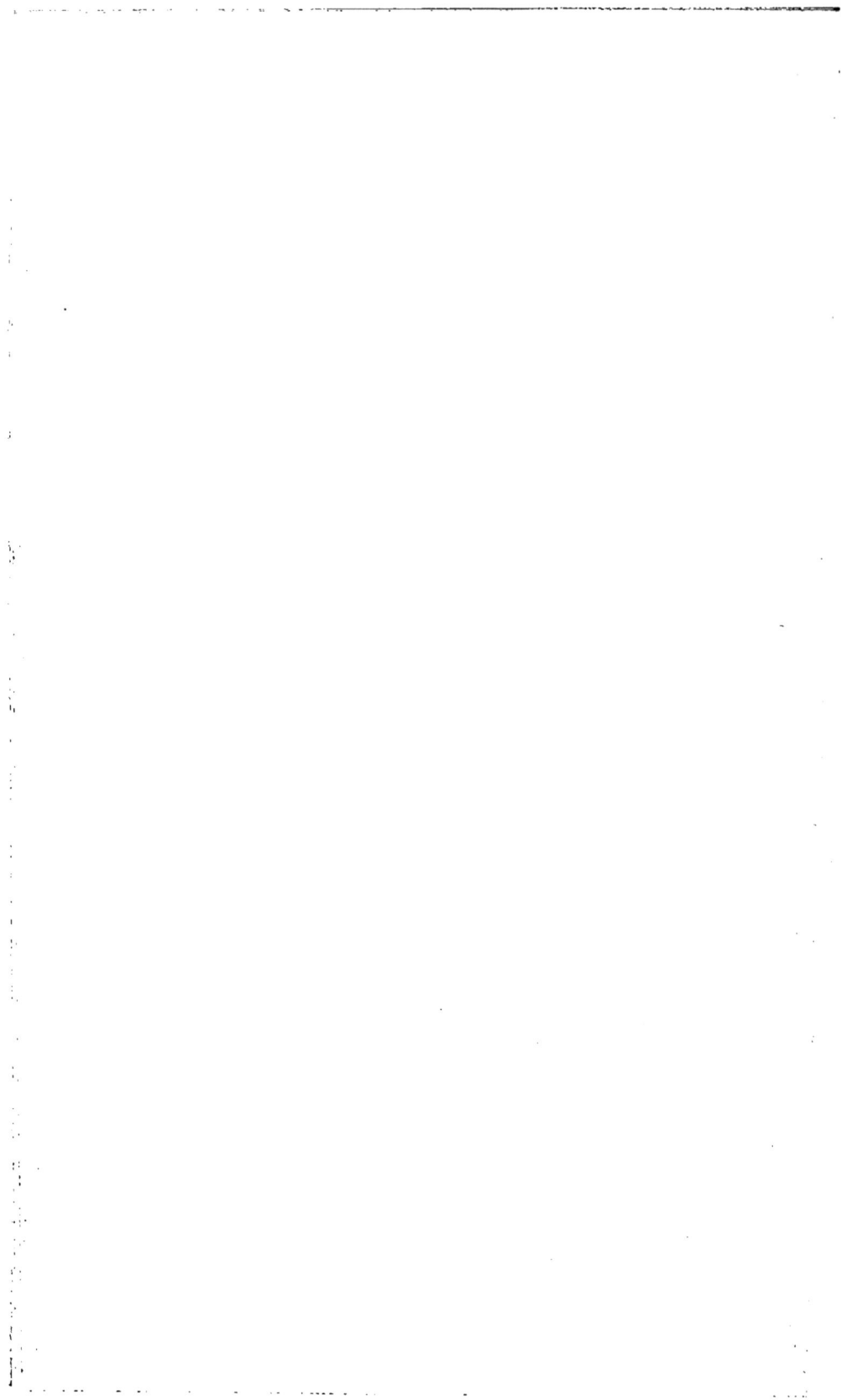

FACULTÉ DE DROIT DE PARIS

DE L'ACTION EX STIPULATU

EN DROIT ROMAIN

DES QUESTIONS DE DROIT INTERNATIONAL PRIVÉ

EN MATIÈRE D'OBLIGATIONS

AU POINT DE VUE DE LA SOLUTION

QU'ELLES DOIVENT RECEVOIR DE LA JURIDICTION FRANÇAISE

EN DROIT FRANÇAIS

———— >>>◦<<< ————

THÈSE POUR LE DOCTORAT

PAR

Philippe LECASBLE

Avocat à la Cour d'appel de Paris

—————

PARIS
IMPRIMERIE MOQUET
11, RUE DES FOSSÉS-SAINT-JACQUES, 11
1881

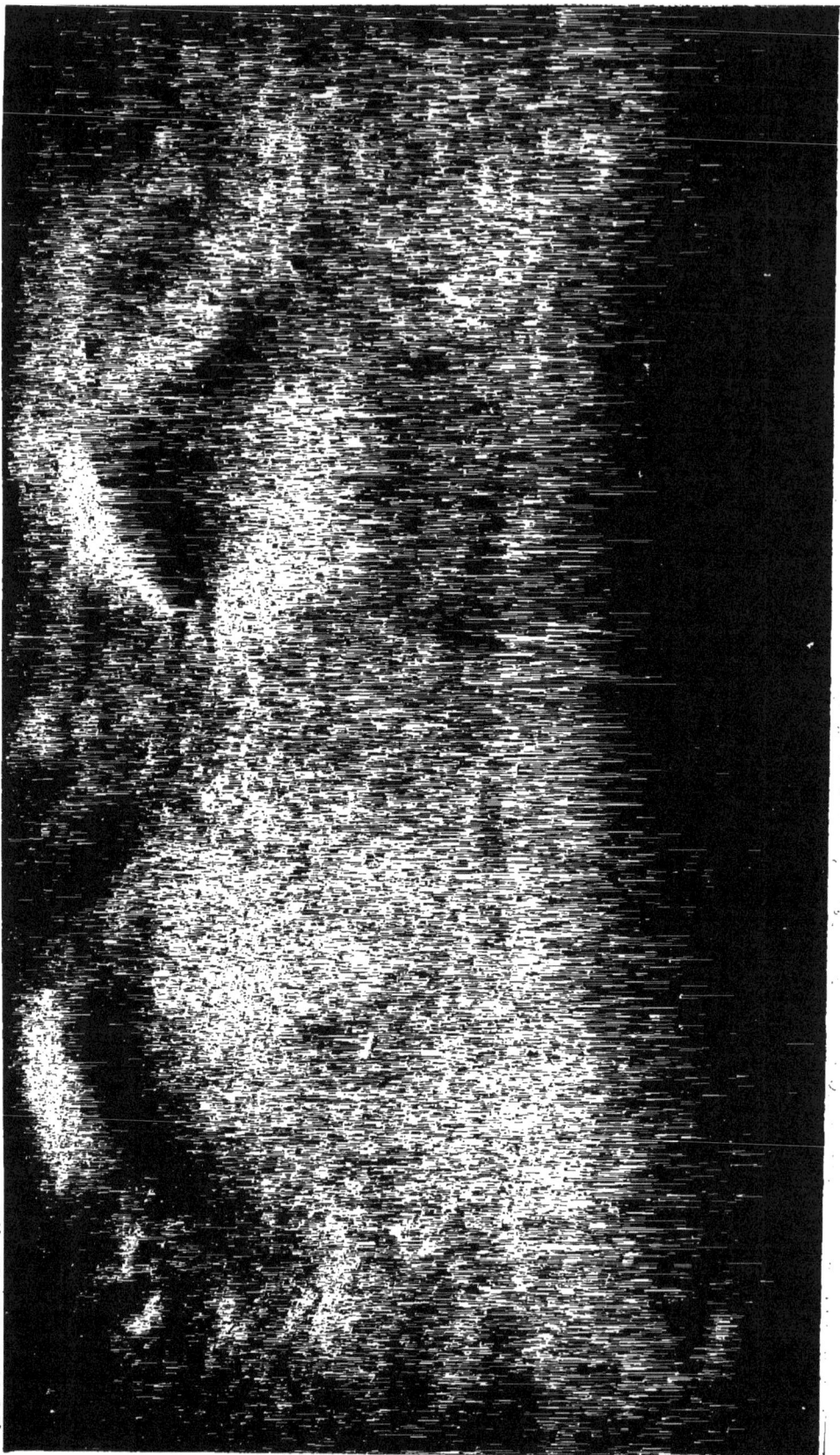

FACULTÉ DE DROIT DE PARIS

DE L'ACTION EX STIPULATU

EN DROIT ROMAIN

DES QUESTIONS DE DROIT INTERNATIONAL PRIVÉ

EN MATIÈRE D'OBLIGATIONS

AU POINT DE VUE DE LA SOLUTION

QU'ELLES DOIVENT RECEVOIR DE LA JURIDICTION FRANÇAISE

EN DROIT FRANÇAIS

7h03

THÈSE POUR LE DOCTORAT

Soutenue le jeudi 10 mars 1881, à midi

PAR

Philippe LECASBLE

Avocat à la Cour d'appel de Paris

Président : M. LABBÉ, professeur

1691

	MM. BEUDANT	}	PROFESSEUR
SUFFRAGANTS	BOISTEL		
	RENAULT	}	AGRÉGÉS
	ESMEIN		

PARIS

IMPRIMERIE MOQUET

11, RUE DES FOSSÉS-SAINT-JACQUES, 11

1881

8°

1833

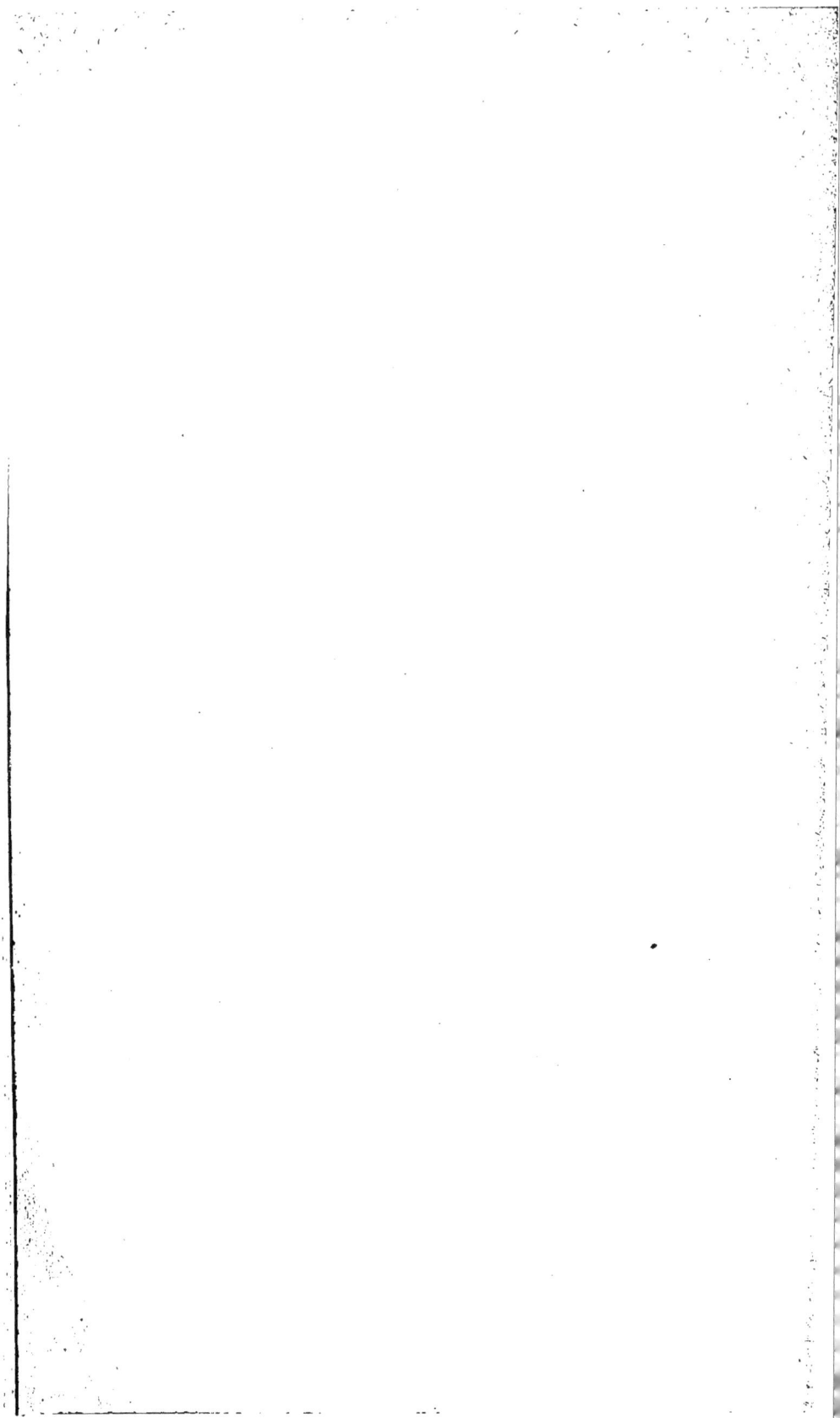

A MON PÈRE A MA MÈRE

DROIT ROMAIN

L'ACTION EX STIPULATU DE DOTE

CHAPITRE PREMIER.

DE L'ACTIO EX STIPULATU DE DOTE DANS L'ANCIEN
DROIT ROMAIN.

SECTION PREMIÈRE

DES CAUTIONES REI UXORIÆ

Justinien, dans une Constitution célèbre (L. 1, C. V,
13), voulant donner à la restitution de la dot une sanction plus efficace, substitua une nouvelle action dite
ex stipulatu, bien qu'elle eût pour objet une restitution
légale, à celles qu'on trouvait soit dans le droit spécial
de la matière, soit dans celui des pactes et des stipulations.

1

De ces actions l'une qui, au premier abord, paraît être la plus ancienne et qui est certainement la plus originale appartient exclusivement au droit de la dot ; c'est l'action *rei uxoriæ*. Deux autres actions ne sont que des actions de droit commun qui, reçoivent ici une application particulière. La première l'action *ex stipulatu* naît de la stipulation de restituer la dot ; la seconde, l'action *præscriptis verbis*, est fondée sur un contrat innomé, *do ut des* ou *facio ut des*, suivant que le pacte de restitution s'est appliqué à une dot constituée par tradition, par promesse, par acceptilation etc. L'action *præscriptis verbis* était sans doute moins usuelle que les deux autres, puisque Justinien oublie de la placer au nombre de celles dont l'action nouvelle *de dote* vient prendre la place ; remarquons, toutefois, qu'il en est question dans plusieurs textes du Digeste et que Justinien lui-même y fait allusion incidemment dans sa Constitution (§ 13).

Nous n'avons à nous occuper ici que de l'action *ex stipulatu de dote*. Mais nous devons rechercher d'abord quelle est sa date par rapport aux autres actions, dans quelles circonstances elle est née, et quelle influence elle a eue sur le développement ultérieur du droit de la dot.

L'action *præscriptis verbis*, dès son apparition, a pu être appliquée à la restitution de la dot, dans le cas au moins où elle avait été constituée par une dation ; cette *datio dotis*, par l'adjonction d'un pacte de restitution, formait un contrat *do ut des*, le premier des contrats innomés qui ait été sanctionné par l'action *præscriptis verbis*. Cette action est sans aucun doute moins ancienne que l'action *rei uxoriæ* ; celle-ci ne paraît guère antérieure à l'année 520 de Rome fondée. Au reste, il faut remarquer qu'avant l'introduction par la jurisprudence, de l'action *præscriptis verbis*, le pacte de restitution adjoint à la dation des objets dotaux n'était pas sans effet ; il donnait une *condictio causa data causa non secuta* qui aboutissait à la restitution intégrale des objets donnés.

Quant à l'action *ex stipulatu* est-elle antérieure à l'action *rei uxoriæ* ? En d'autres termes, l'usage de stipuler la restitution de la dot a-t-il pris naissance avant que la restitution légale eût été admise ?

Il semble que la question ne puisse guère se poser, et qu'en constituant une dot, on ait toujours eu la faculté d'en stipuler la restitution. Cependant, il est bien douteux que, dans le droit primitif des Romains, une stipulation de ce genre eût été licite.

Le caractère de la dot à cette époque reculée sur laquelle les documents sont très rares, semble avoir été bien différent de celui qu'elle a pris plus tard sous l'influence de mœurs nouvelles. Ce point, cependant, donne encore lieu à des controverses.

Dans un premier système, on assimile la constitution de dot au *mutuum* ; la dot est, dit-on, prêtée à la femme ; on en conclut qu'à la disolution du mariage,

le mari, sans qu'il ait fait aucune promesse de restitution, peut être poursuivi par une *condictio*, en vertu de
ce principe, que tout avantage de droit qui cesse d'être
fondé sur une juste cause donne lieu à répétition : *cons-*
tat id posse condici, quod redit ad non justam causam
(XII D. t. 7). Ce système soutenu autrefois par Doneau
a été repris par Savigny.

Dans un second système, on considère la constitution de dot, non seulement comme conférant au mari
la pleine propriété des biens dotaux, mais encore
comme ne laissant pas même subsister au profit de la
femme un droit de créance. Ce système soutenu par
MM. Bechmann et Csylharz, et par M. Gide, à propos
de l'action *rei uxoriæ*, est peut-être trop absolu; nous
aurons plus loin à l'examiner; il nous suffit de montrer
pour l'instant que c'est le seul qui explique le caractère de la dot tout au début du droit romain.

Dotis causa perpetua est : « La cause de la dot est
perpétuelle, dit le jurisconsulte Paul » (L. 1,D. *De jure*
dotium, XIII, t. III) et il ajoute qu'elle est constituée
pour rester toujours au mari,« ut semper apud maritum
« sit. » Ces expressions nous paraissent peu exactes
dans le droit du Digeste où la restitution de la dot est
présentée comme le fait le plus ordinaire; mais Paul
les a puisées sans doute dans le langage des anciens
Prudents. Nous lisons, en effet, dans Denis d'Halicar-
nasse (*Ant. Rom.*, II, 25) que Romulus n'avait donné
aucune action à la femme contre son mari, ni établi

aucune loi pour la restitution de la dot. Ainsi, dans l'ancien droit romain, il était vrai de dire que le bien dotal devenait le bien définitif du mari, et, c'est à cette époque reculée qu'il faut reporter l'adage : *Dotis causa perpetua est.*

Ce caractère singulier de la dot s'explique fort bien lorsqu'on examine le régime matrimonial romain à l'origine.

Le mariage était le plus souvent accompagné d'une *conventio in manum*, en vertu de laquelle la femme passait sous la puissance de son mari et était dite *loco filiæ.* Si elle était *sui juris*, tous ses biens devenaient la propriété de son mari; mais on disait que ces biens appartenaient au mari comme biens dotaux, *dotis nomine* : « Quum mulier viro in manum convenit, omnia quæ « mulieris fuerunt viri fiunt dotis nomine»(Cic., *Top.* 4). A ce texte de Cicéron, nous pouvons en ajouter un autre de Paul (§ 115, *Frag.* ; *Vat.*) le jurisconsulte romain assimile ce que reçoit le mari directement par une véritable constitution de dot à ce qu'il reçoit indirectement à la suite d'une *conventio in manum* : « Verum est « quod a quibusdam dicitur, omnia in dotem dari « posse, argumento esse in manum conventionem. »

Si la femme était au moment du mariage sous la puissance d'un *paterfamilias*, la *conventio in manum* l'en faisait sortir; mais n'ayant aucun patrimoine, elle n'apportait rien à son mari pour subvenir aux charges du mariage ; aussi, le mari recevait du père de famille une dot dit *dote profectice*.

Dans l'un et l'autre cas, que la femme, au moment du mariage, fût *sui juris*, ou qu'elle fût *alieni juris*, les biens qui entraient dans le patrimoine du mari *dotis nomine* ne devaient jamais être restitués. Il ne pouvait pas être question de reconnaître à la femme un droit de créance contre son mari, en vertu du principe qu'il ne peut y avoir d'obligation civile entre le père de famille et ceux qui sont soumis à sa puissance. Remarquons, d'ailleurs, qu'à cette époque, où le divorce était encore inconnu, la *manus* était perpétuelle comme la puissance paternelle, que dans le cas de dissolution du mariage par la mort du mari, la femme n'était point laissée sans ressources, puisqu'elle héritait de lui, comme *heres sua*, en concours avec ses propres enfants, enfin, que ceux-ci, lorsque le mariage était dissous par la mort de leur mère, trouvaient, dans le patrimoine de leur père, les biens qu'y avait apportés, à titre de dot, soit la femme, soit son *paterfamilias*, soit un étranger en son nom.

Lorsque le bien dotal provenait du père, on aurait pu concevoir que celui-ci stipulât la restitution de la dot à son profit, en cas de dissolution du mariage par la mort de la femme ou par celle du mari. Mais il était juste, dans les deux cas, que la dot ne fît pas retour au père de famille. La femme, en sortant de la puissance paternelle par la *conventio in manum*, avait perdu tout droit à la succession de son père comme *heres sua*, et, la constitution d'une dot, qui devait rester perpétuellement entre les mains du mari, permettait, en cas de dissolution du mariage par la mort de celui-ci, de conserver à la femme une portion de la fortune paternelle ; elle la retrouvait dans le patrimoine de son mari, et, comme elle était *loco filiæ*, par rapport à sa succession, elle la partageait avec ses enfants ainsi que toute l'*hereditas*, ou bien la prélevait à son profit, si le mari avait fait le *prælegatum dotis* ; au cas où le mariage était dissous par la mort de la femme, c'était un moyen, pour celle-ci, de faire parvenir la dot à ses enfants, qui la retrouvaient dans le patrimoine de leur père, le mari.

Le mariage pouvait aussi ne pas être accompagné d'une *conventio in manum* ; le *status* de la femme n'était point changé. Dans ce cas, comme dans le précédent, l'usage de la dot était universel. La femme *sui juris* apportait tout ou partie de ses biens à son mari ; si elle était *alieni juris*, celui sous la puissance duquel elle se trouvait, constituait au mari, en son nom, une dot profectice un étranger pouvait encore remettre la dot au mari. La *causa dotis*, dans toutes ces hypothèses, était encore perpétuelle.

Il semble cependant qu'il eût été raisonnable de stipuler la restitution de la dot pour la dissolution du mariage. Ici, aucun principe de droit, semble-t-il, n'empêchait la femme, le père de famille ou l'*extraneus* d'être créancier de la dot. Mais plusieurs des raisons qui s'opposaient à la restitution de la dot dans le mariage avec *manus* trouvaient encore leur application dans le mariage sans *manus*. Ainsi, on trouvait juste qu'au cas de prédécès de la femme, la dot restât entre les mains du mari, afin que les enfants la trouvassent plus tard dans son patrimoine. Le préteur n'avait pas encore appelé les enfants à la succession de leur mère dans l'ordre des cognats. Un résultat moins justifiable se produit, lorsque le mariage est dissous par la mort du mari. Dans ce cas, la femme, n'étant pas *in manu mariti*, n'a point la qualité d'*heres sua*; il est vrai que, si elle est *alieni juris*, elle a conservé ses droits de succession dans sa famille civile; toutefois, il n'est pas juste que sa dot appartienne de son vivant aux héritiers de son mari, quand même ce seraient ses propres enfants. Aussi la pratique romaine avait-elle paré à cet inconvénient. Le *prælegatum dotis* au profit de la femme était d'un usage universel, et, à une époque où on ne mourait presque jamais *intestat* et où la coutume avait un empire absolu sur les esprits, il n'était pas nécessaire d'assurer autrement la restitution de la dot.

Faut-il aller plus loin et soutenir que, dans le droit primitif, la stipulation de restituer la dot eût été illicite, *injusta*? Oui, semble-t-il, s'il est vrai que la constitution de dot conférait un droit de propriété sur les biens dotaux à celui à qui elle était faite, et que la femme, de droit commun, n'avait pas même un droit de créance, une stipulation *dotem reddi* eût peut-être renfermé une contradiction. Au reste, on ne peut faire sur ce point que des conjectures ; mais il est certain qu'aussi longtemps que le divorce resta inconnu à Rome, la restitution de la dot ne fut assurée ni par la loi, ni par les conventions des parties.

Cette idée que la dot doit être restituée n'est apparue qu'avec les premiers divorces. Aulu-Gelle nous donne sur ce point de précieux renseignements (*Nuits attiques*, IV, 3). « Memoriæ traditum est D fere annis « post Romam conditam, nullas rei uxoriæ actiones ne- « que cautiones in urbe Romana aut in Latio fuisse quia « perfecta nihil desiderabantur, nullis etiam tunc ma- « trimoniis divertentibus. Servius quoque Sulpicius, in « libro quem composuit *De dotibus* tum primum cau- « tiones rei uxoriæ necessarias esse visas scripsit, « quum Spurius Carvilius cui Ruga cognomen fuit, vir « nobilis, divortium cum uxore fecit, quia liberi, ex ea, « corporis vitio non gignerentur. »

Aulu-Gelle, après avoir constaté que pendant près de cinq cents ans, à partir de la fondation de Rome, il n'y eut dans les pays latins ni *actiones* ni *cautiones rei uxoriæ*, c'est-à-dire aucun secours légal ou convention- nel en vue de la restitution de la dot, nous apprend que, dès l'apparition du divorce, on comprit qu'il fallait assurer cette restitution par des stipulations (*cautiones*). Le mot *cautio*, dans son sens le plus large désigne toute espèce de garantie, de sûreté. Ici, il désigne une véri- table stipulation qui garantit la restitution de la dot.

On a signalé une erreur historique dans le texte
d'Aulu-Gelle. Le cas de Spurius Carvilius n'était point
le premier exemple de divorce ; Valère-Maxime (II,
92) mentionne vers le milieu du cinquième siècle de
Rome fondée, le divorce d'un certain Lucius Antonius.
Ce qui est vrai, c'est que le divorce de Spurius Carvilius eut un grand retentissement et que ce furent les
circonstances dans lesquelles il se produisit qui donnèrent naissance à l'usage des *cautiones rei uxoriæ*.
Spurius Carvilius avait répudié sa femme sans prendre
l'avis de ses proches, c'est-à-dire de ce conseil ou tribunal de famille qui devait assister le *paterfamilias*
romain, quand il prononçait comme juge, soit sur le
sort de sa femme, soit sur celui de ses enfants.
Ce conseil se composait non des agnats mais
des cognats. d'amis et d'affranchis; c'était, dit
Ihering, *une sorte d'entourage moral* (V. Ihering, *Esprit du droit romain*, II, p. 210 et pass.). L'intervention de ce conseil de proches apportait des tempéraments à l'arbitraire du père de famille ; ainsi, en
cas de divorce, il avait à veiller sur les intérêts de la
femme et devait s'opposer à une répudiation injuste.
Plaute (*Stichus*, 1, 2, 71) met en scène un père qui
voulant dissoudre, en vertu de sa *patria potestas*, le mariage de sa fille, s'exprime en ces termes : « Auctores
« ita sunt Amici, ut vos hinc abducam domum. » Cette
autorité des proches était toute morale; elle n'avait point
d'autre sanction que l'opinion. Spurius Carvilius, en

répudiant sa femme sans consulter ses proches, n'a-
vait commis aucun excès de pouvoir. Mais, son exemple fit comprendre que les femmes n'étaient pas
suffisamment protégées contre les répudiations capri-
cieuses, et qu'elles risquaient d'être abandonnées sans
ressources ; de là l'idée de stipuler la restitution de la
dot pour le cas de divorce.

Comment se faisait cette stipulation ?

Quel était son objet ?

Il est question au Digeste de stipulations par lesquelles la femme, le père de famille ou l'*extraneus*
constituant de dot se font promettre *dotem reddi*; c'est
toute la dot qui doit leur être rendue. Il n'est point
probable que les *cautiones rei uxoriæ* aient été ainsi
formulées; elles eussent dépassé le but qu'on se pro-
posait d'atteindre. En effet, on voulait simplement empêcher que la femme, en étant privée de sa dot, fut
laissée dans la misère; et ce résultat eût été fréquent,
puisque la plupart des mariages étaient accompagnés
de la *conventio in manum*, et, qu'une fois sortie de la
puissance de son mari, la femme ne retombait point
sous celle de son père. Mais, hormis le cas de divorce,
les motifs que nous avons exposés plus haut militent
toujours en faveur de la conservation de la dot par le
mari.

Une stipulation qui aurait eu pour objet la restitution de toute la dot, même au seul cas de divorce, eût
encore été au-delà de ce que la femme pouvait équita-

blement exiger. La dot a toujours été considérée
comme ayant pour but d'aider le mari à subvenir aux
charges du mariage; de plus, les anciens Romains y
voyaient un moyen de faire parvenir aux enfants à naître du mariage une portion des biens de leur mère ou
de leur famille maternelle. Ajoutons que la répudiation
de la femme par le mari pouvait être fondée sur des
causes très légitimes, et que, dans ce cas, la femme
coupable ne devait pas recouvrer sa dot intégralement.
Il y avait donc lieu à une véritable appréciation; il fallait avoir égard aux dépenses que le mari avait faites
dans l'intérêt de la dot, tenir compte des charges que
lui imposait le nombre des enfants, enfin rechercher
s'il n'était point juste de frapper la femme coupable
d'une condamnation pécuniaire qui aurait diminué la
dot d'autant. Il semble, en conséquence, que les *cautiones rei uxoriæ* devaient être formulées de façon à mé-
nager à la fois les intérêts divers de la femme, du mari
et des enfants.

Un texte de Boëce sur les *Topiques* de Cicéron (*Ad
Cic. Top.*, XVII, 66) paraît confimer cette opinion :
« Dos interdum his conditionibus dari solebat, ut si
« inter virem uxoremque divortium contigisset, *quod
« melius æquius esset* apud virum maneret, reliquum
« dotis restitueretur uxori. » Au premier abord, on
pourrait penser qu'il est ici question plutôt d'un simple pacte venant se joindre à la dation de la dot que
d'une stipulation. Mais cette convention nous est pré-

sentée par Boëce comme antérieure à l'action *rei uxoriæ*.
A cette époque, c'est-à-dire, au plus tôt, vers la fin
du V° siècle de Rome fondée, le pacte dont Boëce nous
donne la formule ne pouvait avoir d'autre sanction que
celle qui résultait de la *condictio sine causa* ou de la *condictio causa data causa non secuta.* En effet, l'action
præscriptis verbis qui permet d'exécuter *in forma speci-
fica* l'engagement contenu dans le pacte, n'a été introduite par la jurisprudence que vers le milieu du II°
siècle de l'ère chrétienne. Or, on sait que la *condictio*
était loin de réaliser le but que se proposaient les parties dans le pacte adjoint à la dation ; celui qui s'obligeait *ob rem*, ne pouvait être poursuivi qu'en restitution
de ce qu'il avait reçu ; dans l'espèce que nous présente le texte de Boëce, la *condictio* eût abouti à des
résultats précisément contraires à la volonté des parties, puisque le mari eût été obligé de restituer non
point, *quod melius œquius esset*, ce qu'il paraissait équitable de restituer, mais la dot tout entière, telle qu'il
l'avait reçue.

Si maintenant nous rapprochons le texte de Boëce
de celui d'Aulu-Gelle, nous sommes amenés à conclure
qu'il s'agit dans l'un comme dans l'autre de ces *cautiones* par lesquelles on stipulait du mari ce qu'en équité
il devait restituer. Aulu-Gelle les appelle *cautiones rei
uxoriæ* ; cette expression, *res uxoria*, est plus large et
plus souple que le mot *dos*; elle peut désigner l'objet
d'une restitution dont le *quantum* est laissé à l'appré-

ciation d'un juge ; de plus, nous la retrouvons employée
à propos du secours légal qui fut accordé plus tard à la
femme pour la restitution de sa dot, sous le nom d'action *rei uxoriæ*, et la formule de cette action reprodui-
sait l'expression citée dans le texte de Boëce : *quod melius æquius esset.* C'est une nouvelle raison de penser
que les *cautiones rei uxoriæ* comportaient une rédaction
analogue. On promettait une restitution équitable de
la dot, et de cette promesse naissait une action *ex stipulatu incerta* qui, grâce aux termes larges de la formule, avait tous les avantages d'une action de bonne
foi.

De graves objections peuvent être élevées contre ce
système.

D'abord une stipulation *incerta* était-elle possible à
l'époque à laquelle se réfère le texte d'Aulu-Gelle ? On
voit que la loi Silia qui institua la *condictio certæ pecuniæ*
est de l'année 500 environ de Rome fondée, et la loi
Calpurnia relative à la *condictio triticariæ certæ rei* de
l'année 520, précisément l'époque à laquelle les *cautiones rei uxoriæ* commencèrent à devenir en usage.
S'il faut voir dans ces *cautiones* des stipulations dont la
formule se rapproche de celle du texte de Boëce, on
peut être arrêté par cette objection qu'alors la *condictio incerta* ou l'action *ex stipulatu incerta* n'existait pas
encore. Ce point de vue est celui d'un grand nombre
d'auteurs ; on peut citer entre autres Gans, Hasse et
Ihering. D'après eux, les *condictiones incerti* ne remon-

teraient point plus haut que les premières années de l'Empire.

Il faudrait donc voir dans les *cautiones rei uxoriæ*, soit des stipulations *dotem reddi* analogues à celles dont il est question au Digeste et qui ont pour objet, une quantité certaine, *certam pecuniæ quantitatem* (L. 45, D. *Sol. matr.* **XXIV, t.** 3), soit des stipulations de peine qui auraient servi de sanction à des conventions privées de toute force obligatoire.

La première opinion, qui est la plus spécieuse, a été soutenue par Ihering (*Esprit du droit romain*). Selon cet auteur, à l'époque du divorce de Carvilius **Ruga**, le principe de l'*intentio certa* (loi Silia) était encore en pleine vigueur. Ainsi, les *cautiones rei uxoriæ* devaient porter sur un *quantum* déterminé ; mais le danger d'une *plus petitio* était à craindre ; la femme ne devait demander que ce qui lui était dû, déduction faite des dépenses nécessaires. D'après Ihering, c'était là un des cas d'application du *præjudicium quanta dos sit*, dont il est question dans les commentaires de Gaius (IV, 44). Cette formule permettait au mari d'indiquer le montant des impenses, et à la femme le montant de sa dot. « Lorsque l'*arbiter* avait déterminé le montant des impenses, la demanderesse pouvait, avant qu'il prononçât *quanta dos sit*, payer les dépenses et s'assurer ainsi la restitution intégrale de la dot originaire » (arg., L. 56, § 3, D., XXIII, 3).

Le texte de Boëce ne nous permet point d'admettre

cette explication. La dot était donnée, dit-il, sous la condition que le mari en restituerait ce qui, en équité, devait être restitué, *quod æquius melius esset*. Une stipulation *dotem reddi*, avec une formule *certa*, eût exclu toute appréciation de ce genre. Le *præjudicium quanta dos sit* ne venait pas en aide à l'équité ; il permettait de déterminer le *quantum* de la dot au moment de la restitution ; mais la dot n'était diminuée de plein droit que des dépenses nécessaires ; ainsi le mari n'aurait eu aucun moyen de retenir les dépenses utiles (l'exception de dol n'existait pas encore) et les intérêts des enfants auraient été sacrifiés.

D'autre part, une telle stipulation aurait été contraire à l'idée encore dominante, que la dot appartient pour toujours au mari. L'apparition du divorce ne pouvait point changer radicalement ce caractère de la dot ; cette transformation devait s'opérer lentement sous l'influence de la coutume qui se dégageait peu à peu des conventions des parties. Ce qu'on voulut d'abord assurer à la femme, ce fut la restitution d'une portion indéterminée de la dot, conformément à l'équité.

La seconde opinion, celle qui ne voit dans les *cautiones rei uxoriæ* que des stipulations de peine destinées à sanctionner des conventions innomées, nous semble forcer le sens de cette expression, *cautiones rei uxoriæ*. Il ne peut s'agir ici que de stipulations ayant pour objet précisément la *res uxoria*, c'est-à-dire les biens donnés en dot. Si les *cautiones* étaient des stipulations de peine, Aulu-Gelle les aurait appelées *de re uxoria* et non pas *rei uxoriæ*.

· Mais, dit-on, à l'époque du divorce de Carvilius Ruga, le principe de l'*intentio certa* était encore en pleine vigueur; comment donc admettre que les *cautiones* fussent des stipulations *incertæ rei*? Nous pensons qu'il n'est nullement prouvé que la *condictio incerti* soit de beaucoup postérieure à la *condictio certi*. La loi Cornelia établissant la *condictio certæ rei* a suivi de près la loi Silia sur la *condictio certæ pecuniæ*; l'une est de l'année 500 de Rome fondée, l'autre de l'année 520. Tout porte à croire que la *condictio incerti*, qui répondait à de nombreux besoins, a été introduite vers la même époque; et, ce qui doit nous confirmer dans ce point de vue, c'est que la *condictio certæ rei* (Loi Cornélia) et la *condictio incerti* sont désignées toutes deux sous la dénomination générique de *condictio triticaria*.

A ces arguments nous pouvons en ajouter deux autres qui nous sont fournis par Savigny.

Le jurisconsulte allemand fait remarquer qu'antérieurement à l'année 664 de Rome fondée, époque à laquelle la *lex Julia* accorda à la nation latine le droit de cité romaine, les fiançailles se faisaient chez les Latins par une *sponsio* dont Aulu-Gelle nous rapporte le texte tiré de Neratius (*De nuptiis*): « Litem pecunia « judex æstimabat; quantique interfuerat eam uxorem « accipi aut dari... condemnabat. » « Nous avons ici, dit Savigny, l'image la plus complète d'une *incerti con-*

dictio alors usitée et qui certainement est empruntée à une époque antérieure. » Cette stipulation était propre aux Latins ; « mais, ajoute le même auteur, la stipulation embrassant le simple *facere* et engendrant une *incerti condictio*, mentionnée ici accidentellement doit nous faire supposer que les Romains de cette époque reconnaissaient le même droit » (Savigny, *Traité de droit romain*, V. App. XIII.)

Savigny voit encore une autre preuve de l'antiquité de la *condictio incerti* dans la nécessité où était de l'intenter celui qui avait fait novation avec quelqu'un à qui rien n'était dû ; il avait alors une *condictio sine causa* qui était *incerta*.

Ainsi nous admettons que les *cautiones rei uxoriæ* étaient des stipulations incertaines donnant naissance à la *condictio incerti*.

Mais ici une nouvelle objection se présente.

Presque tous les auteurs admettent que l'action *ex stipulatu incerta* et en général, les *condictiones incerti* sont *stricti juris* ; c'est ce que Savigny s'est appliqué à démontrer (op. cit. *id. ibid.*). Sans doute, le juge de la *condictio incerti* doit faire une évaluation, la *taxatio* du *quanti ea res est* ; mais il est lié par les termes de la formule et il ne peut s'inspirer d'aucune considération d'équité pour modifier la condamnation. Or, dans notre système, le juge de l'action naissant des *cautiones rei uxoriæ*, non seulement devait juger selon l'équité, mais en outre, avait un pouvoir arbitraire d'appréciation.

L'expression *quod melius æquius erit* que nous supposons insérée dans la formule des *cautiones* semble plutôt,comme les mots *ex fide bona*, s'appliquer à un contrat de bonne foi. Elle donne même au juge une autorité
qu'il n'a pas dans les *judicia bonæ fidei*, ce qui a conduit certains auteurs, entre autres Savigny, à former
une classe spéciale d'actions dites *actiones in bonum et
æquum conceptæ.*

Sans nier que les *condictiones incerti* soient *stricti juris*,
nous ferons remarquer avec Savigny (V. app. XIII, 17)
et Maynz (*Droit romain*, III, § 240) que les parties peuvent leur donner les caractères des *judicia bonæ fidei.*
L'insertion dans la formule de la stipulation de certains
mots comme *fide*, *recte*, permettait d'étendre les pouvoirs du juge (L. 122,§ 1, D. *De verb. obl.*). C'est ainsi
que la *lex Rubria de Gallia Cisalpina* (XX), nous présente
une stipulation avec la formule *ex fide bona.* On suppose
que la *damni infecti repromissio* a été refusée; alors le
préteur donne une action fondée sur une stipulation
fictive : « Quidquid eum Q. Licinium ex ea stipulatione
« Sejo dare facere oporteret *ex fide bona.*» Maynz s'appuie sur ce texte pour décider que les *condictiones incerti*
pouvaient être des actions de bonne foi. Savigny, tout
en soutenant qu'elles sont toujours de droit strict,admet
que les parties pouvaient donner à la formule de la stipulation, le caractère des formules de bonne foi et que
le juge de la *condictio*, à l'exemple de *l'arbiter* devait
alors tenir compte de la *mora* et de la *culpa.* ordonner la

restitution des fruits,(L. 73,D. *De verb. oblig.*) et même suppléer aux exceptions non insérées dans la formule. En d'autres termes, les expressions *recte, fide, ex bona fide*, tiennent la place de la clause si ancienne et si fréquente en droit romain dite *clausula doli*. Cette stipulation de dol protégeait non seulement le stipulant contre le dol du promettant, mais elle autorisait celui-ci à démontrer devant le juge le dol du stipulant; la *bona fides*, comme le fait remarquer Savigny, a un caractère réciproque (op. cit. V. app. XIII, n° 7; L. 31, *De receptis* D. III, 8; L. 3, C. II, 56).

Ainsi, nous pouvons admettre sans témérité que les *cautiones rei uxoriæ* dont parle Aulu-Gelle étaient des stipulations dans lesquelles la formule *quod æquius melius erit* permettait d'échapper aux rigueurs du droit strict.

Il nous reste à écarter une dernière objection : comment concevoir une restitution conventionnelle de la dot dans le mariage accompagné d'une *conventio in manum*? Cette question a une grande importance puisque à l'époque du divorce de Carvilius Ruga, la *conventio in manum* était presque générale; il était nécessaire d'assurer à la femme qui sortait de la puissance de son mari par le divorce, les mêmes garanties pour la restitution de sa dot, qu'à la femme qui était restée *sui juris* ou en puissance du père de famille.

Nous avons dit plus haut que la femme *in manu mariti* ne pouvait être considérée comme créancière des biens qui étaient tombés dans le patrimoine du mari, *dotis nomine*, en vertu du principe qu'il ne saurait y avoir d'obligation civile entre le *paterfamilias* et ceux qui sont soumis à sa puissance. Ainsi, semble-t-il, une *cautio rei uxoriæ* faite au début du mariage ne devait pas produire d'effets à sa dissolution, la femme *in manu mariti* étant *capite minuta*.

Des interprètes ont échappé à la difficulté, en soutenant que la coutume était venue au secours de la femme divorcée indépendamment de toute convention de restitution faite avant le mariage. L'action *rei uxoriæ*, dans ce système, nous apparaît comme une action d'une nature toute spéciale qui ne repose point sur l'idée d'une créance existant au profit de la femme durant le mariage et qui ne prend naissance qu'à sa dissolution. Par suite, on n'hésite pas à accorder à la femme *in manu mariti* une action en restitution de la dot; en effet, dit-on, au moment où naît l'obligation de restituer, la *manus* a pris fin et l'action *rei uxoriæ* peut être donnée.

Sans doute, l'obligation légale pour le mari de restituer la dot à la dissolution du mariage est une véritable anomalie dans le droit primitif où régnait le principe : *Dotis causa perpetua est.* Jusqu'à l'apparition du divorce, la femme romaine n'a pu être considérée comme créancière de sa dot. Mais, ce serait méconnaître, selon nous, les phases par lesquelles a passé le régime dotal que de soutenir que cette idée du droit absolu du mari sur les biens dotaux a survécu dans la

société romaine transformée par le divorce. De plus,
les textes d'Aulu-Gelle et de Boëce ne nous permettent
point de voir dans l'action *rei uxoriæ* un remède extraor-
dinaire introduit par les Prudents ; c'est par les *cautiones rei uxoriæ* que les femmes ont été protégées contre les conséquences de répudiations arbitraires;
l'action *rei uxoriæ* n'a été instituée que plus tard. Donc,
l'objection subsiste dans toute sa force ; comment, à
cette époque, la femme *in manu mariti* pouvait-elle recouvrer sa dot ?

Ce problème juridique n'est peut-être pas insoluble.
D'abord, si la femme est *alieni juris* au moment du
mariage, le père de famille qui remet la dot profectice
peut faire la *cautio rei uxoriæ* pour le cas de divorce.
L'obligation qui se forme entre le mari et le père de
famille n'est évidemment point atteinte par la *capitis
diminutio* que subit la femme en vertu de la *conventio
in manum mariti*. Sans doute, nous voyons dans le Digeste que le père de famille, agissant *rei uxoriæ*, a besoin du consentement de sa fille : « *dos communis est patris et filiæ*. » C'est là un principe très ancien qui devait
déjà exister à l'époque des *cautiones rei uxoriæ*. Ces *cautiones*, qu'elles fussent faites à la femme ou à son *pater
familias*, avaient pour but de la garantir contre les conséquences d'une répudiation injuste, en lui assurant une
portion suffisante de sa dot, afin qu'elle ne fût point
dépourvue de toute ressource et qu'elle pût, si elle le
voulait, convoler en secondes noces. Il est donc pro-

bable que la restriction au principe *dotis causa perpe-tua est*, ne fut admise qu'en sa faveur, et que le juge de l'action *ex stipulatu rei uxoriæ*, en vertu des pouvoirs que lui donnait la formule *quod æquius melius erit*, au-rait refusé de restituer la dot au père de famille, si la fille divorcée n'avait pas consenti à la restitution. Dans ce cas, la restitution de la dot n'aurait pas été jugée équitable. Toutefois, cette nécessité du concours de la fille ne venait point de l'idée qu'elle était créancière, mais de cette idée toute différente, qu'elle seule était vraiment intéressée à ce que sa dot, *res uxoria*, fut res-tituée au père de famille. La *manus* ne mettait donc pas obstacle à la *cautio rei uxoriæ*.

Mais si la femme était *sui juris*, les biens qu'elle avait apportés, ou ceux qu'un *extraneus*, par affection pour elle, avait donnés, *dotis nomine*, à son mari, pouvaient-ils faire l'objet d'une *cautio rei uxoriæ*, dans le mariage accompagné d'une *convention manum*?

D'abord la *cautio rei uxoriæ* pouvait être faite avant l'acte par lequel la femme possait *in manum mariti*. La créance qui en résultait à son profit contre son mari s'éteignait par confusion, lorsque la constitution de la *manus* avait rendu le mari créancier et débiteur de la *res nxoria*. Mais, dès que les divorces se multiplièrent, la *manus* cessa d'être perpétuelle, comme la puissance paternelle; la femme, à la différence du fils de famille, put exiger son émancipation.

Par quels moyens légaux parvenait-elle à ce résultat ? Nous ne pouvons faire sur ce point que des conjectures ; le censeur, sans doute, à raison du *regimen morum* dont il était investi, intervenait et obligeait le mari à accomplir les actes solennels qui détruisaient la *manus*.

Quant aux biens qui avaient été donnés au mari *dotis nomine*, le mari à cette époque, n'aurait pu en être dépouillé par la seule autorité du censeur ; c'eût été là une véritable confiscation, puisque l'acquisition de la dot par le mari avait une *causa perpetua*. Mais, lorsqu'avant le mariage, le cas de divorce avait été prévu et la restitution de la dot stipulée dans une *cautio rei uxoriæ*, le censeur ou tout autre magistrat, en donnant à la femme le moyen de recouvrer une portion équitable de sa dot, ne faisait que se conformer à la volonté des parties. Ajoutons que, dès l'apparition du divorce, on comprit que la dot, bien qu'appartenant au mari, ne lui avait été donnée qu'en considération de la femme ; stipuler, pour le cas de divorce, une restitution équitable de la *res uxoria*, c'était stipuler une *præstatio naturalis*, et on sait que la *capitis diminutio* n'atteint point ces sortes d'obligations : « Eas obligationes, quæ natu- « ralem præstationem habere intelliguntur, palam est « capitis diminutione non perire. » On peut supposer encore qu'un contrat de fiducie intervenait au moment de la *conventio in manum* et permettait ainsi à la *cautio rei uxoriæ* de sortir ses effets. Enfin, la *cautio rei uxoriæ* pouvait être faite par un tiers au profit de la femme ; elle était nulle en vertu de la règle : *Nemo alteri stipulari potest*. A l'époque classique, le jurisconsulte Paul admet, par exception, que si la stipulation *dotem reddi* est faite par l'aïeul maternel, une action utile doit être donnée à la femme *ne commodo dotis de fraudetur* (L. 45, *Sol. matr.*, XXIV, 3). Le droit strict des temps anciens aurait repoussé une aussi grave dérogation aux principes ; mais là encore, en vertu des pouvoirs que lui conférait le *regimen morum*, le censeur pouvait donner effet à la *cautio rei uxoriæ*.

Il résulte de tout ce qui précède que les *cautiones rei uxoriæ* servirent d'abord à assurer à la femme la restitution de sa dot et qu'avec le temps, elles donnèrent naissance à l'action *rei uxoriæ*.

Afin de mieux comprendre comment l'action coutumière se dégagea peu à peu des *cautiones*, il est utile de rechercher quel était le caractère de l'instance, du *judicium* qui avait lieu en vertu de ces stipulations *rei uxoriæ*.

Nous avons déjà remarqué incidemment que la formule *quod æquius melius erit* insérée, d'après nous, dans les *cautiones* était plus large que les expressions *recte, fide, ex bona fide*, plus large que la *clausula doli* qui a pour effet de donner aux *judicia stricti juris* les caractères des *judicia bonæ fidei*.

« Cette expression *æquius melius*, dit Savigny, désigne une liberté d'appréciation fondée moins sur la nature de l'action que sur les besoins spéciaux de cer-

tains rapports de droit : liberté qui n'existe ordinairement pas même pour les *bonæ fidei actiones*. Ainsi, on
ne faisait pas aux actions prétoriennes l'addition *ex
fide bona*, la latitude des pouvoirs établie par les *bonæ
fidei actiones* s'impliquant alors de soi-même, et néanmoins, on y insérait quelquefois les mots *æquius melius*
pour indiquer qu'elles exigeaient une latitude de pouvoirs plus grande » (Savigny, *Syst.*, V. app. XIII).

Dans un autre endroit, Savigny insiste sur cette
différence entre les *bonæ fidei actiones* et celles où les
pouvoirs du juge sont étendus par la formule *quod
æquius melius erit.* « Ici, dit-il, (dans les formules de
bonne foi ou arbitraires), le juge est lié par l'objet
même de la demande et le montant de la condamnation
ressort nécessairement du prix courant des choses. Si
donc la somme n'est pas fixée par le préteur, mais par
la nature du litige, il faut admettre que deux juges
également expérimentés devront fixer le même chiffre.
Les actions qui nous occupent (entre autres l'action
rei uxoriæ) ont un caractère tout différent. Ici le juge
n'est lié ni par le préteur, ni par l'objet de la demande ;
son indépendance est tellement illimitée qu'il est possible que deux juges également intègres, également
éclairés, fixent différemment le montant de la condamnation. »

Ainsi, les actions où les pouvoirs du juge sont indiqués par la formule *quod æquius melius erit* sont plus libres que les actions de bonne foi ; on en a fait une classe

spéciale d'actions dites *in bonum et æquum conceptæ.*
A l'époque classique nous trouvons quatre actions qui
présentent plus spécialement ce caractère : ce sont les
actions *rei uxoriæ, injuriarum, sepulcri violati, de effu-*
sis. Mais il faut se garder de croire que la formule
æquius melius leur est propre, puisque le préteur l'insérait dans les stipulations qu'il imposait aux parties ;
nous avons montré d'ailleurs que les principes du droit
strict ne s'opposaient pas à ce qu'elle fût en usage dans
les stipulations.

Il est dit au Digeste que le juge de l'action *de effusis*
doit condamner *quanti bonum æquum ei videbitur (de ef-*
fusis, D. IX, 3). De même le juge de l'action *ex stipulatu*
naissant de la *cautio damni infecti* devait juger *ex fide*
bona, ainsi que nous l'apprend la formule insérée dans
la *lex Rubia de Gallia Cisalpina.*

Des pouvoirs du même genre appartenaient primitivement au juge de l'action en restitution de dot soit
à l'époque de l'introduction de l'action coutumière *rei*
uxoriæ, soit au temps des *cautiones rei uxoriæ.* Nous
avons sur ce point quelques mots d'Aulu-Gelle qui ont
donné lieu à deux interprétations différentes : « Vir,
« cum divortium facit mulieri judex pro censere est;
« imperium quod videtur habet (*Noct. att.,* X, 23).

Selon les uns, ce texte signifierait que le mari, en
cas de divorce, est juge des restitutions qu'il doit faire,
et qu'il a comme juge des pouvoirs aussi étendus que
ceux du censeur. Ce texte se rapporterait à l'époque où

la femme n'avait pas encore d'action pour se faire restituer tout ou partie de la dot. Selon les autres, ces expressions veulent dire simplement que, dans l'instance
en restitution de la dot qui a lieu à la suite du divorce,
le juge a une liberté d'appréciation aussi grande que le
censeur. Nous préférons cette seconde explication à la
première ; elle nous paraît à la fois plus simple et plus
conforme à la pensée de l'auteur latin. Le texte cité par
Aulu-Gelle est tiré d'un discours (*oratio*) de Caton sur
la dot. Il est naturel que Caton compare les pouvoirs
du juge en cas de divorce et relativement à la restitution de la dot à ceux du censeur ; le juge a, en effet, ici
un rôle analogue à celui du magistrat investi du *regimen morum*. Il doit examiner avant tout quel est celui
des époux qui a rendu le divorce nécessaire par sa faute.
Quintilien voit dans cet examen le but principal du *judicium rei uxoriæ* : « Rei uxoriæ, quum quæritur utrius
« culpa divortium factum sit ». Et Caton dans l'*oratio*
rapportée par Aulu-Gelle, ajoute : « Si quid perverse
« tetreque factum est a muliere, mulctatur ; si vinum
« bibit, si cum alieno viro probri quid fecit, condemna-
« tur. » Si la femme a fait quelque chose de mal, si elle
a démérité, elle est dépouillée (*mulctatur*) ; en d'autres
termes, le juge ne lui restitue rien de sa dot (*dote mulc
tatur*). Plus tard, on limita sur ce point l'arbitraire du
juge, en établissant les *retentiones ob mores* qui n'absor-
baient qu'une portion de la dot. Mais primitivement,
cet arbitraire était complet et les expressions de Ca-

ton : « Mulieri judex pro censore est, » trouvent leur
commentaire dans un texte de Pline où il est dit qu'une
femme fut privée de sa dot par le juge pour avoir bu
trop de vin : « Cn. Domitius judex, pronunciavit mulie-
« rem videri plus vini bibisse quam valetudinis causa,
« viro insciente et dote mulctavit. »

En résumé, les *cautiones rei uxoriæ* devaient, grâce
à l'insertion de la formule *quod æquius melius erit*, donner lieu à un *judicium* analogue à celui que nous trouvons dans l'action coutumière *rei uxoriæ*.

SECTION II.

ORIGINE ET DÉVELOPPEMENT DE L'ACTION REI UXORIÆ.

La dissertation précédente nous a conduit à cette
conclusion que la stipulation fut la première voie ouverte à la femme pour lui assurer la restitution de sa
dot. Nous avons suffisamment montré qu'elle a dû pré-
céder l'action *rei uxoriæ*, et même qu'elle lui a donné
naissance.

Il nous reste à tirer les conséquences de notre doctrine et à faire voir qu'elles concordent pleinement
avec le développement historique du droit de la dot.

Primitivement, avons nous dit, la maxime *dotis causa*

perpetua est a dû être d'une vérité absolue ; mais avec
l'apparition du divorce et des *cautiones rei uxoriæ*,
cette idée a subi une importante modification. Le mari
était toujours propriétaire des biens dotaux ; mais la
femme avait désormais une créance conditionnelle *in
casum divortii*. Plus tard, la *cautio rei uxoriæ* fut *sous-
entendue* ; la jurisprudence et la coutume accordèrent à
la femme l'action *ex stipulatu rei uxoriæ*, en vertu
d'une stipulation tacite ; cette action prit le nom de *rei
uxoriæ*. Il dut se passer alors ce qui eût lieu plus
tard, au temps de Justinien. Dans sa constitution,
l'empereur déclare que désormais une action *ex
stipulatu*, réunissant tous les avantages de l'ancienne
action *ex stipulatu de dote* et de l'action *rei uxoriæ*,
sera accordée à la femme en dehors de toute stipulation ; en d'autres termes, l'empereur sous-entend
la stipulation de restitution et crée une sorte d'action
ex stipulatu fictitia ; cette nouvelle action a reçu des
compilateurs du Digeste le nom d'action *de dote*. Il
était inutile, en effet, de conserver la fiction de la stipulation, puisque l'empereur, ayant la plénitude de la
puissance législative, pouvait créer à son gré de nouvelles actions. Le préteur seul a besoin de cacher ses
innovations sous des fictions de droit. Cependant, il
n'est pas sans exemple que le droit civil lui-même ait
employé ces procédés du droit prétorien ; c'était sans
doute un moyen d'habituer l'opinion à des nouveautés
trop tranchées en les rattachant par des fictions aux

créations de droit déjà existantes. C'est ainsi que le sénatus-consulte Trébellien donne au fidéicommissaire
des actions fictives contre les débiteurs de l'hérédité.

Enfin, comme nous venons de le constater, Justinien
lui-même croit devoir, sinon par une véritable fiction de
droit, au moins par une fiction de langage, rattacher
la nouvelle action en restitution de la dot à l'action *ex
stipulatu*. Le droit civil ancien a-t-il procédé de même?
L'action *rei uxoriæ* a-t-elle eu d'abord une formule *fictitia*? Nous ne pouvons répondre d'une façon positive;
mais il n'est nullement prouvé que le peuple, dans ses
comices, et surtout la coutume et les Prudents n'aient
jamais procédé, en introduisant de nouvelles actions,
comme le firent plus tard, dans de certaines circonstances, et le sénat et les empereurs. D'ailleurs, la *lex
Rubria*, dont il a déjà été question, nous donne la formule d'une action *ex stipulatu fictitia*. N'est-il point
permis de supposer par analogie que l'action *rei uxoriæ*,
qui est coutumière, a été délivrée d'abord avec une
formule d'action fictive? ou bien ne peut-on point dire
encore que, dès le début, le préteur, grâce aux larges
principes qui régissaient la matière, a donné aux parties l'action *rei uxoriæ*, sans introduire dans la formule
la fiction de la stipulation? La nouvelle action coutumière ne se serait rattachée à l'ancienne que par le
nom (action *ex stipulatu rei uxoriæ*); puis, avec le
temps, elle aurait perdu cette dernière trace de son
origine et se serait appelée simplement *rei uxoriæ*, de

même que la nouvelle action créée par Justinien, après avoir été nommée, par fiction, *ex stipulatu*, est devenue, dans le langage des rédacteurs du Code, l'action *de dote*.

Le système que nous adoptons sur l'origime de l'action coutumière *rei uxoriæ* n'est point celui de la plupart des interprètes du droit romain. Une théorie très en vogue est celle qui voit dans l'action *rei uxoriæ* une action créée de toutes pièces par les jurisprudents, et fondée non sur l'idée d'une créance antérieure, mais sur celle d'un préjudice moral; il en est ainsi de l'action *injuriarum*; « in bonis nostris non computatur, « antequam litem contestemur » (XLVII, D. 10). On appliquerait le même principe à l'action *rei uxoriæ*. Le droit de la femme à la restitution de la dot serait un droit extra-pécuniaire.

A l'appui de cette doctrine, on invoque les caractères mêmes de l'action *rei uxoriæ*.

D'abord, l'action *rei uxoriæ* est intransmissible aux héritiers de la femme. Or, si cette action reposait sur une stipulation tacite, elle aurait pu être transmise en vertu de ce principe qu'on stipule toujours pour soi et pour ses héritiers. A cela nous répondrons que l'intransmissibilité de l'action *rei uxoriæ* a été consacrée par la coutume, parce que, sans doute, le juge de l'action *ex stipulatu* naissant des *cautiones*, décidait que la restitution aux héritiers de la femme n'était pas équitable; on peut soutenir également que, dans ce cas, le préteur ne délivrait point la formule. Le but des *cautiones* était, en effet, d'assurer à la femme une portion de sa dot, afin qu'après le divorce elle pût pourvoir à sa subsistance ou convoler en secondes noces. Lorsque l'action *ex stipulatu* devint l'action légale *rei uxoriæ*, il fut admis que cette action serait intransmissible. Mais cette intransmissibilité avait un caractère particulier; elle pouvait cesser avant la *litis contestatio*; il suffisait que la femme, par la mise en demeure du mari, eût manifesté sa volonté d'agir en restitution de la dot (Ulpien, V, 117; *Fragm. Vaticana*, 112). Dans ce cas, le juge de l'action *rei uxoriæ*, en ordonnant la restitution de la dot aux héritiers, ne faisait qu'appliquer les principes généraux des obligations. Ainsi, on pourrait dire à la rigueur que l'action *rei uxoriæ* était transmissible, mais que le juge, avec toute la liberté d'un censeur, refusait de faire la restitution aux héritiers, dans le cas où, par suite du silence de la femme, cette restitution ne lui paraissait pas équitable.

Un second caractère de l'action *rei uxoriæ* c'est qu'elle échappe aux conséquences de la *capitis demi nutio*, et, non seulement de la *minima capitis deminutio*, mais de la *media capitis deminutio*. Cette action semble attachée à la personne de la femme. Si, étant *alieni juris*, elle devient *sui juris*, l'action *rei uxoriæ* la suit; elle cesse d'appartenir au *paterfamilias*. Si elle est condamnée à l'interdiction de l'eau et du feu, ou

3.

reléguée *in insulam*, l'action *rei uxoriæ*, à moins qu'il
y ait eu *litis contestatio*, n'entre pas dans la confiscation générale des biens, et si, plus tard, la femme re-
couvre sa liberté, elle peut se faire restituer la dot par
son mari. On explique encore cette particularité par
l'idée que l'action *rei uxoriæ* est extrapécuniaire et
prend naissance au profit de la femme au moment
même du divorce. Mais nous croyons qu'elle peut encore s'expliquer dans notre système. Le juge de l'action *rei uxoriæ* et, plus anciennement, de l'action *ex
stipulatu rei uxoriæ*, qui ne consentait à la restitution
qu'autant qu'elle lui paraissait équitable, aurait refusé
de la faire à l'ancien père de famille ou au fisc. Il avait
à examiner, suivant le texte de Boëce que nous avons
cité plus haut, quelle portion de la dot il devait laisser
au mari et le reste était restitué à la femme : « Quod
« æquius melius esset apud virum maneret, reliquum
« restitueretur uxori. » Dans les deux cas qui nous occupent, il décidait sans doute que toute la dot resterait
au mari qui l'avait acquise *cum causa perpetua*. Mais
comment fut-on amené à accorder l'action *rei uxoriæ* à
la femme qui avait subi la *minima* ou la *media capitis
deminutio ?* Ce fut en vertu de l'idée que la créance
dotale a pour objet une *naturalis præstatio* et, par suite,
échappe aux conséquences de la *capitis deminutio*.
« Reipublicæ interest mulieres indotatas non esse. »

Un troisième caractère de l'action *rei uxoriæ*, c'est
qu'elle ne peut être intentée par le père de famille

qu'avec le consentement de sa fille qui se trouve sous
sa puissance. Ici encore, la grande liberté dont jouis-
sait le juge dans le *judicium rei uxoriæ* nous permet
de nous rendre compte de cette condition. Primitivement, le *paterfamilias* faisait la *cautio rei uxoriæ* afin
de recouvrer, au cas de divorce, la dot qui devait servir à un second mariage. La *cautio rei uxoriæ*, même
lorsqu'elle était faite par le père, l'était toujours dans
l'intérêt de la femme. Aussi le juge n'eût pas jugé la
restitution équitable si la fille avait refusé d'y consentir. Remarquons, d'ailleurs, qu'on ne lui demande
pas un consentement exprès, il suffit qu'elle ne contre-
dise pas (L. 2, § 2, D. *De sol. matr.*). Au reste, on sait
que, primitivement, le père de famille pouvait donner
l'ordre à sa fille de divorcer; il y avait à redouter
une fraude de sa part : le père pouvait provoquer le
divorce afin de recouvrer la dot; mais, si la fille refusait de se prêter à cette combinaison, le juge de l'action *rei uxoriæ* trouvait dans cette circonstance une
raison suffisante de laisser toute la dot au mari; il
faut même ajouter que, dans ce cas en particulier, la
femme eût été privée de la dot si elle s'était associée à
la fraude que voulait commettre son père.

L'action *rei uxoriæ* est donc née, selon nous, de la
jurisprudence qui s'établit à propos des *cautionés*,
mais, avec le temps, elle a changé de caractère.

D'abord l'action *rei uxoriæ* nous apparaît comme
une action de bonne foi, et même elle confère au juge

des pouvoirs tellement grands qu'on l'a placée dans une classe spéciale, celle des actions *in jus et æquum conceptæ*. Nous avons vu, au contraire, que l'action qui naît de la *cautio rei uxoriæ* est de droit strict, comme toutes les *condictiones*. Mais, dans notre système, cette différence est plus apparente que réelle ; elle s'explique aisément si l'on se rappelle que l'insertion de la formule *quod æquius melius erit* dans la stipulation donnait au *judicium* de droit strict, sinon le caractère juridique, du moins la valeur pratique du *judicium bonæ fidei* ou *in bonum et æquum conceptum*. Dès lors, en devenant coutumière, l'action *ex stipulatu rei uxoriæ* devait prendre le caractère qu'elle avait en réalité en perdant celui que lui donnait la subtilité du droit. Nous verrons que la même transformation s'opéra lorsque Justinien fit de l'action *ex stipulatu de dote* une action légale.

La liberté du juge de l'action *rei uxoriæ* fut restreinte peu à peu par la coutume, qui détermina la portion des biens dotaux que le mari pouvait retenir. Cette œuvre fut complétée par une *lex Mænia* qu'un savant Allemand a essayé de reconstituer. Les *retentiones* dont il est question dans les Fragments d'Ulpien ont servi à régler cette partie de la dot qu'il était équitable de laisser au mari : « Quid æquius melius est « apud virum remanere. »

Il nous reste à indiquer comment le droit de l'action *rei uxoriæ* s'est développé.

Les coutumes, dont parle Aulu-Gelle, ne s'appli-
quaient qu'au divorce, et, il est certain, que pendant
une période de temps, qu'il est difficile de déterminer,
l'action *rei uxoriæ* ne fut donnée que dans un seul
cas.

L'usage du *prælegatum dotis*, avons-nous dit plus
haut, assurait à la femme la restitution de sa dot en
cas de prédécès du mari. Elle avait alors une action *ex
testamento*; mais, lorsque sous l'influence du divorce,
les mœurs se furent corrompues, le *prælegatum* fut omis.
Ajoutons, que primitivement, les secondes noces ; des
veuves étaient vues avec défaveur; le titre d'*univira*
était cher à la matrone des temps anciens (Tertullien,
De monogamia), cette idée que la veuve ne devait pas
se remarier, explique en partie l'usage du *prælegatum
dotis*; après l'introduction du divorce, l'opinion cessa
de condamner les secondes noces, on les encouragea
même dans l'intérêt de la République; en fait, elles
devinrent très fréquentes; on comprend que, dès lors,
les maris se soucièrent peu de favoriser les secondes
noces de leurs femmes en faisant le *prælegatum dotis*.
La coutume dut intervenir pour remplacer le *prælegatum*; il est probable qu'on commença par faire des
cautiones rei uxoriæ pour le cas de prédécès du mari,
comme on en avait fait pour le cas de divorce. La formule *quod æquius melius erit* permit au juge d'établir
dans cette matière une jurisprudence conforme à l'é-
quité. Il était juste que la dot fut restituée à la femme

toutes les fois qu'elle ne lui avait pas été léguée ; aussi, on peut admettre que toute restitution était refusée à la femme par le juge de l'action *rei uxoriæ*, lorsqu'elle avait à sa disposition l'action *ex testamento*.

L'action *rei uxoriæ in casum mortis mariti* passa dans la pratique et devint une action légale. Ulpien ne parle dans ses fragments que de l'action *rei uxoriæ* appliquée au cas de divorce ; il est probable que, dans le cas de prédécès du mari, on donnait une action *rei uxoriæ utilis*.

Il est question, dans la Constitution de Justinien, d'un édit *de alterutro*, qui obligeait la femme à choisir entre le legs qui lui avait été fait par le mari et la restitution légale de la dot. Cet édit se rapporte évidemment au *prælegatum dotis*.

La coutume n'alla pas plus loin, en ce qui concerne l'action *rei uxor.æ* ; elle ne fut pas étendue au cas de prédécès de la femme. On avait fini par préférer la femme au mari, ou à ses héritiers ; mais jamais, jusqu'à Justinien, la loi ne préféra les héritiers de la femme au mari. On pensait, en effet, que la restitution de la dot n'était équitable qu'autant qu'elle avait pour but d'assurer le second mariage de la femme. Autrement, le droit du mari subsistait dans toute sa force ; l'intérêt des enfants venait s'ajouter au sien ; on sait, en effet, que longtemps ils furent exclus de la succession de leur mère et que, plus tard, jusqu'au sénatus-consulte Orphitien, ils ne furent appelés que dans l'ordre des cognats.

Nous ne parlons que de la dot adventice ; quant à la dot dite profectice, qui provient du père de famille, on sait qu'elle fut aussi l'objet de *cautiones rei uxoriæ* pour les raisons que nous avons données plus haut. L'action *rei uxoriæ*, accordée d'abord dans le seul cas de divorce, fut étendue ensuite au cas de prédécès du mari. Le père de famille pouvait craindre que le *prælegatumdotis* n'eut point lieu.

De plus, par exception, la restitution de la dot fut admise en sa faveur au cas de dissolution du mariage par la mort de la femme ; « Jure succursum est patri « ut, filia amissa, solatii loco cederet, si redderetur ei « dos ab ipso profecta, ne et filiæ amissæ et pecuniæ « damnum sentiret » (L. 6, pr. D. *De jur. dat.* XXIII, 3).

Est-ce à dire qu'on ait préféré aux intérêts des enfants de la femme ceux de leur grand-père maternel ? Non, on ne restitue au père qu'une portion de la dot : « Dos a patre profecta, dit Ulpien, ad patrem rever- « titur, quintis in singulos liberos in infinitum relictis « penes virum » (*Frag. Vat.*, XI, 4). Ainsi, les enfants retrouvaient, dans la succession de leur père, une portion de la dot et, il semble résulter du texte d'Ulpien que, s'ils étaient au nombre de cinq, rien n'était restitué au père de famille.

Ainsi, la jurisprudence et la coutume avaient apporté de nombreux tempéraments au principe ancien:

« Dotis causa perpetua est. » Elle n'alla pas plus loin
et l'action *rei uxoriæ*, telle qu'elle est sortie des *cautiones*, subsista jusqu'à Justinien. Les stipulations relatives à la restitution de la dot continuèrent toutefois à
être faites; mais elles n'eurent pas le caractère que nous
avons attribué aux *cautiones*. Nous ne voyons point au
Digeste qu'elles aient été accompagnées de la formule
quod æquius melius ; nous aurons même à nous demander plus loin si toutes les stipulations en restitution
de la dot, ne donnaient pas naissance à des *condictiones
certi, certæ pecuniæ* ou *certæ rei*. Comment expliquer
cette différence? La réponse est aisée ; primitivement, les parties s'en remettaient au juge pour déterminer s'il était équitable que la dot fut restituée et ce
qui devait être restitué : « Mulieri judex pro censore
« est. » Mais lorsque la jurisprudence et la loi
eurent établi des règles fixes sur cette matière, l'emploi de la formule *quod æquius melius erit* devint inutile
ou dangereux ; inutile, parce que l'action qui naissait
de cette stipulation aurait abouti à une restitution analogue à celle qui se faisait en vertu de l'action *rei uxoriæ* ; dangereux, parce qu'elle eût permis au juge de
se soustraire aux règles établies par la coutume. Dès
lors, les parties, qui voulaient assurer la restitution de
la dot dans des conditions différentes de celles qui
étaient consacrées par la coutume, devaient préciser
ces conditions dans la stipulation.

Ainsi l'action *ex stipulatu de dote* que nous avons à

étudier maintenant ne se rattache pas à l'ancienne action que nous avons appelée *ex stipulatu rei uxoriæ* : elle est née de nouveaux besoins.

CHAPITRE II.

L'ACTION EX STIPULATU DE DOTE A L'ÉPOQUE CLASSIQUE,
JUSQU'A JUSTINIEN.

SECTION PREMIÈRE.

DÉVELOPPEMENT HISTORIQUE DE L'ACTION EX STIPULATU DE DOTE.

Nous avons montré pourquoi la coutume n'avait pas
étendu davantage le principe de la restitution de la
dot. Mais les parties suppléèrent par des stipulations
à l'insuffisance du secours légal.

L'ancienne idée que la dot doit rester à jamais au
mari, a subi des restrictions nombreuses. Avec les *cautiones rei uxoriæ*, la femme est devenue créancière de la
dot ; l'action *rei uxoriæ* est fondée, selon nous, sur une
stipulation fictive de restitution. La doctrine n'a pas
été plus loin ; jamais le droit romain ne reconnut à la
femme un droit de propriété, comme l'enseigne Doneau, qui assimile la femme au propriétaire bonitaire
et le mari au propriétaire *ex jure Quiritium*. Mais on se
pénétra de plus en plus de cette idée que la dot étant

donnée au mari en considération de la femme, il était
juste qu'elle lui fût rendue à la dissolution du mariage ; de là s'introduisit l'usage qui était devenu
presque universel à l'époque de Justinien, de stipuler
la restitution de la dot. Cette nouvelle idée est restée
dans la pratique conventionnelle ; jusqu'à la Constitution de Justinien, la coutume s'en est tenue au droit de
l'action *rei uxoriæ*, d'après lequel la femme n'est qu'é-
ventuellement créancière de la dot, d'abord au cas de
divorce, puis, au cas de prédécès du mari. C'est donc
à tort que des interprètes ont soutenu qu'à la dissolution du mariage, la femme romaine ou ses héritiers
avaient, en dehors de tout pacte et de toute stipulation,
une *condictio sine causa* ou plutôt *finita causa*. Mais on
tendait de plus en plus à considérer la dot comme le
bien de la femme, quoique par la subtilité du droit,
elle fût la propriété du mari ; ainsi, on disait que la dot
était naturellement dans les biens de la femme : « Dos
« est naturaliter in bonis mulieris. » Les sûretés qui
furent données à la femme pour lui assurer la restitution de la dot ont contribué aussi à en transformer de
plus en plus le caractère : « Dotium causa semper et
« ubique præcipua est ; nam et publice interest dotes
« mulieribus conservari, quum dotatas esse feminas ad
« sobolem procreandam replendamque liberis civita-
« tem maxime sit necessarium » (Loi 1, D. XXIV, 3).

Quand le divorce fut devenu fréquent, la pratique
alla plus loin ; on préféra la femme aux héritiers du

mari ; des stipulations assuraient la restitution de la
dot dans tous les cas de dissolution du mariage. Mais
comment arriver à ce résultat ? Il suffisait, semble-t-il,
de faire la stipulation *dotem reddi*, dont il est question au Digeste. Nous pensons cependant que cette stipulation répond à un autre besoin. En effet, elle avait
surtout pour but de soustraire la restitution de la dot à
l'appréciation du juge de l'action *rei uxoriæ*. Or, la
femme qui ne cherchait qu'à faire passer les biens dotaux à ses héritiers ne devait faire restituer à ces derniers que ce qu'elle aurait obtenu elle-même par l'action *rei uxoriæ* dans les cas de divorce et de prédécès
du mari. Aussi, il est probable qu'avant de stipuler
dotem reddi, on a stipulé : « Quod ex causa rei uxoriæ
« dare facere oportet, id dari. » C'est Cujas qui nous
donne la formule de cette stipulation ; il la place à côté
de la stipulation *dotem reddi* qu'il appelle *vulgaris*, et il
l'assimile à la stipulation par laquelle la victime d'un
vol se fait promettre par le voleur le profit de la *condictio furtiva* : « Quod ex causa condictionis furtivæ
« dare facere oportet » (L. 29, D. XLV, 1).

Par cette stipulation la femme atteignait le but
qu'elle poursuivait sans le dépasser. Ses héritiers
avaient ainsi le droit d'agir *ex stipulatu* contre le mari ;
mais le juge ne pouvait point leur accorder plus que la
femme n'aurait obtenu dans le *judicium rei uxoriæ* ; le
mari exerçait les *retentiones ob impensas, ob mores, ob
liberos*, etc. ; les intérêts des enfants n'étaient pas sa⁻

crifiés à ceux des héritiers de la femme; ils trouvaient dans la succession de leur père la portion de la dot qu'ils auraient trouvée, si le mariage avait été rompu par le divorce ou par le prédécès du mari.

Au reste, la femme pouvait encore mieux sauvegarder les intérêts de ses enfants, tout en ménageant ceux de ses héritiers; elle n'avait qu'à adjoindre un pacte *in continenti* à la stipulation; en vertu de ce pacte, tout ou partie de la dot devait être retenu en cas de survenance d'enfant (L. 31, D. *De pact. dot.*, XXIII, 4). Remarquons, en outre, qu'un tel pacte fait *ex intervallo* donnait au mari une exception *doli* ou *pacti conventi* à l'effet d'arrêter les poursuites des héritiers.

Ainsi se trouvait écarté un des inconvénients de l'action *rei uxoriæ*, l'intransmissibilité aux héritiers.

Les secondes noces des femmes, rares dans les temps primitifs, étaient devenues fréquentes vers la fin de la République. Le législateur lui-même voulut les encourager. Les lois Julia et Papia Poppæa frappèrent des peines du célibat les femmes qui ne se remarieraient pas dans un certain délai, à partir, soit du divorce, soit de la mort du mari. L'action *rei uxoriæ* assurait dans ces deux cas à la femme, la restitution de sa dot; mais nous savons que ce n'était pas toute la dot qui était restituée et qu'une loi *Mænia* avait déterminé les *retentiones* qui seraient exercées. Les biens dotaux pouvaient donc se trouver grandement diminués et même absorbés par les *retentiones*. La femme privée de tout ou partie de sa dot eût trouvé difficilement à contracter un nouveau mariage ; on comprit qu'il était nécessaire de lui assurer la restitution de toute la dot. La femme stipulait que la dot lui serait restituée à la dissolution du mariage : « *Soluto matrimonio dotem reddi* » (L. 29, D. *Sol. matr.*).

La femme pouvait encore ne stipuler la restitution de toute la dot que pour le cas de divorce ou pour celui de prédécès du mari. Le jurisconsulte Paul nous donne l'exemple d'une semblable stipulation : « Si in-« ter Lucium Titium maritum et Seiam divortium sine « culpa mulieris factum est » (L. 45, D. *Sol. matr.*). Dans ce cas, la femme conservait le droit d'agir *rei uxoriæ* au cas de prédécès du mari.

La transmissibilité aux héritiers et la restitution intégrale des biens dotaux étaient les deux grands avantages de l'action *ex stipulatu* sur l'action *rei uxoriæ* ; aussi, il est probable que les stipulations de dot avaient passé dans la pratique ; c'est ce qui explique que Justinien a donné le nom d'action *ex stipulatu* à la nouvelle action qu'il a créée, bien qu'elle se rapproche autant de l'action *rei uxoriæ*. Nous verrons, d'ailleurs, qu'au moyen de pactes et surtout de la *clausula doli*, il était facile aux parties de communiquer à l'action de droit strict, les principaux avantages de l'action de bonne foi.

Nous avons supposé jusqu'à présent que la stipulation de dot était faite par la femme ; mais elle pouvait

l'être soit par l'*extraneus* qui avait donné des biens en
dot au mari, soit par le père de famille qui avait constitué au profit de sa fille une dot profectice.

Ici, il y a une différence importante à signaler entre
le caractère de la restitution de la dot faite à l'*extraneus*
et celui de la restitution faite au père de famille. L'*extraneus* qui se fait promettre la restitution de la dot en
cas de dissolution du mariage, limite sa libéralité au
temps du mariage ; c'est en considération du mariage
seul et non de l'un ou de l'autre des époux qu'il a constitué une dot. Il n'a nullement pour but de mieux assurer le droit de la femme aux biens dotaux ; s'il meurt
avant la dissolution du mariage, ce sont ses héritiers
qui agiront en restitution de la dot et la femme n'y aura
aucun droit. En un mot, l'étranger qui stipule la restitution se préfère lui et ses héritiers à la femme divorcée ou au mari survivant.

Tout autre est le caractère de la stipulation faite
par le père de famille. Celui-ci, en stipulant à son profit
la restitution de la dot à la dissolution du mariage ne se
préfère pas à sa fille, puisqu'il sera obligé de lui donner une nouvelle dot si elle se remarie ; c'est donc surtout dans l'intérêt de celle-ci qu'il se fait promettre la
restitution des biens dotaux, afin que la dot ne soit point
diminuée ou absorbée par les *retentiones*. Une stipulation de restitution faite par la femme aurait le même
effet puisqu'elle profiterait au père de famille sous la
puissance duquel elle se trouve. En second lieu, la sti-

pulation faite par le père de famille pour le cas de mort de la femme *in matrimonio* est surtout dans l'intérêt des héritiers, agnats de la femme, puisque, *jure communi*, le père de famille a l'action *rei uxoriæ* pour recouvrer la dot profectice.

Nous devons faire ici une importante remarque; lorsque le mariage est dissous par le divorce ou par le prédécès du mari, il semble juste, qu'à défaut du *paterfamilias*, la femme ait l'action en restitution de dot, à l'exclusion des héritiers; il en est ainsi dans le droit de l'action *rei uxoriæ*; au contraire, l'action *ex stipulatu*, par sa nature, est transmissible à tous les héritiers indistinctement; ainsi, la femme risque d'être privée de sa dot en tout ou en partie; c'est ce que constate Justinien, lorsqu'il étend à la nouvelle action *de dote* le système plus équitable de l'action *rei uxoriæ* : « Si parens per virilem sexum ascendens, dote pro « filia vel neptæ præstita emancipaverit eam, vel ipse « decesserit, in rei uxoriæ actione dotem omnimodo « ad mulierem pertinere etiam si fuerit exheredata « (quod non erat in ex stipulatu actione; ibi etenim « velut aliæ actiones in omnes coheredes actio divi- « debatur » (§ 11, C. V, 13). Le père de famille pouvait d'ailleurs assurer à sa fille la restitution intégrale de la dot en faisant à son profit un legs ou un fidéicommis ayant pour objet la créance dotale (voir p. 66).

SECTION II.

FORMULE ET CARACTÈRE DE LA STIPULATION DE DOT.

La formule la plus ordinaire était *dotem reddi*; on employait également les mots *dari, solvi, restitui*. L'expression *dotem reddi* était plus particulière à la dot réceptice, c'est-à-dire à celle dont la restitution a été stipulée par un *extraneus*. Par *extraneus*, on entend toute personne autre que la femme ou son *paterfamilias*; ainsi, son aïeul maternel ou sa mère.

D'ailleurs, remarquons que ces expressions *dotem reddi, dari, restitui*. n'avaient rien de solennel (L. 8, D., V, 12); on pouvait stipuler *ea quæ in dotem data sunt*.

Quelle était la nature de cette stipulation? Était-elle *certa* ou *incerta*? Il semble que la question ne puisse guère se poser. La nature de la stipulation dépendait de celle de la dot. Avait-elle pour objet une *certa quantitas, certa pecunia aut alia certa res*, la stipulation était *certa* et on devait agir par une *condictio certi*; avait-elle, au contraire, pour objet un *incertum*, un usufruit, des créances, un ensemble de biens non évalués, la stipulation était *incerta* et donnait lieu à une *condictio incerti*.

4.

Maynz (*Cours de droit romain*, II, § 295) prétend cependant, qu'on ne stipulait la restitution de la dot que
lorsqu'il y avait une *certa quantitas*; ainsi, lorsque la
dot ne consistait pas en quantités ou en objets déterminés, la stipulation n'était possible que si la dot était
estimée. On invoque la loi 45, D. *Sol. matr.*

« Gaius Sejus avus maternus Sejæ nepti, quæ erat
« in patris potestate, certam pecuniæ quantitatem,
« dotis nomine Lucio Titio marito dedit; et instru-
« mento dotali hujusmodi pactum et stipulationem
« complexus est. Si inter Lucium Titium maritum et
« Sejam divortium sine culpa mulieris factum esset,
« dos omnis etc... redderetur, restituereturve. »

On invoque également la loi 29, § 1, *De pact. dot.*
(D. XXIII, 4), où l'on trouve ces mots : « ea quantitas
« quam ex stipulatu consequi potuerat. »

Dans ces deux textes, il est bien question d'une *certa
quantitas* et peut-être faut-il penser que les parties éva-
luaient le plus souvent les biens dotaux à une somme
fixe, afin d'éviter la *taxatio* du juge. Mais la stipulation
pouvait être *incerta*. Nous avons admis plus haut, sur
l'autorité de Cujas, qu'avec la stipulation *dotem reddi*,
il y avait la stipulation *quod ex causa rei uxoriæ dare
facere oportet, id dari;* ici, nécessairement, la stipulation était *incerta*. De plus, dans un rescrit de Gordien
(L. 8, C. I, 12), il est question d'une stipulation *de dote*
qui a tous les caractères de la stipulation incertaine.
« Etiamsi non dotem reddi sibi mater, sed ea quæ in

« dotem data sunt ut eam sequerentur vel ad se perti-
« nerent in matrimonio defuncta filia stipulata sit, du-
« rante matrimonio filia decedente actionem ex stipu-
« latu videri quæsitum, æquissimum esse judicamus.
« Cui consequens est, ut etiam id, quod additamenti
« causa in dotem datum est, eadem actione repe-
« tatur. »

Ainsi l'action *ex stipulatu*, dans l'espèce, s'applique
aux objets qui ont été donnés après la stipulation de
restitution, *additamenti causa*; il ne pourrait en être
ainsi, si la restitution avait pour objet une *certa quantitas*.

SECTION III.

DE CEUX QUI STIPULENT LA RESTITUTION DE LA DOT. — DE CEUX
POUR QUI LA STIPULATION EST FAITE. — DE CEUX CONTRE QUI
L'ACTION EST DONNÉE.

§ 1. *De ceux qui stipulent la restitution de la dot.*

C'est à celui qui a fait la constitution de dot qu'il
appartient, en règle générale, d'en stipuler, la restitution et que compète, par conséquent, l'action

ex stipulatu. Mais il y a des cas où la stipulation de restitution est faite par un autre que le constituant; pour distinguer ces cas, il nous faut examiner successivement les diverses hypothèses de constitution de dot.

1° *Dot profectice*. — On sait que l'on désigne sous ce nom la dot qui a été constituée à la femme par son père ou par son aïeul paternel. « Profectitia dos est, « quæ a patre vel parente, profecta est de bonis vel « facto ejus »(L. 5, *De jure dotium*, D. XXIII, 3). Il n'est pas nécessaire que la dot émane directement de la personne du père; ainsi, un mandataire, *procurator*, un curateur, si le père est un *furiosus*, ou s'il a été interdit pour prodigalité, le préteur, si le père est captif, un créancier du père par délégation, un tiers qui veut lui faire une donation, etc., peuvent constituer à la fille une dot qui sera profectice, parce qu'elle proviendra immédiatement du père (L. 5, *id.*).

Peu importe que la fille soit en puissance ou émancipée. « Si pater pro filia emancipata dotem dederit, « profectitiam nihilominus nemini dubium est; quia « non jus potestatis, sed parentis nomen dotem profec-« titiam facit »(L. 5, § 11, *id.*). Mais si le père était débiteur de sa fille émancipée et l'a dotée avec ce qu'il lui devait, il n'a fait que s'acquitter de son obligation; la dot n'est pas profectice, mais adventice, elle est censée constituée par la femme elle-même (*id. ibid.*).

En l'absence de stipulation de restitution, c'est par

l'action *rei uxoriæ* que la dot est répétée. — Qui peut faire cette répétition ?

Il faut voir comment le mariage a été dissous.

S'il est dissous par le divorce ou par la mort du mari, et que la femme soit encore sous la puissance de son père, on dit que la dot leur est commune. « Dos est « communis filiæ et patris » « patris et filiæ dos est » (L. 2, § 1, *Sol. mat.*, XXIV, 3); on entend par là, non pas que la propriété de la dot est indivise entre eux, mais qu'ils doivent agir ensemble pour se la faire restituer. C'est ce que fait remarquer Doneau : « Dicetur « dos communis quæ communis est non dominii, sed « petendi et exigendi jure, quia scilicet petitio et actio « est communis, et tum rursum non ita communis, ut « possit uterque eam exercere prout volet; solus enim « eam exercet pater, ut mox dicetur, sed communis ideo; « quia ita patris petitio est, ut tamen non possit is pe- « tere, nisi voluntate et consensu filiæ. » Ainsi le père de famille ne peut pas se faire restituer la dot profectice sans le consentement de sa fille; c'est en effet dans son intérêt, afin qu'elle puisse contracter un second mariage, qu'on a admis une dérogation au principe *dotis causa perpetua est*. Si elle refuse son concours au père de famille dans l'action *rei uxoriæ*, c'est qu'elle entend ne pas se remarier, et la restitution n'a plus de raison d'être.

Le père de famille a seul le droit d'intenter l'action *rei uxoriæ*. Par exception, non permet à la fille de famille

de l'intenter dans quatre cas : 1° si le père est condamné (L. 22, § 4, D. *Sol. mat.*); 2° s'il est captif (L.
22, § 1, *id.*); 3° s'il est atteint de démence ou de fureur;
dans ce cas la restitution est faite, soit à la femme du
consentement du curateur, soit au curateur *voluntate
filiæ* (L. 55, *De solutionibus et liberationibus*, XLVI, 3);
4° si la dot a été prise *de peculio*; la fille de famille peut
alors agir contre le mari aussi bien que contre tout
autre débiteur : « dos et recte solvitur quasi a quolibet
« peculiari debitore » (L. 24, *De j. dotium*, D.
XXIII, 3).

Nous avons vu que l'action *rei uxoriæ* n'était commune au père de famille et à la femme, qu'autant que
celle-ci était *in potestate* à l'époque de la dissolution du
mariage par le divorce ou la mort du mari ; si donc
elle est émancipée à cette époque, elle a seule l'action
rei uxoriæ.

Il faut excepter le cas où elle aurait divorcé afin de
priver son père de l'action *rei uxoriæ* (L. 59, D. *Sol.
mat.*; L. 5, D. XXIV, 2).

On suppose maintenant que le mariage est dissous
par la mort de la femme *in matrimonio*. Le père a
l'action *rei uxoriæ* (L. 6, pr. D. *De jure dot.*, etc...), que
la dot ait été constituée en faveur d'une fille en puissance ou en faveur d'une fille émancipée (L. 5, § 11,
id.). Mais certains auteurs, entre autres Voët, ont
prétendu qu'il fallait refuser l'action *rei uxoriæ* au
père, si l'émancipation avait eu lieu postérieurement

au mariage ; en effet, dit-on, le père ne peut pas dire qu'il *ressent la perte de son argent*, puisque, si sa fille avait survécu à son mari, ou si le mariage avait été rompu par le divorce, elle aurait pu recouvrer sa dot sans son concours et la transmettre à ses héritiers. Voët qui présente cet argument, paraît oublier que l'action *rei uxoriæ* qui compète au père de famille ne lui est point accordée en considération de son droit de puissance, mais de sa parenté : « Jure suc- « cursum est patri, ut filia amissa solatii loco cederet, « si redderetur ei dos ab ipso profecta ; ne et filiæ « amissæ et pecuniæ damnum sentiret. » Au reste, si l'émancipation a précédé la constitution de dot, il est certain qu'il faut donner l'action *rei uxoriæ* au père. Comment, par suite, l'émancipation survenue après le mariage deviendrait-elle un obstacle à la restitution entre les mains du père ? (V. L. 5, *De divortiis*, XXIV, 2 ; L. 59, *Sol. mat.*, XXIV, 3. *Contra*, L. 4, C. V, 12 ; L. 19, C. VI, 20 ; L. 71, *De evict.*, D. XXI, 2).

Nous supposons maintenant que le père qui a constitué la dot en a stipulé la restitution. Dès lors, l'action *ex stipulatu* lui compète, en vertu des principes mêmes de la stipulation : au cas où le mariage est dissous par le divorce ou par la mort du mari, il peut agir néanmoins sans le consentement de sa fille ; l'adage *dos communis est patris et filiæ* n'a plus d'application.

Le père trouve dans cette stipulation plusieurs avantages; d'abord, comme nous venons de le voir, il n'a plus besoin du concours de sa fille pour se faire restituer la dot de son vivant; en second lieu, il n'a pas à subir les *retentiones*; enfin, il transmet son action à ses héritiers; tandis que l'action *rei uxoriæ* lui était personnelle.

Il peut stipuler la restitution de la dot d'une manière générale pour les trois cas de dissolution du mariage; il peut aussi la stipuler pour un seul cas; il conserve alors l'action *rei uxoriæ* dans les autres, à moins qu'il ne convienne que dans ces cas la dot appartiendra au mari. Ainsi nous lisons dans la loi 20, § 2, *De pact. dot.*, XXIII, 4 : « Cum inter patrem et generum convenit, ut « in matrimonio sine liberis defuncta filia, dos patri « restituatur. »

Ainsi, lorsque le mariage est dissous par le divorce ou par la mort du mari, le père conserve l'action *rei uxoriæ* dans les termes du droit commun. Remarquons en outre que dans le texte précité, le père s'engage à laisser la dot au mari survivant, dans l'intérêt des enfants nés du mariage.

Dot adventice. — La dot adventice est celle qui a été constituée par une femme *sui juris ex bonis suis*, ou pour une fille de famille *ex bonis adventitiis*. La dot est encore adventice, lorsqu'elle a été constituée par un *extraneus* qui n'en a pas stipulé la restitution.

La femme a, de droit commun, l'action *rei uxoriæ* en cas de dissolution du mariage par le divorce ou par le prédécès du mari. On sait que cette action ne peut passer aux héritiers qu'autant que la femme a manifesté par une dénonciation, l'intention d'agir en restitution. Aussi, elle a intérêt à faire la stipulation de dot, pour transmettre à ses héritiers son droit à la restitution et pour échapper aux *retentiones*.

Si la femme est fille de famille, c'est le père qui agit en restitution, bien que la dot soit prise sur les *bona adventitia* de la femme; on applique l'adage *dos est communis filiæ et patris*.

La dot constituée par un *extraneus*, avons-nous dit, est adventice, si le constituant n'en stipule point la restitution. La femme peut donc la répéter par l'action *rei uxoriæ*. On s'est demandé comment il pouvait en être ainsi, puisqu'on ne peut acquérir une action *per extraneam personam* (Doneau, *Sol. mat.*). La difficulté n'est qu'apparente; la femme a l'action *rei uxoriæ* par elle-même et non point par une personne étrangère; c'est elle qui est censée avoir constitué la dot; en d'autres termes, on suppose qu'il y a eu deux dations, l'une faite par l'*extraneus* à la femme, l'autre par la femme au mari; et Doneau ajoute : « Idque fit regulis « juris maxime consentientibus, in quibus hæc una est « in rebus per traditionem transferendis, nihil interesse « utrum tradam tibi rem aliquam meam, ut tuam fa- « ciam, an cum apud te esset, pro tradita habeum « transferendi causa.» La femme peut donc stipuler la restitution à son profit de la dot constituée par un *ex-*

traneus; on ne pourra pas lui opposer l'exception *non numeratæ dotis*, puisque c'est elle qui est censée avoir fait la constitution de dot.

Dot réceptice. — L'*extraneus* qui fait la constitution de dot peut en stipuler à son profit la restitution ; on dit alors que la dot est *receptitia*. Nous avons parlé plus haut de la stipulation de restitution faite par le père de famille. Elle diffère en un point de celle qui est faite par l'*extraneus*. Le père peut, avant le mariage, stipuler la restitution de la dot *ex intervallo* ; l'*extraneus* doit la stipuler *ex continenti*, sinon il ne le peut plus qu'avec le consentement de la femme. Ils ne peuvent, ni l'un ni l'autre, la stipuler après le mariage, *nisi consentiente muliere* : « Quoties pater dotem dat et « stipulatur, ita demum in suam personam de dote ac- « tionem transfert, si ex continenti stipuletur; cæte- « rum, si interposito tempore stipulari velit, non nisi « consentiente filia poterit, quamvis in potestate sit ; « quia deteriorem conditionem in dote filiæ facere non « potest, nisi consentiat ; plane si ante nuptias dotem « dederit, poterit ex intervallo, ante nuptias tamen, et « citra voluntatem quoque filiæ stipulari. »

Doneau nous donne la raison de cette différence. L'*extraneus* qui fait la constitution de dot se dépouille du bien donné, sous la seule condition que le mariage ait lieu, et il ne peut point, par sa volonté ou par son fait, mettre obstacle à sa célébration ; aussi il ne peut point stipuler *ex intervallo* la restitution de la dot qu'il

a constituée. Le père de famille, au contraire, peu
toujours empêcher le mariage ; par conséquent, il es
absolument maître de la dot ; il peut donc librement en
stipuler la restitution *ex intervallo* : « At pater non
« extraneus ante nuptias, dote data, quamdiu nuptiæ
« secutæ non sint, perinde habetur quasi non dedisset,
« nisi quatenus velit ; est in ejus potestate nuntium re-
« mittere sponso, utque ita sponsalia dissolvendo effi-
« cere ne ulla dos sit, nullare dotis actio proprie quæ-
« sita filiæ » (L. 10, *De spons.*, D. XXIII, 1 ; v. Doneau ,
De J. C., LXIV, C. VI, § 70).

Il y a une autre différence entre la restitution de la
dot profectice et celle de la dot constituée par un
extraneus. Celui-ci peut s'assurer la restitution de la
dot, soit par une stipulation, soit par un pacte ; le père
de famille ne peut faire qu'une stipulation. En effet, de
droit commun, ayant sa fille en puissance, il a l'action
rei uxoriæ ; il ne peut avoir une nouvelle action qu'en
faisant novation, et un simple pacte ne suffit point pour
qu'il y ait novation ; une stipulation est nécessaire (Doneau, *ibid.*).

Nous avons supposé jusqu'à présent que la stipulation de dot était faite par celui qui avait constitué la
dot. Elle peut également être faite par un mandataire
ou un délégataire du constituant, ou bien encore par
un donataire, à cause de mort.

Dans un texte de Scævola (L. 37, § 4, D. *De leg.*, 3,
XXXII), nous voyons une veuve qui, sur le point de

convoler en secondes noces, mande aux deux fils
qu'elle a eus d'un précédent mariage de stipuler de son
nouveau mari la restitution de sa dot au profit de
chacun d'eux pour moitié, et, en cas de prédécès de
l'un avant la dissolution du mariage, au profit du survivant, pour le tout. « Nuptura duobus filiis, quos ex
« priore marito habebat, mandavit ut viginti quæ doti
« dabat, stipularentur in omnem casum, quo solvi
« posset matrimonium ; ut etiam alterutrui ex his tota
« dos solvatur. » Son but est évidemment de leur assurer toute sa dot, à l'exclusion de son mari et des enfants qui pouvaient naître de cette nouvelle union ; si
elle avait fait elle-même la stipulation de restitution,le
mariage étant dissous par sa mort, ses héritiers seuls
auraient agi *ex stipulatu*, et, si elle avait laissé ses enfants comme héritiers, ceux du second lit se seraient
partagé le bénéfice de la restitution avec ceux du premier ; grâce au mandat qu'elle donne à ces derniers,
elle leur assure toute sa dot à la dissolution du mariage. Ainsi, ils stipulent du mari comme mandataires
de la femme ; mais ils n'auront de compte à rendre ni à
celle-ci ni à ses héritiers ; la clause *ut etiam alterutrui
ex his tota dos solvatur*, les constitue *procuratores in
rem suam*. Dans le texte, l'espèce est compliquée ; l'un
des fils vient à mourir, et, la mère invite par lettre le
survivant à laisser la moitié qui devait appartenir au
défunt, à son mari. Le jurisconsulte décide que le mari
aura une exception de dol si le fils agit contre lui *ex*

stipulatu pour toute la dot; que, de plus, il pourra agir *ex fideicommisso* pour se faire faire acceptilation de la *dimidia pars*, enfin que les héritiers de la femme n'auront point l'action *mandati directa* contre le fils qui a été dispensé de rendre compte de la moitié qui lui était laissée.

Dans un autre texte du même jurisconsulte (L. 41, § 7, *id.*, *ibid.*), il s'agit d'un père qui, par fidéicommis, engage sa fille, quand elle se mariera, et toutes les fois qu'elle se remariera, à permettre à son frère et à sa mère de stipuler la restitution, chacun de la moitié de la dot, pour le cas où elle mourrait avant d'avoir divorcé ou recouvré sa dot : « Fidei tuæ, filia, committo, « ut cum in familia nubes, et quotiescumque nubes, « patiaris, ex dote tua quam dabis, partem dimidiam « stipulari fratrem tuum, et Seiam matrem tuam, « pro partibus dimidiis, dari sibi, si in matrimonio ejus « cui nubes, sine divortio facto, priusquam dos tua « reddatur, eove nomine satisfactum erit, morieris, « nullo filio filiave ex eo relicto. » Le frère et la mère, désignés dans le texte, feront la stipulation de la dot, comme donataires, à cause de mort.

Citons encore un dernier texte de Paul ; il s'agit d'une femme qui fait donation de sa dot *mortis causa* :

« Seia cum nuberet Lucio Titio, dedit dotis nomine « ureos et adhibuit Quintum Mucium qui « nihil numeravit, sed, dotem stipulatus est, si morte

« mulieris solutum fuerit matrimonium » (L. 2, *De pact. dot.*).

§ 2. *De ceux pour qui la stipulation est faite.*

C'est un principe qu'on stipule pour soi et pour ses héritiers ; c'en est un autre qu'on ne peut point stipuler pour autrui : *Nemo alteri stipulari potest.* Ainsi, il faut dire que la stipulation *de dote* ne peut être faite qu'au profit du stipulant. On sait d'ailleurs que le fils de famille et l'esclave stipulent valablement pour le père de famille et le maître, et réciproquement.

Ainsi le constituant de dot qui veut faire profiter un tiers de l'action *ex stipulatu*, doit la lui céder en le constituant *procurator in rem suam*, comme nous l'avons vu au paragraphe précédent. Il ne peut pas faire la stipulation à son profit, ou au profit du tiers en cas de prédécès. Cependant la loi 45, D. *Sol. matr.* contient une remarquable exception à la règle : *Nemo alteri stipulari potest.* On suppose qu'un aïeul maternel, constituant de dot, a fait la stipulation *de dote* à son profit ou au profit de la femme, sa petite-fille : « Gaius « Seius avus maternus filiæ nepti, quæ erat in patris « potestate, certam pecuniæ quantitatem Lucio Ti- « tio suo marito dedit et instrumento dotali hujus-

« modi pactum et stipulationem complexus est : Si in-
« ter Lucium Titium maritum et Seiam divortium sine
« culpa mulieris factum esset, dos omnis Seiæ uxori,
« vel Gaio Seio avo materno redderetur restitueret-
« usque. » On se demande si, après la mort de l'aïeul,
l'action *ex stipulatu* doit appartenir à son héritier ou à
sa petite-fille ; de droit commun, il est évident que
celle-ci ne saurait agir *ex stipulatu* : « Respondi, in
« persona quidem neptis videri inutiliter stipulationem
« esse conceptam. » Tout au plus, la petite-fille pourrait-elle recevoir la dot comme *adjecta solutionis gratia*? « Ac si sibi aut illi dari avus stipulatus esset. »
Mais alors elle devrait rendre compte à l'héritier,
l'*adjectus solutionis gratia* n'étant qu'un mandataire.
Papinien pense qu'il faut lui accorder une action utile
(*ex stipulatu utilis*); cette solution n'est fondée que sur
l'équité : « Sed permittendum est nepti ex hac avita
« conventione, ne commodo dotis defraudetur, utilem
« actionem ; favore enim nuptiarum, et maxime propter
« affectionem personarum, ad hoc decurrendum est. »

Nous avons vu plus haut (p. 52) que la stipulation
dotem reddi, lorsqu'elle était faite par le *paterfamilias*,
avait pour effet de faire passer la dot à ses héritiers, s'il
était mort avant la dissolution du mariage. Ce résultat
devait être le plus souvent contraire à la volonté du
père de famille qui, en stipulant la restitution de la do
voulait simplement conserver la dot à sa fille; il pouvait, d'ailleurs, lui léguer la créance dotale ou grever

ses héritiers d'un fidéicommis à son profit ; mais ne pouvait-il pas aussi, à l'exemple de l'*avus maternus*, stipuler qu'à son défaut la dot serait restituée à sa fille ? N'est-il pas juste d'étendre à ce cas la solution que donne Papinien dans le texte précité, et d'accorder à la femme une action *ex stipulatu utilis*? « Favore « enim nuptiarum et maxime propter affectionem « personarum, ad hoc decurrendum est. »

§ 3. *Contre qui compète l'action* ex stipulatu?

L'action *ex stipulatu* compète contre le promettant. Mais qui doit promettre la restitution de la dot? Évidemment celui qui la reçoit, c'est-à-dire le mari ou son père, s'il est en puissance. Un tiers pourrait promettre la restitution en faisant une *expromissio*.

Lorsque le mari est *sui juris*, il n'y a pas de difficulté. Mais nous devons nous arrêter au cas où il est en puissance d'un père de famille. L'action *ex stipulatu*, comme l'action *rei uxoriæ*, est donnée contre ce dernier. Toutefois, il faut faire une distinction, lorsque la promesse de restitution a été faite par le fils. S'il l'a faite *jussu patris*, la femme ou son père de famille, si elle est en puissance, agira, *ex stipulatu*, contre le beau-père (*socer*). Si la restitution a été promise par le fils *non jussu patris*, l'action sera dirigée encore contre

le père, mais *de peculio* ou *de in rem verso*. « Plane si
« filio data sit, si quidem jussu soceri, adhuc absolute
« socer tenebitur : quod si filio data sit non jussu pa-
« tris, Sabinus et Cassius responderunt, nihilominus
« cum patre agi oportere; videri enim ad eum perve
« nisse dotem, penes quem est peculium; sufficit au-
« tem ad id damnari eum quod est in peculio, vel si
« quid in rem patris versum est » (L. 22, § 12, XXIV,
3). Ainsi, les biens dotaux font partie du pécule, et par
suite sont recouvrés par l'action *de peculio*; ils grossis-
sent le patrimoine du père de famille; celui-ci peut
donc être poursuivi *de in rem verso*. Remarquons que
la femme continue d'avoir l'action personnelle *ex sti-*
pulatu contre le fils de famille, qui est capable de s'obliger. Si la promesse a été faite par le père, le mari ne
peut pas être poursuivi.

On suppose que le père de famille est mort; l'action
ex stipulatu compète contre tous ses héritiers. Mais à
la mort de son père, le mari a le droit de prélever la
dot, comme si elle lui avait été léguée *per præceptionem*;
c'est lui, en effet, qui doit l'avoir à l'exclusion des
autres héritiers parce qu'il supporte les charges
du mariage. « Ibi dos esse debet ubi onera matrimo-
« nii sunt » (L. 56, § 1, D. *De j. d.*, XXIII, 3 ; loi 20, § 2,
D. *Fam. ercisc.*, X, 2).

On se demande, dans le cas où le mari a été institué
sous condition, s'il peut prélever la dot avant l'accomplissement de la condition. Il faut faire une distinction

5.

suivant que le divorce a eu lieu avant ou après le décès du père. Dans le premier cas, le mari ne peut pas agir contre ses cohéritiers avant l'arrivée du terme, parce qu'il n'a point à supporter les charges du mariage. La femme ne peut pas agir *rei uxoriæ*, tant qu'il est incertain si le mari sera héritier, c'est-à-dire jusqu'à l'événement de la condition. Mais peut-elle agir *ex stipulatu* ? Oui, si la promesse de restitution a été faite par le mari fils de famille, parce qu'il est tenu personnellement ; non, si elle a été faite par le père, parce qu'alors le fils de famille n'est tenu que comme héritier.

Dans le second cas, le fils de famille a le prélèvement de la dot comme mari, puisqu'il a encore, au moment du décès de son *paterfamilias*, à supporter les charges du mariage. On lui donne une action utile *familiæ erciscundæ*. Quant à la femme, elle peut le poursuivre *ex stipulatu* pour le tout, s'il est tenu personnellement, et seulement *pro parte sua*, s'il n'est tenu que comme héritier.

Le mari fils de famille a pu être exhérédé. La question est alors de savoir comment il se fera restituer la dot. Cujas propose de lui donner une action utile *familiæ erciscundæ*, *ut heredi* ; dans un autre endroit, il lui accorde une action *in factum ut marito*. M. Pellat, (*Textes sur la dot*) adopte la première opinion. Il assimile avec raison notre hypothèse à celle qui est prévue par la loi 2, § 2, D. *Fam. ercisc.* Il s'agit de l'adrogé exhérédé auquel est dû la quarte Antonine ; comme il n'est héritier ni du droit civil, ni du droit prétorien, on lui donne une action *familiæ erciscundæ utilis* : « Si quarta « ad aliquem ex constitutione D. Pii adrogatum defe- « ratur quia hic neque heres, neque bonorum posses- « sor sit, utile erit familiæ erciscundæ judicium ne- « cessarium. »

Les cohéritiers du mari, après le prélèvement de la dot, continuent d'être tenus de la restitution pour leur part héréditaire, comme représentants du défunt, dans les cas toutefois où celui-ci peut être pour- suivi *ex stipulatu*. Aussi, le mari en se faisant remettre la dot doit donner caution à ses cohéritiers de les ga- rantir contre l'action *ex stipulatu* que la femme pour- rait leur intenter... « et cavebit defensum iri cohere- « des qui ex stipulatu possunt conveniri » (L. 20, § 2, D. *Fam. ercisc.*).

Il ne s'agit dans ce texte que de l'action *ex stipulatu*; on s'est demandé par suite si l'action *rei uxoriæ* était soumise au même droit. Ainsi, on pourrait soutenir que la *cautio defensum iri coheredes* ne s'applique qu'au cas où la restitution a lieu *ex stipulatu*, que l'action *rei uxoriæ* compète seulement contre ceux qui détiennent la dot, dans l'espèce, contre le mari. Les héritiers, après la restitution faite en vertu de l'action *familiæ ercis- cundæ* seraient à l'abri des poursuites de la femme. Ce point de vue doit être écarté. En effet, nous lisons dans la loi 10, § 1, ces paroles d'Ulpien : « Et ait (Ju-

« lianus) agi quidem cum marito exheredato de dote
« non posse; verum tamen ipsum dotem persecuturum
« ex causa legati ; sed non alias eum legatum consecu-
« turum quam si caverit heredes adversus mulierem
« defensum iri. Et differentiam facit inter eum cui dos
« relegata est, et orcinum libertum cui peculium lega-
« tum est ; namque eum de peculio posse conveniri
« ait, heredem non posse, quia peculium desiit penes
« se habere; at dotis actio nihilominus competit, etsi
« dotem desierit habere. »

M. Pellat fait remarquer (*ibid.*) qu'il ne peut s'agir ici
que de l'action *rei uxoriæ*, parce que s'il s'était agi de
l'action *ex stipulatu*, les compilateurs du Digeste lui auraient conservé son nom comme dans la loi 20, *Fam.
ercisc.* citée plus haut. Les héritiers sont donc tenus
de l'action *rei uxoriæ* non comme possesseurs de la
dot, mais comme représentant le défunt qui était légalement obligé à la restituer. Remarquons à ce propos
que le texte d'Ulpien fournit un puissant argument
contre la thèse de ceux qui refusent à la femme toute
créance dotale, avant la dissolution du mariage; en effet,
la femme romaine qui divorce après la mort de son
beau-père peut agir *rei uxoriæ* contre les cohéritiers
de son mari, alors même que la dot a été préle-
vée par ce dernier; elle ne le pourrait point si l'action
rei uxoriæ ne reposait pas sur une obligation antérieure
à la dissolution du mariage existant à la charge du père
de famille et transmissible à ses héritiers.

Ulpien remarque dans le texte précité, que l'esclave légataire de son pécule peut seul être poursuivi par les créanciers du pécule, tandis que le mari n'est poursuivi par la femme en restitution de la dot que *pro parte sua*. Les Proculiens dont Ulpien adopte l'opinion dans un autre texte (L. 1, §7, D. *Quando de peculio actio*, XV, 2) pensaient que les héritiers continuaient d'être obligés envers les créanciers du pécule, et que, par suite, le *libertus orcinus* devait donner caution.

La femme a pu poursuivre les cohéritiers de son mari *ex stipulatu* pour leur part et obtenir ainsi la restitution d'une portion de sa dot; on suppose que le mari est institué sous condition; il aura soin de ne payer que **sa** part, parce qu'il n'a aucune action contre ses cohéritiers, pour recouvrer ce qu'il aurait payé en trop : « Hoc minus filius ex dote præstare debebit, « quoniam nullam actionem ejus pecuniæ recuperandæ « gratia, adversus coheredes habet. »

Les textes supposent que le propre père de la femme se trouve au nombre des héritiers de son beau-père poursuivis par l'action *ex stipulatu*. Dans ce cas, si elle est encore placée sous sa puissance, une confusion s'opère pour la part de la dot afférant au père, celui-ci étant à la fois créancier et débiteur. Mais, si le père est mort, la femme peut poursuivre ses héritiers; elle peut le poursuivre lui-même, si elle est émancipée (L. 44, D. *De Sol. matr.*).

La femme peut encore avoir à intenter l'action *ex*

stipulatu contre le fisc, si les biens du mari ont été
confisqués : « Si marito publico judicio damnato pars
« aliqua bonorum ejus publicetur, fiscus creditoribus
« ejus satis facere necesse habet inter quos uxor quo-
« que est » (L. 31, *Sol. matr.*).

SECTION IV.

ÉPOQUE ET DÉLAI DE LA RESTITUTION.

En principe, la dot doit être restituée à la dissolution du mariage, et ne peut l'être qu'à cette époque. Il
en résulte qu'elle ne saurait être ni redemandée ni
rendue, *constante matrimonio*. Ainsi, on ne pourrait
stipuler que la dot sera restituée au cours du mariage ;
la stipulation serait *injusta*.

Plusieurs raisons ont été présentées pour justifier
cette règle. Hasse et Gluck remarquent que la dot ne
peut être redemandée au cours du mariage, parce que
sa nature est d'être perpétuelle et que son but est de
permettre au mari de subvenir aux charges du mariage.
Mais pourquoi la dot ne peut-elle pas être rendue *constante matrimonio*? Les mêmes auteurs répondent
qu'une restitution anticipée de la dot constitue une donation de fruits non valable. Dans un texte de Paul
(L. 28, D. XXIII,4),on suppose que la femme est débi-

trice ; elle convient, en se mariant, que son créancier
sera désintéressé avec les fruits de l'immeuble dotal ; le
jurisconsulte admet la validité du pacte, s'il est fait
ante nuptias, parce que, dans ce cas, la constitution de
dot se trouve diminuée d'autant ; il est nul, au contraire, s'il est fait *post nuptias*, parce qu'il constitue
une véritable donation : « Post nuptias vero, cum
« onera matrimonii fructus relevaturi sunt, jam de suo
« maritus paciscitur, ut dimittat creditorem ; et erit
« mera donatio. » Francke fait remarquer avec raison
que la prohibition des donations entre époux ne s'applique pas aux fruits ; nous voyons, au contraire, que
la prohibition de restituer la dot au cours du mariage
existe précisément pour que le mari continue de jouir
des fruits de la dot. La véritable raison de cette disposition, c'est que les droits dotaux du mari sont établis
par la loi pour subsister intégralement jusqu'à la dissolution du mariage ; par suite, aucune convention ne
saurait les limiter.

Ainsi, la stipulation de restituer la dot ne peut être
faite qu'en vue de la dissolution du mariage.

Les cas de divorce, de mort du mari ou de mort de
la femme donnent lieu à l'exercice de l'action *ex stipulatu*; mais nous avons vu que la restitution de la dot
pouvait être stipulée dans un seul de ces cas; l'action *rei uxoriæ* était donnée dans les deux autres;
les parties pouvaient aussi convenir que, dans les
cas de dissolution du mariage autres que ceux qui

étaient spécifiés dans la stipulation, la dot resterait au mari.

En cas de captivité de l'un ou de l'autre époux, la restitution de la dot n'est pas commise, parce qu'il y a encore l'espoir du *postliminium*. Si l'époux captif meurt *in captivitate*, on applique la disposition de la loi Cornélia qui veut que le captif soit réputé mort du jour où il est tombé en captivité. Si, par exemple, c'est la femme qui meurt *apud hostes*, son héritier aura l'action *ex stipulatu* contre le mari : « Si quidem vivit apud « hostes uxor tua nondum frater ejus quasi heres do- « tem repetere potest. Si vero diem functus est et here- « ditatem ejus possit vindicare, dotis quoque repetitio « ei jure competit, cum in stipulatum deducta sit » (rescrit des empereurs Valérien et Gallien, loi 5, C., *Sol matr.*).

La loi 10, D. *Sol. matr.*, contient une solution identique ; il s'agit d'une dot profectice : « Si ab hostibus « capta filia quæ nupta erat, et dotem a patre profec- « tam habebat, ibi decesserit ; puto dicendum perinde « observanda omnia, ac si nupta decessisset ; ut, etiamsi « in potestate non fuerit patris, dos ab eo profecta « reverti ad eum debeat. »

Le principe que la dot ne peut être restituée qu'à la dissolution du mariage comporte-t-il des exceptions ?

D'abord, doit-on l'appliquer à la dot réceptice ? Pellat (*Textes sur la dot*) fait remarquer que la prohibition a pour but de conserver la dot de la femme pour l'ave-

nir ; or, la *dos receptitia* cesse d'appartenir à la femme
à la dissolution du mariage ; de plus, le mari s'est obligé
par contrat à restituer la dot à l'*extraneus ;* il semble
que rien ne l'empêche de lui faire cette restitution.
Sans doute, la femme n'est pas intéressée personnellement à ce que la restitution n'ait pas lieu avant la dissolution du mariage. Mais nous avons admis avec
Francke que le mari ne pouvait pas diminuer ses droits
dotaux ; or, il les diminue en abandonnant son droit
aux fruits *constante matrimonio*. Nous pensons donc que
la convention par laquelle le mari s'engagerait à faire
la restitution à l'*extraneus, constante matrimonio*, ne
pourrait point s'appliquer aux fruits.

De plus, la dot peut être restituée à la femme, *constante matrimonio*, dans certains cas spéciaux. Les textes
nous en font connaître cinq :

1° La femme peut redemander sa dot dans le cas où
le mari la met en péril ; cette restitution a lieu *propter
inopiam mariti* (L. 24, pr. D. *Sol. matr.*).

2° La dot peut être rendue à la femme *ut se suosque
alat.* (L. 17, *De pact. dot.*).

On sait que les fruits de la dot appartiennent au
mari ; mais il pourrait convenir qu'ils feront partie de
la dot, *ut mulier se suosque aleret tuereturve.*

3° On suppose que la femme n'a point de paraphernaux ou que ses paraphernaux sont plus productifs que
ses biens dotaux ; elle a des dettes à payer ; la dot

pourra lui être restituée, *constante matrimonio, ut æs alienum solvat* (L. 85, *h. tit.*).

4° La restitution peut encore être faite à la femme pendant le mariage, *ut fundum idoneum emat, ut prædia idonea emat* (L. 20, D. *Sol. matr.*). Suivant les uns il faut entendre par *fundus idoneus*, un bien propre à remplir le but que la femme se propose (constitution d'une hypothèque) ; suivant les autres, il s'agirait d'un bien propre à subvenir aux charges du mariage. Nous croyons avec Pellat (*Textes sur la dot*) qu'il s'agit simplement d'un placement en immeubles.

5° Enfin, il y a encore lieu à une restitution anticipée, lorsque la femme veut pourvoir aux besoins de personnes qui lui tiennent de très près, *ut liberis ex alio viro egentibus, aut fratribus, aut parentibus consuleret, vel ut eos ex hostibus redimeret*. Lorsque le mari est dans la misère, la dot doit également être restituée (*egentem virum*). Suivant Hasse il ne peut s'agir alors que d'un premier mari. Suivant Gluck, il s'agit d'une dot remise au père du mari ; la femme qui a de quoi se nourrir, n'a pas de quoi nourrir son mari. Enfin Pellat (*loc. cit.*) admet avec Gluck que l'*egens vir* est le mari actuel ; toutefois ce n'est pas lui qui rend la dot, mais le père de famille sous la puissance duquel il est placé.

Les textes nous disent que la dot doit être rendue à la femme *non perdituræ* : « Non perdituræ uxori ob has « causas dos reddi potest » (L. 73, D. *Sol. matr.*), et Ulpien « Cæterum si non perdituræ et ex justis causis

« soluta sit, non supererit actio. » (L. 22, § 1, D. *Sol.*
matr.). Que faut-il entendre par cette expression *mulier*
non perditura? Elle ne signifie point que la restitution
ne doit être faite à la femme qu'autant qu'elle est bonne
ménagère ; Pellat prétend qu'elle veut dire simplement
que le mari doit pourvoir lui-même à l'acquittement
des dettes et charges qui incombent à la femme ; elle
n'implique point l'obligation de surveiller l'emploi des
deniers.

Il nous reste à savoir comment le mari pouvait demander la restitution de la dot au cours du mariage,
lorsqu'il l'avait stipulée pour l'époque de la dissolution.
Les termes mêmes de la stipulation s'opposaient à ce
que l'action fût intentée, *constante matrimonio*. Mais on
tournait la difficulté au moyen d'une fiction insérée
dans la formule ; on feignait un divorce et on agissait
fictitia actione : « Ficti divortii, falsa dissimulatione in
« hujusmodi causa, stirpitus eruenda » (L. 30, C. *De*
jure dotium).

Nous avons dit qu'en général, la dot ne pouvait être
restituée qu'à la dissolution du mariage. Dans quel
délai la restitution est-elle faite par le mari ? Ulpien
(Reg., VI, 8), distingue entre les dots qui consistent en
choses *quæ pondere, numero, mensurave constant*, et les
dots de corps certains ; pour les premières, la restitution se fait en trois ans, pour les autres elle est immé-
diate : « Dos si pondere, numero, mensura contineatur,
« omnia, bima, trima die redditur ; nisi si ut præsens

« reddatur convenit. Reliquæ dotes statim redduntur. »
Dans le *judicium ex stipulatu*, le mari ne jouit d'aucun
délai pour faire la restitution ; il doit restituer immédiatement les quantités comme les corps certains ; c'est
une conséquence du caractère de l'action, *ex stipulatu*
qui est *stricti juris*.

Les parties peuvent régler à leur gré le délai de la
restitution par des pactes adjoints à la stipulation, à
condition que la femme ne rende pas sa condition pire.
« De die reddendæ dotis hoc juris est, ut liceat pacisci
« qua die reddatur ; dum ne mulieris deterior conditio
« fiat » (L. 1, *De p. dot.*, XXIII, II).

La femme peut stipuler que les quantités qui font
partie de sa dot lui seront rendues immédiatement après
la dissolution du mariage : « Ut dos quæ pondere, nu-
« mero, mensura continebatur, soluto matrimonio præ-
« sens reddatur » (L. 10, *h. tit.*).

Mais le pacte adjoint ne saurait faire sa condition
pire : « dum ne mulieris deterior conditio fiat. » En
d'autres termes, elle ne peut pas convenir que les quantités qui font partie de la dot lui seront restituées dans
un délai supérieur à trois ans, ou que les corps certains
ne seront pas rendus immédiatement : « Ut autem lon-
« giore die solvatur dos, convenire non potest ; non ma-
« gis quam ne omnino reddatur » (L. 10, *h. tit.*).

On suppose que les époux conviennent entre eux que
la dot sera restituée autant de temps après le divorce
qu'elle a été donnée après le mariage : « Ut quibus die-

« bus dos data esset, iisdem, divortio facto, reddere_
« tur. » La femme donne les biens dotaux cinq ans
après la célébration du mariage ; la restitution pourra-
t-elle être faite cinq ans seulement après la dissolution
du mariage par le divorce, ou ne faudra-t-il pas observer le délai prescrit par les lois? Le jurisconsulte Pro-
culus répond que la condition de la femme ne peut
avoir à souffrir de ce pacte ; il n'est valable qu'autant
que la restitution est faite avant le délai de trois ans :
« Si cautum est, ut propiore tempore quam legibus
« constitutum est reddatur, stari eo debere ; si ut lon-
« giore, nec valere id pactum conventum. Cujus sen-
« tentiæ, conveniens est dicere, si pacto convento cau-
« tum est, ut quanto serius (quæque) et post nuptias
« data fuerit, tanto post divortium reddatur ; si pro-
« piore, quam in reddenda dote constitutum est, data
« sit, valere pactum conventum, si longiore non va-
« lere » (L. 17, *De pact. dot.*).

Julien (L. 18, *id.*) admet qu'après le divorce, le pacte
qui retarde le moment de la restitution pourra sortir
son effet, « si justa causa conventionis fuerit. »

La femme ne peut pas rendre sa condition pire en
se privant de la restitution de la dot au delà du temps
prescrit. Mais si la dot est promise au mari par le père,
celui-ci peut promettre en ces termes : « Ut annua,
« bima, trima, quadrima, quinto anno dos a se red
« deretur, » et convenir ; « ut iisdem diebus dos soluto
« matrimonio redderetur » (L. 19, *h. jit.*).

Le jurisconsulte Alfenus ajoute qu'il en est ainsi, lorsque la fille hérite de son père. Mais il faut qu'elle soit intervenue au pacte (s'il a été fait *ex intervallo*).

SECTION V.

DE CE QUI DOIT ÊTRE RESTITUÉ.

Nous avons à rechercher ce que le mari ou le beau-père (si le mari était en puissance) devait restituer en vertu de la promesse *de dote restituenda*. L'action *ex stipulatu* est de droit strict; par conséquent, le juge doit s'en tenir aux termes mêmes de la stipulation pour prononcer la condamnation et estimer la restitution qui doit être faite. Mais ses pouvoirs peuvent être étendus par les parties elles-mêmes dans la stipulation ; celles-ci peuvent également par des pactes adjoints régler la mesure des restitutions qui doivent être faites. Nous aurons donc à examiner successivement ces trois points :

1° Ce qui doit être restitué dans le *judicium ex stipulatu de dote* ;

2° Comment les pouvoirs du juge peuvent être étendus ;

3° Comment les parties peuvent régler la mesure des restitutions.

§ 1. *Ce qui doit être restitué dans le* judicium ex
stipulatu de dote.

La stipulation *de dote*, comme nous l'avons vu plus
haut, pouvait être *certa* ou *incerta*. Elle était *certa*,
lorsqu'elle avait pour objet une somme d'argent, représentant la dot estimée. Le juge n'avait alors qu'à prononcer la condamnation qui se trouvait ainsi évaluée.
Mais si la dot n'avait pas été estimée, si la stipulation
de restitution avait pour objet *dotem*, c'est-à-dire l'ensemble des biens dotaux, une évaluation était nécessaire. La femme avait alors une action *ex stipulatu incerta*. Elle pouvait aussi agir par une *condictio certi*,
après avoir fait déterminer le montant de la dot au
moyen du *præjudicium quanta dos sit*.

Le mari pouvait restituer la dot en nature avant toute
demande de la part de la femme ; si celle-ci allait ensuite trouver le préteur, la formule ne lui était pas délivrée. Devant le préteur lui-même, *in jure*, le mari,
avant l'*actionis editio*, pouvait faire la restitution. Si
l'action était délivrée, les parties allaient devant le juge.
Le juge de l'action *ex stipulatu* ne pouvait pas ordonner la restitution en nature, à l'exemple du juge de
l'action *rei uxoriæ* celle-ci était arbitraire (V. Deman-

geat, *De fundo dotali*), il devait prononcer une condamnation en argent. Il faisait une évaluation non
pas de l'intérêt qu'avait la femme à la restitution de la
dot (comme dans les actions de bonne foi), mais de ce
qui constituait ses biens dotaux à l'époque de la dissolution du mariage ; cette évaluation du *quanti ea res est*
s'appelait *taxatio*.

La restitution devait comprendre les biens dotaux
avec leurs accroissements naturels (*incrementum*). Il ne
pouvait pas être question de restitution de fruits. Les
fruits échus pendant le mariage appartenaient au mari;
ceux échus depuis la dissolution du mariage ne pouvaient être compris dans la restitution ; les principes
du *judicium stricti juris* s'y opposaient.

La dot pouvait se trouver diminuée par des pertes ou
des détériorations. Le juge y avait égard dans la *taxatio*.
Enfin le mari pouvait avoir fait des impenses sur les
biens dotaux, et il s'agit de savoir si le·juge en tenait
compte.

Les Romains distinguaient les *impenses* en trois catégories : *impenses nécessaires* (réparations aux biens
dotaux), impenses utiles (donnant une plus-value aux
biens dotaux), et impenses voluptuaires (ne produisant
aucune plus-value). Comment le mari pouvait-il retenir
ses impenses? Dans l'action *rei uxoriæ*, il avait une *retentio ob impensas* et le juge, grâce à ses larges pouvoirs,
tenait compte des impenses utiles. Quant aux *impensæ
necessariæ*, les Romains disaient qu'elles diminuaient

la dot de plein droit : « Impensæ necessariæ dotem
« ipso jure minuunt » (L. 5, § 2,D. *De pact. dot.* ; L. 5,
De impensis, XXV, 1 ; L. 1, § 4 : L. 2, § 1 ; L. 5, *De
dote prælegata*, XXXIII. 4). On disait à l'inverse des
impenses utiles : « Utiles non quidem ipso jure minuunt dotem » (L. 7, § 1, *De impensis*). On s'est demandé quelle était l'origine de ce droit de décompte
qui appartient au mari en ce qui concerne les *impensæ
necessariæ*. Le romaniste allemand Ihering le rattache
à une époque où les exceptions ne fonctionnaient pas
encore. « Le conflit des deux créances ne s'élevait pas
au cours et à l'occasion du procès ; il était vidé en dehors de tout débat judiciaire. L'unique objet du procès,
c'était la créance de la demanderesse diminuée d'avance
de celle du défendeur » (Ihering, *Esprit du droit romain*). Cette explication est repoussée par Bechman et
Csylharz.

Comment tenait-on compte des impenses lorsque la
restitution se faisait par l'action *ex stipulatu*?

Pour les impenses nécessaires, elles pouvaient être
déduites de la dot de deux façons.

La femme avait recours, dans le premier cas au *præjudicium quanta dos sit* (Gaius, IV, 44); le juge du *præjudicium* évaluait la dot, en tenant compte des *impensæ
necessariæ*; la femme ensuite agissait *ex stipulatu*, avec
une *intentio certa*; l'objet de la restitution était une
certaine somme d'argent (*certa pecuniæ quantitas*).

Dans le second cas, la retenue des impenses néces-

6.

saires était faite dans le *judicium* de l'*actio ex stipulatu incerta*.

Quant aux impenses utiles, le mari avait-il un moyen de les recouvrer, lorsqu'il restituait la dot *ex stipulatu* ?

D'abord, pouvait-il les retenir? Il faut répondre négativement. Nous avons vu que les impenses utiles ne diminuent point la dot de plein droit. Mais n'avait-il pas une exception à sa disposition? Nous pensons que le mari, étant créancier de la femme à raison des impenses utiles, pouvait réclamer la compensation, au moyen de l'exception de dol. Il pouvait aussi s'assurer une *exceptio pacti* par un pacte adjoint, même fait *ex intervallo*. Enfin, de droit commun, le mari avait contre la femme l'action *negotiorum gestorum contraria* et même l'action *mandati*, si elle avait consenti aux dépenses.

Dans le cas où le mari s'était obligé pour sa femme, *constante matrimonio*, il pouvait exiger d'elle, au moment de la restitution une promesse d'indemnité et une *satisdatio*, c'était la *cautio tribunitiana* (Ulpien, *Sent.*, t. VII, § 3). Lorsque la restitution avait lieu par le *judicium rei uxoriæ*, le mari avait le choix entre la *retentio ob impensas* et la stipulation *tribunitienne*. Lorsqu'il n'y avait pas de *retentio* et que la dot était restituée intégralement, le préteur ordonnait à la femme de fournir la *cautio*. Quand la femme agissait par l'action *ex stipulatu incerta* elle pouvait faire la promesse ; mais si elle ne la faisait point le préteur ne pouvait pas refu-

ser de délivrer la formule, l'action *ex stipulatu* étant
une action de droit strict. Le mari conservait son recours contre elle au moyen des actions de mandat ou
de gestion d'affaires.

On suppose que la dot a été restituée, *non deductis
impensis*. Nous savons déjà que pour les dépenses utiles
le mari a, de droit commun, l'action *negotiorum gestorum
contraria*, ou l'action de mandat, si la femme a ordonné
les dépenses; quant aux dépenses voluptuaires il n'a
qu'un simple droit d'enlèvement, *jus tollendi*. Mais les
dépenses nécessaires, devant diminuer la dot de plein
droit, donnent lieu à la *condictio indebiti*, si elles n'ont
pas été compensées par le juge de l'action *ex stipulatu
incerta* comme par le juge de l'action *rei uxoriæ*; la
compensation des dépenses nécessaires fait partie de la
taxatio : « Si dos tota soluta sit, non habita ratione im-
« pensarum, videndum est, an condici possit id quod
« pro impensis necessariis compensari solet? Et Mar-
« cellus admittit, condictioni esse locum ; sed etsi ple-
« rique negent, tamen propter æquitatem Marcelli
« sententia admittenda est. »

§ 2. *Comment les pouvoirs du juge peuvent être étendus.*

Dans les *judicia stricti juris*, les pouvoirs du juge sont

étroitement limités, par les termes mêmes de la formule ;
ainsi dans l'action *ex stipulatu de dote* le juge doit condamner le mari à restituer la dot ; il ne peut que l'évaluer
par la *taxatio*, si l'*intentio* est *incerta* ; mais il ne saurait
tenir compte de l'intérêt qu'avait la femme ou le mari
à ce que la dot fût restituée, conformément à l'équité.

Le mari peut avoir détruit par dol des objets dotaux ;
il peut les avoir laissé périr par sa faute ; il peut également se trouver débiteur de fruits ou d'intérêts moratoires, s'il est en demeure. De son côté, la femme peut
avoir à rembourser des dépenses utiles comme nous
l'avons vu précédemment. Or, le *judicium stricti juris*
s'oppose à ce que le juge tienne compte de ces faits
dans la condamnation qu'il prononce. Sans doute, la
femme a contre le mari l'action *de dolo*, l'action (au
moins l'action utile) de la loi *Aquilia* et des actions *in
factum* ; le mari a l'action *mandati* ou l'action *negotiorum gestorum contraria* ; mais ces actions ne sont inten-
tées qu'après la restriction intégrale de la dot ; et
d'ailleurs elles ne suffisent point à faire triompher entièrement l'équité.

Les parties échappaient à ces inconvénients au
moyen de la *clausula doli*, stipulation très ancienne
qui était faite en même temps que la stipulation principale. Plusieurs formules de la *clausula doli* nous sont
données par les textes : « Dolum malum huic rei pro-
« missione abesse, abfuturumque esse, stipulatus est
« ille, spopondit ille » (L. 121, D. *De verb. obl.*) : « Si

« dari hujus rei dolus malus non ab erit, quanti ea res
« est spondes » (L. 19, D. *Jud. solut.*, etc.).

L'effet de la *clausula doli* était de donner au juge du
judicium stricti juris, les mêmes pouvoirs que s'il se fût
agi d'un contrat de bonne foi. On sait que l'insertion,
dans la formule, des mots *recte, ex bona fide*, avait le
même effet.

Ainsi, il était aisé de donner à la stipulation *de dote*,
le caractère d'un contrat de bonne foi, soit à l'égard de
la femme, soit à l'égard du mari ; en effet, la clause de
dol était réciproque.

Ainsi, en cas de dol du mari, la femme avait contre
lui et ses héritiers, l'action *ex stipulatu* qui est *rei persequendæ gratia*; on sait que l'action de dol, qui est
mixte (*tam pœnæ quam rei persequendæ gratia*), n'est
pas donnée contre les héritiers de l'auteur du dol.

Le juge appréciait aussi la faute du mari. Il allouait
à la femme des intérêts moratoires, s'il y avait lieu.

Quant à la restitution des fruits, on appliquait les mêmes règles que pour l'action *rei uxoriæ*, et ici nous entendons parler aussi bien des fruits échus au cours du
mariage que des fruits échus depuis. Pour les premiers, ceux qui étaient restituables à la femme faisaient partie, à proprement parler, du capital dotal, et
le juge de la *condictio incerti* pouvait en tenir compte
dans la taxation ; quant aux autres (ceux échus depuis
le mariage), le juge ne les restituait qu'en vertu des

pouvoirs d'*arbiter* que lui donnait la *clausula doli* ou l'insertion des mots *recte* ou *ex bona fide*.

Justinien (L. un., C. V, 13) indique quels étaient les fruits qui devaient être restitués à la femme dans les deux actions *rei uxoriæ* et *ex stipulatu*.

En principe, tous les fruits de la dot, échus au cours du mariage, appartiennent au mari, sauf convention contraire ; il faut excepter, toutefois, les fruits plus spécialement appelés produits extraordinaires, tels que le part des *ancillæ* ou les hérédités recueillies par les esclaves :

« Itaque partus dòtarium ancillarum, id est, quæ
« estimatæ non sunt, vel quæ servi dotales ex quacum-
« que causa, nisi ex re mariti, vel operis suis acqui-
« sierunt ; ad mulierem pertinere utraque actio simili-
« ter voluit. »

Ces dispositions sont conformes aux principes du droit commun en matière de restitution de fruits ; une règle spéciale au droit de la dot est celle qui concerne la restitution des fruits de la dernière année. Ils sont répartis entre le mari et la femme, proportionnellement au temps qu'a duré le mariage pendant cette année ; les *fruits naturels* sont donc traités, par exception, comme les fruits civils ; de droit commun, ils s'acquièrent par la perception ; ainsi, *jure communi*, il suffirait de décider que les fruits de la dernière année appartiennent à celui des époux qui les perçoit. La règle qui a prévalu est plus conforme à l'équité. Remar-

quons qu'elle ne s'applique qu'aux biens non estimés ;
quant aux biens estimés, ils appartiennent au mari qui
n'en doit que l'estimation, à moins qu'on n'ait déclaré
que l'estimation n'en vaut point vente : « Sed et no-
« vissimi anni in quo matrimonium solvitur, fructus
« prorata portione utrique parti debere adsignari,
« commune utriusque actionis est, in rebus scilicet
« non æstimatis. Æstimatarum autem rerum maritus
« quasi emptor et commodum sentiat, et dispendium
« subeat et periculum exspectet. »

Quant aux intérêts des créances qui font partie de la
dot, le mari en doit la restitution du jour de la dissolution du mariage. Il doit également restituer ceux qui
étaient échus avant le mariage et qui ont été touchés
par lui ; ils font, d'ailleurs, partie intégrante de la dot ;
enfin, les parties peuvent convenir que les intérêts
échus, pendant le mariage, seront restitués avec le
principal : « Mulier pecuniam sibi debitam a Seio cum
« usuris futuri temporis in dote promittenda demon-
« stravit » (Loi 69, § 1, *De jure dotium*, **XXI**).

§ 3. *Comment les parties peuvent régler la mesure des restitutions.*

Les parties peuvent toujours par des pactes adjoints
in continenti à la stipulation *de dote* déterminer à leur
gré dans quelle mesure la dot doit être restituée.

Par ces pactes, les parties franchissaient les limites étroites du *judicium stricti juris*; elles faisaient produire à l'action *ex stipulatu* certaines des conséquences de l'action *rei uxoriæ* et elles parvenaient ainsi à combiner les avantages respectifs de chacune de ces actions.

Les parties peuvent vouloir changer leur responsabilité quant aux risques. Ainsi, lorsque la dot a été estimée, les risques sont à la charge du mari. Or, nous voyons un pacte où il est convenu que les objets estimés seront restitués; Pothier pense qu'un tel pacte a simplement pour but de faire que les choses estimées soient, quant aux risques, comme si elles n'avaient pas été estimées; sinon le pacte n'aurait aucune utilité.

« ... Ut tantidem æstimata divortio facto redderes » (L. 18, D. *De jure dotium*).

« ... Ut ipsæ res restituerentur; quæ vero non exta-« rent, ab initio æstimatio earum » (*id. ibid.*).

Nous ne citons ce pacte qu'à titre d'exemple; les conventions des parties peuvent porter sur les différentes règles de la restitution.

Nous avons dit que les pactes adjoints à la stipulation *de dote* servaient parfois à appliquer certaines des règles de l'action *rei uxoriæ*.

Ainsi, dans le *judicium rei uxoriæ*, la dot peut se trouver diminuée par les *retentiones* qu'exerce le mari. Nous avons déjà parlé de la *retentio ob impensas*. Il y en avait cinq autres, la *retentio ob liberos*, la *retentio ob mores*, la *retentio ob res donatas*, enfin, la *retentio ob res amotas*.

Lorsque la restitution de la dot était stipulée, les parties désiraient parfois donner au mari des droits analogues à ceux qui lui venaient des *retentiones*; elles faisaient alors des pactes adjoints.

C'est surtout en faveur des enfants à naître du mariage que nous voyons de ces pactes. La raison en est simple; pendant longtemps, il n'y a pas eu d'autre moyen de faire parvenir aux enfants une portion du patrimoine de leur mère, que la *retentio propter liberos* et les conventions qui étaient faites en leur faveur au moment de la constitution de dot.

La *retentio ob liberos* est d'un sixième par enfant, mais jamais de plus de trois sixièmes (Reg., Ulp.,§ 10). « Propter liberos retentio fit, si culpa mulieris aut pa- « tris cujus in potestate est, divortium factum sit; tunc « enim singulorum liberorum nomine sextæ retinentur « ex dote; non plures tamen quum tres. » Elle est faite dans les trois cas de dissolution du mariage; mais dans le cas de divorce, elle n'a lieu que si le divorce provient de la faute de la femme ou du père de famille en puissance duquel elle se trouve, par exemple, lorsqu'il a ordonné à la femme de divorcer. Si le divorce provient de la faute du mari, il ne peut être question de *retentio ob liberos* : « Si viri culpa factum est divor- « tium, etsi mulier nuntium remisit, tamen pro liberis « manere nihil oportet » (Cic., *Top.*, ch. IV).

La *retentio ob liberos* n'était pas une peine, mais elle avait l'inconvénient, au cas de divorce, de ne laisser entre les mains de la femme qu'une dot amoindrie, et ainsi, de rendre plus difficile un second mariage ; c'est ce qui explique l'absence de toute *retentio ob liberos*, lorsque le divorce a lieu sans la faute de la femme.

Mais cette *retentio* était éminemment équitable, pour les raisons que nous avons données, et les parties pouvaient, par leurs conventions, en assurer l'effet même au cas où le divorce avait lieu sans la faute de la femme (§§ 105 et 106, *Frag. Vat.*).

Lorsque la femme agissait *ex stipulatu*, la *retentio* ne pouvait plus s'opérer. Aussi des pactes intervenaient pour sauvegarder l'intérêt des enfants ; on convenait qu'à la dissolution du mariage, tout ou partie de la dot leur resterait : « Si inter virum et uxorem pactum est, « ut certa dotis pars vel tota, ob unum vel plures liberos « intervenientes retineatur » (L. 31, D. *De pact. dot.*). « Si convenerit ut quoquo modo dissolutum sit matri- « monium, liberis intervenientibus, dos apud virum « remaneret. »

La stipulation *de dote* peut être faite sous la condition qu'il ne naisse point d'enfants du mariage : « Si « dotali instrumento stipulatio, si sine liberis filia mo- « reretur, etc. (L. 48, *Sol. matr.*)

Le pacte fait dans l'intérêt des enfants peut se trouver combiné avec un autre pacte dans l'intérêt du mari : « Inter socerum et generum convenit, ut si mortua

« filia superstitem anniculum filium habuisset dos ad
« virum pertineret ; quod si vivente matre filius obiisset
« vir dotis portionem, uxore in matrimonio defuncta,
« retineret » (L. 20, *De pact. dot.*).

Dans un autre pacte, nous voyons un père de famille convenir qu'un tiers de la dot appartiendra aux
enfants à naître du mariage…«ut, mortua filia, uno plu-
« ribusve liberis superstitibus, deducta parte tertia,
« reliqua dos sibi uni post mortem suam, illi aut illis,
« quos in potestate habebat reddatur. »

Lorsque le mariage est dissous par le divorce, et que
le divorce provient de la faute de la femme, le mari
exerce la *retentio ob mores.* Cette *retentio* est du sixième,
si la faute est grave, et du huitième, si elle est légère
(Ulp., Reg., § 12).

Lorsque le divorce a lieu par la faute du mari, celui-ci est tenu de restituer la dot immédiatement, si la
faute est grave, et en trois termes, de six mois chacun,
si la faute est légère. Si la dot doit être restituée immédiatement (corps certains), le mari restitue les fruits
de deux années en cas de faute grave, et les fruits d'une
année en cas de faute légère. Les peines qui frappent la
femme sont exigées dans la *retentio ob mores*, ou par
voie d'action, dans le *judicium de moribus*, établi par
la *lex Julia de adulteriis.* Mais lorsque la restitution de la
dot a été stipulée, la *retentio ob mores* ne peut être exercée;
le mari est forcé d'agir par voie d'action, par le *judicium de moribus.*

Une controverse s'est élevée au sujet de la *retentio ob mores* ; on a prétendu qu'elle ne pouvait pas être cumulée avec la *retentio ob liberos*. Cette difficulté nous intéresse, puisque la stipulation de dot pouvait être, et était souvent accompagnée de pactes qui produisaient des conséquences analogues à celles des *retentiones* ; et, s'il était vrai que le cumul de la *retentio ob liberos* et de la *retentio ob mores* n'était pas permis, il faudrait montrer comment, par ces pactes, les parties pouvaient modifier le droit de l'action *rei uxoriæ*.

Ceux qui soutiennent le non cumul des deux *retentiones* en question, s'appuient d'abord sur cette idée que la *retentio ob liberos* est une peine, puisqu'elle n'a pas lieu lorsque le divorce ne provient pas de la faute de la femme ; mais nous avons montré que telle n'était pas l'idée sur laquelle cette *retentio* était fondée. En second lieu, on invoque deux textes assez obscurs, l'un d'Ulpien, l'autre de Paul : « La dot qui a une fois *rempli sa fonction*, dit Ulpien, ne peut pas la remplir une seconde fois, à moins qu'il n'y ait un nouveau mariage. »

« Dos quæ semel functa est, amplius fungi non potest nisi aliud sit matrimonium » (Ulp., *Reg.*, t. VI, § 11).

« La *fonction de la dot* ne peut être modifiée par un pacte, parce qu'on ne déroge point par convention au droit public : « Functio dotis pacto mutari non potest, « quia privata conventio juri publico non derogat » « (Paul, *Sent.*, I, 1, § 6).

Plusieurs explications ont été données sur ces deux textes, Cujas (*ad tit. Ulp.*) prétend que la phrase d'Ulpien veut dire que la dot qui a cessé d'être dot ne peut pas le redevenir, si ce n'est par un nouveau mariage en vertu duquel elle est tacitement reconstituée.

Hugo et Hasse pensent qu'il s'agit d'une dot qui a été soumise à une *retentio* (*dos quæ semel functa est*); elle ne peut plus être l'objet d'une autre *retentio*; ainsi après que le mari a exercé la *retentio ob liberos*, il ne peut plus prétendre à la *retentio ob mores*; c'est à lui de faire son choix. Le texte de Paul voudrait dire qu'en outre les parties ne peuvent point par un pacte spécial convenir que les deux *retentiones* seront cumulées.

Schilling rejette absolument ce système; il pense que dans le texte de Paul, le mot *functio* veut dire destination: la destination de la dot ne peut être changée; il n'est pas question de *retentiones*. D'autre part, non seulement la *retentio ob liberos* pourrait être cumulée avec la *retentio ob mores*, mais encore ce cumul serait nécessaire pour qu'il y eût égalité de situation entre la femme et le mari; en effet, lorsque le divorce a lieu par la faute de celui-ci, il perd non seulement le bénéfice de la *retentio ob liberos*, mais encore le bénéfice des délais de restitution. Enfin, dans le système de Schilling, la privation du sixième ou du huitième de la dot ne pourrait jamais résulter que de la *retentio*; le *judicium de moribus* n'aurait pas d'autre but que celui de

faire constater par le juge les fautes de la femme ; ce serait une sorte de *præjudicium*. Ainsi, lorsque la restitution de la dot se fait par l'action *ex stipulatu*, la femme, quand même le divorce aurait eu lieu par sa faute, serait à l'abri de toute condamnation *propter mores*, puisque dans le *judicium ex stipulatu* aucune retenue n'est possible de ce chef.

Tigerrtrom (*Dotal.*, *Recht.*, p. 221) et Pellat qui adopte sa théorie, repoussent le système de Schilling. Le *judicium de moribus* a le même objet que la *retentio propter mores*, c'est une espèce de *contrarium judicium rei uxoriæ* : « La circonstance que la dot est déjà restituée n'empêche donc pas le mari d'obtenir la quotité à laquelle il a droit *propter mores*; par conséquent, il ne suffit pas pour expliquer comment il existe à la fois une *retentio* et une *actio propter liberos*, de dire que la dot restituée a cessé d'être dot et ne peut plus être l'objet d'une prétention qui présuppose la qualité dotale. » Ainsi, le *judicium de moribus* et la *retentio propter mores* sont deux voies différentes ouvertes au mari pour obtenir le sixième ou le huitième que la loi lui alloue en cas de divorce par la faute de la femme. Quant au point de savoir si la *retentio propter liberos* se cumule avec la *retentio propter mores*, il doit être résolu affirmativement. Les expressions *dos quæ semel functa est*, désignent une dot qui a *fait son office* (c'est le sens de *fungi*), c'est-à-dire, qui a cessé d'être dot, qui a été restituée ; or, sur la dot restituée, la *retentio ob liberos* ou *ob mores* ne pourra plus être exercée.

Nous avons vu que par des pactes, les parties pouvaient faire produire à l'action *ex stipulatu* un résultat analogue à celui que produisait la *retentio ob liberos* dans le *judicium rei uxoriæ*. En général, la stipulation de restitution avait pour effet de soustraire la femme à toute retenue *ob mores* ; la voie de l'action *de moribus* restait au mari. Cependant, les parties pouvaient convenir que la restitution totale n'aurait lieu, que si le divorce ne provenait pas de la faute de la femme : « Si inter Lucium Titium maritum et Seiam divortium « sine culpa mulieris factum esset, *Dos omnis* Seiæ « uxori vel Gaio Seio avo materno, redderetur resti- « tueretusque. » Nous pensons qu'il faut interpréter ce pacte de la façon suivante : si le divorce n'a pas lieu par la faute de la femme, toute la dot sera restituée ; mais s'il y a eu faute de la femme, cette restitution totale ne se fera pas, c'est-à-dire que le mari pourra faire la retenue légale *ob liberos* et *ob mores*.

Disons quelques mots en terminant des *retentiones ob res donatas* et *ob res amotas*.

Les donations entre époux étaient défendues en droit romain (sauf dans quatre cas, L. *Si donatæ*, L. *Uxor marito*. D. *De inter virum et uxorem donationibus*). On suppose que le mari a fait une donation à la femme ; lorsque celle-ci agira en restitution par l'action *rei uxoriæ*, le mari retiendra la chose donnée. Mais il a à sa dispo-

sition des actions pour la recouvrer; et c'est la seule
voie qu'il peut prendre lorsque la restitution a lieu *ex
stipulatu*. Il avait d'abord une action en *revendication
directe*, si la chose donnée existait encore ; en second
lieu il pouvait avoir une *vindicatio utilis*, si la femme
avait employé l'émolument de la donation à acheter un
meuble ou un immeuble; s'il s'agissait de choses fongibles et si elles avaient été consommées, le mari avait
une *condictio sine causa* ou *ex injusta causa*; en cas de
mauvaise foi de la femme, il avait l'action *ad exhibendum* qui lui procurait l'avantage du *jusjurandum in litem æstimandam*.

En cas de détournement par la femme, d'effets appartenant au mari, celui-ci les retenait dans le *judicium rei
uxoriæ*; c'était la *retentio ob res amotas* ; lorsque la restitution se faisait par l'action *ex stipulatu*, l'action *rerum amotarum* en tenait lieu. Si le détournement constituait le délit de *furtum*, le mari avait la *condictio furtiva* et l'action *furti*.

Le mari poursuivi en restitution de la dot peut ne pas
être en état de la faire intégralement. Doit-il néanmoins être condamné *in solidum*? Les Romains ne l'ont
point pensé; le mari est un débiteur d'un genre particulier; il est du nombre de ceux à l'égard desquels l'*of-
cium pietatis* existe. Aussi, dans le droit de l'action *rei
uxoriæ*, il jouit de l'exception *quod facere potest* ou bénéfice de compétence, c'est-à-dire qu'il n'est condamné que dans la mesure de ses facultés, *quatenus fa-*

cere potest. Ce bénéfice lui est absolument personnel ; il est refusé à son héritier : « Maritum in id quod facere « potest condemnari, exploratum est, sed hoc heredi « non esse præstandum » (L. 12, D. *Sol. mat.*, *id.* L. 13). Le beau père, lorsque le mari est en puissance, jouit du même bénéfice « quia parentis locum socer « obtinet » (L. 15 et 16, *id. ibid.*).

Comment doit-on évaluer la fortune du mari pour savoir si l'exception *quod facere potest* doit lui être accordée? S'agit-il du patrimoine brut ou du patrimoine net ? Ici les textes signalent une différence entre le mari et le donateur, qui ont tous deux le bénéfice de compétence; on ne déduit les dettes que pour le dernier; c'est une conséquence de la maxime *nemo liberalis nisi liberatus*; le créancier à titre gratuit ne peut pas être placé sur la même ligne que les créanciers à titre onéreux. « Maritus facere « posse creditur nullo deducto ære alieno; item socius « item patronus parensve, at is qui ex donatione conve- « nitur, omni ære alieno deducto facere posse intelli- « gitur » (L. 54, D. *Sol. mat.*).

L'exception *quod facere potest* peut être opposée à la femme ou à ses héritiers (L. 27, *id. ibid.*). Elle n'a pas besoin d'être insérée dans la formule de l'action *rei uxoriæ*; elle rentre dans les pouvoirs du juge. Enfin elle peut encore être invoquée lorsque le *judicium rei uxo- riæ* est terminé, sur l'action *judicati*, la chose jugée n'y mettant pas obstacle (L. 17, § 2, *id. ibid.*).

7.

Le bénéfice de compétence repose sur les principes de l'*officium pietatis*. Il en résulte que le mari ne peut y renoncer par aucun pacte... « Et negat servari « oportere (*hujusmodi pactum*); ...namque contra bo- « nos mores id pactum esse melius est dicere; quippe « quia contra receptam reverentiam quæ maritis exhi- « benda est id esse apparet » (L. 14, § 1, D. *Sol. mat.*).

Il ne peut être question du bénéfice de compétence lorsque la restitution se fait *ex stipulatu*. Le mari est alors condamné *in solidum*. Ainsi cette exception qui était regardée comme intéressant les bonnes mœurs et à laquelle le mari ne pouvait renoncer par pacte était aisément écartée au moyen de la stipulation *de dote*. Il y a un cas toutefois où le mari poursuivi *ex stipulatu* ne serait condamné que *quatenus facere potest*; celui où, devenu *sui juris* avec *capitis deminutio*, il est poursuivi *fictitia actione* (L. 2, pr. XIV, 5). Mais les parties, lorsque la restitution se faisait *ex stipulatu*, pouvaient convenir que le mari ne serait condamné que dans la mesure de ses facultés, *quatenus facere posset*. Un autre moyen pour la femme de satisfaire à cet *officium pietatis*, était de convenir qu'une portion de la dot resterait au mari à la dissolution du mariage (L. 12, *De pact. dot.*).

SECTION VI.

§ 1. *Défenses à l'action* ex stipulatu.

Nous arrivons au *judicium ex stipulatu*, c'est-à-dire à l'instance en restitution de dot *ex stipulatu*.

Le défendeur à l'action (le mari ou le beau-père) peut opposer des défenses ou exceptions. Il y a défense lorsque le défendeur prétend que l'*intentio* est *injusta;* le juge absout en déclarant: « *Non paret,* etc.... » Il y a exception lorsque, bien que l'*intentio* soit *justa*, l'absolution du défendeur doit être prononcée pour que l'équité soit sauvegardée : « Sæpe enim accidit, ut licet « ipsa persecutio, qua actor experitur justa sit, tamen « iniqua sit adversus eum cum quo agitur » (Inst., pr., IV, 13). C'est au demandeur à prouver que l'*intentio* est *justa* ; par conséquent, la défense, proprement dite, ne suppose aucune preuve à faire de la part du défendeur. Mais c'est à celui-ci à montrer le bien fondé de l'exception qu'il a fait insérer dans la formule : « Reus « in excipiendo fit actor. »

Pour que l'*intentio* de l'action *ex stipulatu de dote*
soit *justa*, il faut, outre les conditions communes à
toutes les actions qu'il y ait eu mariage véritable, parce
'a dot est toujours constituée sous la condition *si nuptiæ sequantur*. Si la constitution de dot n'a pas été
suivie du mariage, la dot n'existe pas, à proprement
parler; il ne peut donc être question de la restituer. La
femme recouvrera les objets qu'elle a donnés par la
condictio sine causa; elle aura l'action en revendication
pour les corps certains et l'action *ad exhibendum* pour
les quantités consommées de mauvaise foi.

Il faut assimiler au cas où il n'y a pas eu mariage
celui où il n'y a pas eu mariage véritable; par exemple,
le mari était castrat (L. 39,§ 1, D.*De jure dotium*). Il y a
mariage véritable si le mari n'est que *spado* (*id. ibid.*).

§ 2. *Exceptions.*

Pour que l'action *ex stipulatu* soit recevable, il ne
suffit pas qu'il y ait eu mariage véritable et constitution de dot, il faut en outre que les objets qui composent la dot aient été réellement livrés au mari. S'il n'y
a pas eu livraison effective ou numération de deniers,
le mari a l'exception *dotis cautæ non numeratæ* (C. V, 14)
qui est l'équivalent de l'exception *non numeratæ pecuniæ*. On sait que, de droit commun, lorsque le préteur

qui stipule la restitution des deniers prêtés ne les a pas réellement livrés à l'emprunteur, celui-ci a contre lui soit l'exception *doli mali* (Gaius, Inst., IV, § 119), soit une exception *in factum*, dite *non numeratæ pecuniæ* (L. 29, pr., D.*Mandat.*, XVII, 1). Cette exception (et il en est de même de l'exception *dotis cautæ non nume-ratæ*) a pris dès le IIIe siècle un caractère particulier ; elle oblige non le défendeur, mais le demandeur à prouver la numération des deniers. Ainsi, c'est à la femme demanderesse à l'action *ex stipulatu* à prouver qu'elle a réellement livré la dot. C'est ce que nous li-sons dans un rescrit de Sévère et de Caracalla : « Do-« tem numeratio, non scriptum dotalis instrumenti « facit, et ideo non ignoras ita demum te ad petitio-« nem dotis admitti posse, si dotem a te re ipsa datam « probatura es.» Il s'agit dans ce texte d'une dot cons-tatée par écrit ; la solution est la même lorsque la res-titution de la dot a été stipulée.

L'exception *non numeratæ pecuniæ* n'est pas perpé-tuelle. Jusqu'à Dioclétien, elle ne put être opposée que pendant un an ; Dioclétien porta le délai à cinq ans ; Justinien le réduisit à deux ans (L. 9, C. pr., IV, 30). Le délai de l'exception une fois écoulé, la présomption se trouve renversée ; c'est au défendeur à prouver qu'il n'a pas reçu les deniers.

L'exception *dotis cautæ non numeratæ* est soumise à des règles un peu différentes. Le mari ne peut l'op-poser que pendant un an à partir de la dissolution du

mariage ; «... ita tamen, ut intra annum tantum conti-
« nuum a morte mariti, vel mulieris, vel missione
« repudii computandum, ea licentia detur » (Justi-
« nien, loi 3, C. V, 14).

Dans la novelle 100 (ch. II) Justinien ajoute de nou
velles conditions. L'exception peut être opposée dans
le délai d'un an si le mariage est dissous dans les deux
ans de sa célébration : « Si inter biennium solvitur
« matrimonium. » S'il n'est dissous que dans les dix
ans, le délai se trouve réduit à trois ans ; si les dix
années sont dépassées, l'exception est refusée. Il reste
la ressource de la *restitutio in integrum* qui est accordée principalement en cas de minorité du défendeur à
l'action *ex stipulatu* (l'héritier du mari, par exemple).
« Si autem ultra biennium usque ad decimum annum
« extendatur et ipsi marito et heredi ejus intra tres
« menses permittitur ; sed si decennium transcurrerit
« omnino querela denegatur, permissa restitutione in
« integrum præfinita, et specialiter si minor ætas in-
« terveniat. »

On suppose que la femme a stipulé la restitution
d'une dot d'une valeur supérieure à la valeur de celle
qui a été réellement donnée au mari. Dans ce cas, le
mari ne sera condamné à restituer que ce qu'il a réellement reçu. Mais pourra-t-il opposer efficacement
l'exception *dotis cautæ non numeratæ* ? Nous le croyons,
puisque toute la dot ne lui a pas été comptée ; il pourra
aussi faire insérer l'exception de dol dans la formule ;

mais alors il devra prouver qu'il n'a pas reçu toute la dot : « Mulier quæ centum dotis apud virum habebat, « divortio facto, ducenta a viro errante stipulata erat ; « Labeo putat, quanta dos fuisset, tantam deberi, sive « prudens mulier plus esset stipulata, sive imprudens; « Labeonis sententiam probo » (L. 66, D. *Sol. matr.*). Il s'agit dans ce texte d'une femme qui a stipulé en restitution de sa dot une certaine somme, *certam pecuniæ quantitatem.* Le mari a l'exception *non numeratæ dotis* pour faire constater que la dot était inférieure à la somme stipulée. Il a aussi, pensons-nous, le *præjudicium quanta dos sit* qui lui permet d'établir à l'époque de la restitution, le véritable émolument de la dot.

Dans tous les cas où la femme se rend coupable de dol en réclamant la restitution de sa dot, le mari a l'exception *doli mali.*

Ainsi, on suppose que la femme divorcée se réconcilie avec son mari; elle ne peut plus agir contre lui *ex stipulatu*; elle est repoussée par une exception de dol : « Si mulier post divortium, antequam ex stipulatu « de dote agat, ad eumdem virum fuerit reversa, cons- « tantius dicetur, per doli exceptionem inefficacem « fieri ex stipulatu actionem, usque quo matrimonium « ducat » (L. 13, D. XXIII, 3).

Il faut donner une solution opposée quand c'est un *extraneus* qui a fait la stipulation; il n'est pas, en effet, obligé de constituer une nouvelle dot à la femme qui se remarie, lors même que ce second mariage est con-

tracté avec le même mari. « Ad virum uxore post di-
« vortium reversa, judicium acceptum ex stipulatione
« quam extraneus qui dotem dederit stipulatus fuerit,
« non dissolvitur ; nec officio judicis absolutio conti-
« netur » (L. 42, § 3, D. XXIV, 3).

L'*extraneus* doit consentir une nouvelle constitution
de dot au moment de la *redintegratio matrimonii*.

La femme a pu aussi stipuler que les intérêts de la
dot lui seraient dus après le divorce ; s'il y a *redintegratio matrimonii,*elle est repoussée par l'exception de
dol. « Usuras dotis in stipulatum cum dote post divor-
« tium deductas, ex die secundi matrimonii non esse
« præstandas placuit : quia nec sortis exactio locum
« habere cœpit ; medii autem temporis debuntur »
(L. 59, § 2, *id. ibid.*).

Citons encore un dernier cas où l'exception de dol
pourra être opposée. On sait, qu'à une certaine époque, il arrivait fréquemment que le mari léguait la dot
à la femme ; c'était le *prælegatum dotis.* Or, on suppose
que le mari a fait le *prælegatum* ; si, après avoir recueilli le legs, la femme agit *ex stipulatu* contre les héritiers de son mari, elle sera repoussée par l'exception
de dol. Mais il faut que le legs recueilli par la femme
porte expressément sur la dot ; s'il s'agit d'un legs ordinaire, la femme peut le cumuler avec le bénéfice de
l'action *ex stipulatu.* On sait qu'il en était tout autrement dans l'action *rei uxoriæ* ; l'édit *de alterutro* prohi-
bait le cumul.

§ 3. *Extinction de l'action* ex stipulatu.

L'action *ex stipulatu*, ou plutôt, l'obligation de restituer la dot s'éteint par les modes d'extinction des obligations établis par le droit romain. Nous devons nous
arrêter un instant à l'un de ces modes, celui qui provient de la *capitis deminutio* encourue par le débiteur.
Par exception, le mari *capite minutus*, dans l'action
rei uxoriæ restait débiteur de la dot apportée par sa
femme(L. 7, *De cap. min.*). Les jurisconsultes du Digeste
fondent cette dérogation sur le caractère de la restitution de la dot qui est une *naturalis præstatio*. Rien de
semblable dans l'action *ex stipulatu*; le mari *capite minutus* ne peut donc pas, dans la rigueur du
droit civil, être poursuivi en restitution de la dot
par l'action *ex stipulatu*. Mais on sait que le préteur
donnait une action utile au créancier (L. 2, § 1, D. *De
cap. min.*). Cette action avait une formule *fictitia*, parce que le préteur, par fiction, y faisait abstraction de la
capitis deminutio. Quels seront les effets de cette action
utile *ex stipulatu de dote*? Il faut distinguer trois cas :
1° Si le mari devient *sui juris* par la *capitis deminutio*,
il sera condamné *quatenus facere potest* (L. 2, pr. *Quod
cum eo*, D. XIV, 5); 2° s'il devient *alieni juris*, par adro-

gation, la personne, investie de la puissance, doit le défendre *in solidum* contre la femme ou abandonner à celle-ci les biens dotaux; 3° si le mari passe d'une puissance sous une autre, l'action *fictitia* est inefficace, le mari n'ayant pas de biens personnels. Mais la femme a l'action *de in rem verso* ou *de peculio* contre le premier père de famille; elle a les mêmes actions contre le second si le mari a conservé la dot en changeant de famille.

Ainsi, en fait, la *capitis deminutio* ne présentait guère plus d'inconvénients dans le *judicium ex stipulatu* que dans le *judicium rei uxoriæ*.

Ajoutons que dans les cas de *maxima* ou de *media capitis deminutio* du mari, comme, le plus souvent, il y avait en même temps confiscation de ses biens, la femme agissait contre le fisc.

CHAPITRE III.

L'ACTION EX STIPULATU DE DOTE DANS LE DROIT DE JUSTINIEN.

§ 1. *Origine de la nouvelle action* de dote.

Justinien, dans un long préambule (C. t. XII, *De rei uxoriæ actione in ex stipulatu transfusa*) explique que, voulant réviser le droit civil touchant la restitution de la dot, il a résolu de combiner les avantages de l'action *rei uxoriæ* et de l'action *ex stipulatu* dans une nouvelle action : « Rem in præsenti non minimam aggredimur « sed in omni pene corpore juris effusam, tam super « rei uxoriæ actione, quum *ex stipulatu* : earum com- « muniones, et differentias resecantes, et in unum tra- « mitem *ex stipulatu* actionis totum *rei uxoriæ* jus quod « dignum esse valere censemus, concludentes. »

Cette action nouvelle que les rédacteurs du Code et du Digeste appellent action *de dote* tire son origine de l'action *ex stipulatu*; mais Justinien lui attribue les principaux avantages de l'action *rei uxoriæ*. Le titre seul de la Constitution montre suffisamment que c'est l'action *ex stipulatu de dote* qui est devenue par la puissance du législateur une action légale. Nous avons essayé d'établir dans notre premier chapitre que l'action *rei uxoriæ* tirait son origine d'une action *ex stipulatu rei uxoriæ* qui était devenue peu à peu une action coutumière. Sous Justinien une transformation du même genre paraît s'être opérée.

L'action *ex stipulatu* dont le principal avantage était la transmissibilité aux héritiers, était très fréquente. Son caractère d'action de droit strict présentait dans la pratique peu d'inconvénients, puisque les parties au moyen de la *clausula doli* ou de l'insertion des mots, *recte*, *bene* ou *ex bona fide* lui donnaient la valeur d'une action de bonne foi, et qu'au moyen de pactes adjoints *ex continenti* elles réglaient à leur gré la mesure des restitutions à faire. Justinien n'avait donc en déclarant l'action *ex stipulatu*, action légale, qu'à donner force de loi à la pratique conventionnelle ; il ne faisait en realité que peu d'emprunts à l'action *rei uxoriæ*, puisque son principal avantage qui était d'être de bonne foi, ne faisait défaut à l'action *ex stipulatu* que par la subtilité du droit *subtilitate juris*.

Nous avons déjà vu qu'en droit romain on pouvait donner une action *ex stipulatu utilis*, par une sorte de fiction, en l'absence de toute stipulation effective; c'est ainsi que la femme a une action utile *ex stipulatu*, lorsque son aïeul maternel a stipulé à son profit la restitution de la dot.

Au reste, il n'est pas nécessaire ici de supposer que la nouvelle action *ex stipulatu de dote* est fondée sur une sorte de stipulation tacite; l'empereur ayant la plénitude du pouvoir législatif, n'avait pas besoin d'avoir recours à une fiction, pour faire de l'action *ex stipulatu de dote* une action légale.

§ 2. *Règles de la nouvelle action* ex stipulatu de dote.

On sait que la restitution de la dot pouvait être stipulée par le père de famille pour la dot profectice, et pour la dot adventice par la femme, ou par un *extraneus* (dot réceptice).

L'action légale *ex stipulatu de dote* appartient-elle à ces mêmes personnes?

D'abord elle appartient au père de famille qui a constitué la dot profectice, dans les mêmes conditions que l'action *rei uxoriæ*. Mais les héritiers du père n'ont pas la nouvelle action *ex stipulatu*, comme ils avaient l'ancienne; c'est la fille dotée émancipée ou non qui hérite de l'action en restitution de dot (§ 11, *id. ibid.*).

Elle compète également à la femme; Justinien exige son concours lorsque le père de famille a l'action *ex stipulatu* (§ 14).

Quant à l'*extraneus*, il doit toujours *recipere dotem*, c'est-à-dire, faire une stipulation expresse pour pouvoir agir en restitution, et son action est une action *ex stipulatu* de droit commun. En effet, il ne serait pas juste de sous-entendre en sa faveur une stipulation ta-

cite de restitution ; l'action *rei uxoriæ* ne lui était pas
accordée.

C'est contre le mari, ou si le mari est en puissance,
contre le beau-père ou encore contre leurs héritiers
que la femme ou le père de famille doit diriger l'action *ex stipulatu*. Le mari peut toujours prélever la dot
dans l'hérédité de son père décédé mais il doit fournir
caution à ses cohéritiers : « Cautione videlicet defen-
« sionis in specie in qua dotem suæ uxoris vel nurus in
« familiæ erciscundæ judicio præcipuam filius defuncti
« detrahit, secundum propriam naturam ex stipulatu
« actionis coheredibus suis præstanda. ».

Rien n'est changé en ce qui concerne le moment où
la dot doit être restituée. Qnant au délai dans lequel
doit se faire la restitution, Justinien introduit une nouvelle règle ; il n'admet point que la restitution soit im-
médiate comme dans l'action *ex stipulatu* ; il rejette
également les délais de l'action *rei uxoriæ* fondée sur la
distinction des objets qui composent la dot en corps
certains et en quantités ; il s'attache à la division des
biens dotaux en meubles et en immeubles. Ceux-ci
sont restitués immédiatement.

« Quant aux meubles, auxquels appartiennent les
quantités, il faut examiner s'ils donnent un revenu déterminé à prester par un tiers, ou si le mari les a em-
ployés pour ses propres affaires et son industrie. Dans
le premier cas, les revenus de l'année dans laquelle le
mariage cesse, doivent être partagés proportionnelle-

ment au temps entre le mari, la femme ou ses héritiers ; dans le second cas, il ne les restitue qu'après l'année écoulée. Le mari ou ses héritiers en demeure de restituer la dot à l'époque fixée payent 4 0/0 de dommages et intérêts » (Const. un., C. § 7, V, 13, Mackeldey, *Cours de droit romain*, p. 201).

Nous arrivons à ce qui doit être restitué ; ici Justinien n'avait pas à innover ; nous avons vu que la mesure des restitutions à faire était la même pour les deux actions, surtout lorsque l'action *ex stipulatu* était accompagnée de la *clausula doli* (§ 9).

Quant aux *retentiones* que le mari exerçait dans l'action *rei uxoriæ*, Justinien les supprime comme inutiles ; les actions du droit commun et les conventions des parties suffisent pour atteindre le but à raison duquel elles avaient été créées : « *Taceat in ea retentiones verbositas* » (§ 5).

Pour les *retentiones ob mores, ob res donatas, ob res amotas, ob liberos* et *ob impensas*, Justinien énumère tous les moyens de droit commun qui peuvent efficacement les remplacer. Remarquons en ce qui concerne les enfants qu'ils sont appelés à la succession de leur mère depuis le sénatus-consulte Orphitien, à l'exclusion des héritiers du droit civil ; les empereurs Valentinien, Théodose et Arcadius étendirent cette faveur aux petits-enfants sous la déduction d'un quart en faveur des agnats. Rappelons enfin que la novelle 118 a établi un nouveau système de succession *ab intestat*, et dès lors, l'hérédité de la mère est intégralement assurée à ses enfants.

Les défenses et exceptions à la nouvelle action *ex stipulatu* sont les mêmes que pour l'ancienne. L'action légale *de dote* échappe à la disposition de l'édit *de alterutro* (§ 3) qui défendait à la femme de cumuler le bénéfice des legs qui lui étaient faits par le mari et le bénéfice de la restitution de la dot; désormais, ce cumul sera possible, à moins que le mari n'ait fait expressément le *prælegatum dotis*.

Nous avons dit que, par un privilège spécial, l'action *rei uxoriæ* ne s'éteignait point par la *media* ou la *minima capitis deminutio* du mari. L'action *ex stipulatu* était soumise à cet égard au droit commun. Sous Justinien, la *minima capitis deminutio* ne produit plus guère de conséquences; on sait que, *jure prætorio*, on peut agir contre le *capite minutus* au moyen d'une formule fictice; sous Justinien, la distinction des actions civiles, et des actions prétoriennes a disparu avec la procédure formulaire. Ainsi, Justinien n'a pas eu besoin d'étendre à la nouvelle action *de dote* la disposition concernant la *capitis deminutio* qui faisait partie du droit de l'action *rei uxoriæ*.

DROIT FRANÇAIS

DES QUESTIONS DE DROIT INTERNATIONAL PRIVÉ

EN MATIÈRE D'OBLIGATIONS

AU POINT DE VUE DE LA SOLUTION QU'ELLES DOIVENT

RECEVOIR DE LA JURIDICTION FRANÇAISE.

CHAPITRE PRÉLIMINAIRE.

CONTESTATIONS ENTRE FRANÇAIS ET ÉTRANGERS
ET ENTRE ÉTRANGERS.
AUTORITÉ DES PRINCIPES DU DROIT INTERNATIONAL DEVANT
LA JURIDICTION FRANÇAISE.

Les obligations, a dit Savigny, sont le domaine de la volonté libre. C'est aux parties à fixer l'objet de leurs conventions, à en déterminer les conditions et les effets.

Il semble donc que des contestations ne puissent guère s'élever entre personnes appartenant à des nationalités différentes, dans une matière où l'homme n'a pas d'autre loi que celle qu'il s'impose à lui-même.

8.

Cependant, dans la pratique, ces sortes de contrats donnent lieu à de nombreuses difficultés que le droit international privé se propose de résoudre.

C'est qu'en effet, dans l'obligation, tout n'est pas soumis à la libre volonté des contractants. Et d'abord, à côté de l'obligation, du *vinculum juris*, il y a les parties elles-mêmes qui doivent, pour devenir, l'une créancière, l'autre débitrice, se trouver dans un certain état de droit, remplir certaines conditions de capacité. Ont-elles une existence juridique? Peuvent-elles contracter? Spécialement, peuvent-elles faire le contrat qu'elles ont en vue? Si elles ont la jouissance des droits civils, en ont-elles l'exercice? Cet exercice est-il soumis à certaines restrictions? Et à quelles restrictions? Toutes ces questions doivent être résolues autrement que par la volonté des parties ; la détermination de leur état et de leur capacité leur échappe ; elle appartient à la loi qui régit leur personne, loi d'ordre public à laquelle elles ne peuvent porter atteinte. Ici, le droit international doit rechercher quelle est cette loi souveraine dont chacun des contractants dépend quant à son état et sa capacité.

La liberté des parties pourra encore être limitée, en vertu de certains principes d'intérêt général et de morale publique. Il faudra alors se demander quelle est la loi dont les règles impératives leur sont imposées et auxquelles leurs conventions peuvent déroger.

Enfin, leur silence même sera une source féconde

de difficultés. Elles n'auront point toujours pris soin
d'indiquer exactement la nature de leurs conventions ;
elles n'auront point parlé des effets qui doivent en résulter, ni des modes de preuve ou d'exécution dont le
créancier peut disposer. Le plus souvent elles s'en seront rapportées à la loi d'une certaine nation, et la recherche de leur volonté tacite donnera lieu à des appréciations délicates.

Telles sont, très brièvement, les différentes controverses dont s'occupe le droit international privé. On
peut les étudier en elles-mêmes et en chercher la solution, non dans une législation positive, mais dans les
principes du droit des gens. On peut aussi avoir un but
à la fois plus modeste et plus pratique, et les examiner
telles qu'elles se présentent aux tribunaux d'une nation particulière. C'est à ce point de vue que nous nous
placerons, en supposant que la juridiction française
est appelée à se prononcer sur les questions qui font
l'objet de cette étude.

Toute difficulté de droit international privé suppose
qu'une autre loi que celle du juge saisi peut avoir autorité pour la résoudre. Aussi il est d'usage de donner
aux difficultés de ce genre le nom de conflits de lois,
quoiqu'en réalité il ne puisse y avoir de conflit, une
seule loi étant toujours applicable.

Le plus souvent, ce sont les rapports entre régnico-
les et étrangers qui donnent lieu à ces controverses ;
mais elles peuvent également s'élever entre deux ré-

gnicoles, par exemple, entre deux Français, à raison
d'un contrat qu'ils ont fait à l'étranger ; on se demande
alors si ce contrat doit être régi par la loi nationale
des parties ou par la loi du lieu où il a été passé. A
l'inverse, les tribunaux français peuvent avoir à décider d'un procès entre deux étrangers.

Il résulte des observations précédentes que deux
questions préalables se posent devant la juridiction
saisie de la contestation. Est-elle compétente pour la
trancher ? En second lieu, doit-elle considérer comme
jouissant des droits civils et entre autres du droit d'ester en justice les parties ou celle des parties qui appartient à une nationalité étrangère ?

La première question s'est présentée fréquemment.
Quand le procès a lieu entre deux Français ou entre
un Français et un étranger, il ne peut y avoir de difficulté ; l'État doit la justice à ses nationaux. Mais lorsque deux étrangers portent leur contestation devant la
juridiction française, celle-ci peut-elle se déclarer in-
compétente ? La jurisprudence répond affirmativement ;
la justice française n'est due qu'aux Français. De nombreuses décisions ont été rendues dans ce sens. Toutefois, on a dû admettre certains tempéraments. En
matière commerciale notamment, on prétend que la
juridiction française sera compétente dans les trois
cas de l'art. 420 du Code de procédure civile (arrêt
de Nancy du 22 novembre 1873). Cette distinction
entre les affaires civiles et les affaires commerciales

ne se justifie guère que par la nécessité pratique. Les contestations les plus fréquentes entre étrangers résidant ou voyageant en France sont celles qui ont lieu pour faits de commerce, et, si le système adopté par la jurisprudence en matière civile leur était appliqué, les relations commerciales en souffriraient gravement. On admet encore que la juridiction française peut se déclarer compétente, lorsqu'il s'agit d'ordonner des mesures urgentes. Enfin, l'incompétence n'est pas *ratione materiæ*, mais *ratione personæ*; elle doit être opposée *in limine litis*; si donc les parties sont d'accord pour porter leur contestation devant un tribunal français, celui-ci peut accepter cette sorte d'arbitrage; mais il a toujours le droit de se déclarer d'office incompétent.

Cette jurisprudence paraît être aujourd'hui fermement établie. Il nous suffit de montrer qu'elle s'appuie sur un principe fort contestable. La justice n'est pas due aux nationaux exclusivement ; dans les temps les plus reculés, dans les législations primitives, elle était accessible aux étrangers ; il y avait à Rome un préteur pérégrin auquel on ne soumettait point seulement les contestations entre Romains et Pérégrins, mais encore celles qui s'élevaient entre Pérégrins. Dans nos idées modernes, il est impossible d'admettre que les étrangers, qui peuvent être propriétaires et créanciers en France, ne puissent pas faire protéger par notre justice leurs propriétés ou leurs créances contre d'autres que des Français. Tout droit a besoin d'une sanction. Si les étrangers jouissent, en France, des droits civils les plus importants, ils ne doivent pas être privés du droit de recourir à la justice, sans lequel les autres ne sont pas complets.

La seconde question que le juge doit se poser est, avons-nous dit, celle de savoir si l'étranger jouit des droits pour la détermination desquels plusieurs lois se trouvent en concours. « L'égalité de l'étranger et du citoyen, dit M. Laurent, est la base du droit international privé; si l'étranger ne jouit pas des droits civils, il ne saurait être question de déterminer la loi par laquelle ses droits sont régis; partant le droit international n'a pas de raison d'être; il devient impossible » (*Études sur le droit international privé*; *Journal du droit intern. privé*, 1878).

Dans notre matière, la question ne peut guère se présenter, puisque le droit de contracter a toujours été considéré comme un droit naturel auquel l'art. 11 ne saurait s'appliquer.

Nous supposons maintenant que le juge français est compétent et que, les parties ayant la capacité civile nécessaire, il y a lieu de rechercher la loi applicable.

Où le juge français trouvera-t-il les règles qui doivent le guider dans cette recherche?

Des législateurs, entre autres le législateur italien, ont posé certains principes de droit international privé qui permettent aux tribunaux de se décider en faveur de telle ou telle loi, en puisant, dans des textes formels, les éléments de leur décision. S'ils n'appliquent pas la loi étrangère, ainsi désignée par leur propre législation, ils violent leur loi nationale et leur sentence doit être cassée.

Nous ne trouvons rien de semblable dans notre Code civil. Il y a bien un article, l'art. 3, qui est relatif à l'effet des lois réelles et des lois personnelles; de plus, une règle, qui est très importante dans notre matière, la règle *locus regit actum*, est appliquée dans trois dispositions différentes (art. 47, 170 et 999, C. civ.), mais nous ne la trouvons formulée nulle part.

Quant aux nombreuses difficultés, auxquelles donne lieu l'application des lois concernant les conditions et les effets des obligations, leurs moyens de preuve et d'exécution, leurs causes d'extinction, elles ne sont résolues nulle part. Force est donc de suppléer au silence du Code et de transporter, en quelque sorte, dans notre législation, les principes mêmes du droit international privé théorique, toutes les fois qu'ils ne sont pas en contradiction avec les règles positives de nos Codes.

Ici, une question d'un grand intérêt doit nous arrêter un instant. Quelle est l'autorité de ces principes du droit international devant la juridiction française? Ont-ils la même valeur que les dispositions expresses de la loi dont la violation donne ouverture à cassation? Ou bien, n'ont-ils pour le juge qu'une simple valeur doctrinale, si bien, que la violation qui en serait faite ne puisse être considérée comme une violation de la loi française, qu'autant qu'ils seront consacrés par un texte formel? C'est ce dernier système qui paraît être celui de la jurisprudence. La question s'est posée, pour la première fois, devant la Cour de cassation en 1813. Elle n'est point positivement résolue par l'arrêt, mais la Cour suprême paraît déjà indiquer que la cassation ne peut être ouverte que pour violation de la loi française : « Attendu, dit l'arrêt, qu'il n'est pas nécessaire d'examiner si l'erreur de droit, telle que celle qui résulte de la violation ou fausse application des lois étrangères, donne par elle-même, et dans tous les cas, ouverture à cassation ; qu'il suffit que, dans l'espèce, cette erreur de droit sur le sens et l'application d'une loi que sa sagesse et la clarté de ses dispositions ont fait adopter dans le royaume d'Italie, soit devenue la source des plus expresses contraventions aux lois de l'Empire, pour qu'il soit nécessaire d'annuler l'arrêt auquel ces contraventions sont justement reprochées » (arrêt Cass., Sirey, 1813, 1, 113).

Un arrêt de la Cour de Paris, du 15 mars 1831, décide dans le même sens. La jurisprudence a toujours admis que le statut personnel de l'étranger dépendait, non de la loi française, mais de sa loi nationale. Cependant, comme cette règle de droit international ne se trouve pas explicitement dans le Code, la Cour de Paris a refusé de réformer un jugement qui ne l'avait pas ap-

pliquée (Paris, 15 mars 1831 ; Sirey, 1831, 2, 237.
V. dans le même sens, Cass., 13 août 1816 ; Sirey,
1816, 1, 343 ; 9 novembre 1846 ; Sirey, 1847, 1, 55).

Enfin, un arrêt de la Cour de cassation, du 25 mai
1868, formule la même doctrine dans des termes plus
généraux : « La contravention à la loi étrangère
ne peut donner ouverture à cassation qu'autant qu'elle
serait devenue le principe d'une contravention à la loi
française » (Cass. 25 mai 1868 ; Sirey, 1868, 1, 365).

Ainsi, il paraît bien résulter de cette décision que le
juge français est libre d'appliquer à son choix la loi
française ou la loi étrangère, puisque la violation du
principe de droit international qui commande l'application exclusive de l'une ou de l'autre de ces lois, ne
saurait, selon la Cour suprême, entraîner la cassation.
Cependant, la jurisprudence a sans doute compris le
danger d'une doctrine qui fonde l'arbitraire du juge
sur le silence de la loi. C'est ainsi que, le 23 février
1864, elle a cassé un arrêt de la Cour d'Aix qui, pour
déterminer les effets d'un contrat, s'en était rapporté à
la loi du lieu du l'exécution, contrairement à un principe que nous essaierons plus loin d'établir et qui veut
que le contrat intervenu entre personnes de nationalité différente soit régi, quant à ses effets, par la loi
du lieu où il a été passé. Mais il est curieux de voir
comment la Cour suprême a motivé sa décision ; elle
n'a pas osé dire qu'il y avait eu violation d'un principe
de droit international ayant force de loi pour le juge

français ; elle a préféré faire une véritable pétition de principe, en déclarant que l'arrêt attaqué avait contrevenu à l'art. 1134 du Code civil : « Attendu qu'aux termes de l'art. 1134 du Code civil les conventions légalement formées tiennent lieu de lois à ceux qui les ont faites ; que, pour décider si une convention a été légalement faite, il faut l'examiner d'après les règles de la législation à laquelle sa formation était soumise, etc... » Mais il s'agissait précisément de savoir si la convention conforme à la *lex loci contractus* était légalement faite, ou si, au contraire, pour avoir ce caractère, elle ne devait pas être conforme à la *lex loci executionis*.

Ainsi, pour être bien fondé, l'arrêt de cassation aurait dû s'appuyer sur la violation d'un principe non écrit dans la loi française ; l'ancienne jurisprudence a donc été maintenue dans toute sa rigueur.

Pour résoudre cette importante controverse, il est nécessaire d'écarter tout d'abord un malentendu qui paraît expliquer les décisions de la jurisprudence. Il ne s'agit pas de savoir si la violation, ou fausse application de la loi étrangère, peut donner ouverture à cassation. La question, ainsi présentée, se résout naturellement dans le sens de la jurisprudence. La loi étrangère n'a aucune autorité sur le juge français ; la violer, ce n'est pas violer la loi ; il ne peut y avoir là un cas de cassation. A ce point de vue, il faut accepter le principe posé par l'arrêt du 25 mai 1868 : la contravention

à la loi étrangère doit être le principe d'une contravention à la loi française pour donner ouverture à cassation. Mais on l'a déjà pressenti, il ne s'agit pas ici de
contraventions à la loi étrangère, mais de celles
qui sont faites à des principes du droit international
privé. Un exemple pris dans l'arrêt déjà cité du 23 février 1864 permettra de voir toute l'importance de la
distinction. On se demandait si les effets d'un contrat
intervenu entre un Français et un étranger devaient être
régis par la *lex contractus* ou par la *lex executionis*. Les
juges, en appliquant celle-ci, ne violaient-ils pas celle-
là, qui seule était applicable ? Non ; mais ils violaient le
principe du droit international privé, en vertu duquel
la *lex contractus* avait seule autorité. Supposons, au
contraire, que, se conformant à ce principe, ils eussent
appliqué la loi étrangère en interprétant faussement
ses dispositions : il n'aurait pas alors été question d'infraction au droit international, mais de violation d'une
loi étrangère ; dans ce cas, nous admettons la formule
de la Cour suprême ; cette violation du statut étranger
doit se combiner avec la violation d'un statut français,
pour autoriser la cassation. Lorsque nos juges ont à
appliquer la loi étrangère, ils n'obéissent pas au législateur étranger, mais au législateur français qui leur
ordonne ou est censé leur ordonner d'appliquer cette
loi ; s'ils refusent d'obéir à cette injonction, ils enfrei-
gnent la loi française et leur décision doit être cassée ;
lorsqu'en y consentant, ils satisfont pleinement à la loi

française, s'ils commettent des erreurs dans leur interprétation de la loi étrangère, ces erreurs sont *de facto*
et non pas *de jure*, du moins, aux yeux de la loi française. Notre Cour de cassation peut très bien déterminer les cas où telle ou telle loi devra avoir autorité;
mais elle ne saurait être appelée à en interpréter les
dispositions et à établir en France une véritable jurisprudence des lois anglaise, allemande, italienne, etc.

La distinction importante que nous venons de faire
a été présentée d'une façon très précise dans un réqui-
sitoire de M. l'avocat général Hello devant la Cour de
cassation (V. 6 février 1843 ; Sirey, 1843, 1, 217). Il
s'agissait de l'application de la règle *locus regit
actum*.

« La loi étrangère, disait-il, n'est pour nous qu'un
fait du procès susceptible d'être débattu comme les
autres faits, sur lequel nous pouvons nous renseigner
par des documents graves, sans doute, mais qui ne
sauraient jamais avoir pour nous le caractère officiel
de notre *Bulletin des lois*. La seule obligation légale du
juge français en cette matière est de suivre la forme
étrangère; quand il croit l'avoir découverte et qu'il l'a
appliquée, il a rempli son devoir; il lui suffit de déclarer qu'elle est telle et si la conséquence qu'il en
tire est légale, le magistrat de cassation doit s'arrêter,
car il n'est pas le vengeur de la loi étrangère. »

En résumé, nous admettons que le juge français
n'est pas libre d'appliquer à son choix la loi française

ou étrangère, mais que, si en appliquant la loi étrangère, il en viole les dispositions, sa décision ne peut
être cassée pour violation de la loi.

Ici une objection se présente : si la violation du statut étranger ne donne pas ouverture à cassation, pourquoi en serait-il autrement de l'infraction à une règle
du droit international privé, qui n'a pas plus d'autorité
en France que la loi étrangère? Ainsi, M. Laurent, dans
son nouvel ouvrage sur le *Droit civil international*, prétend qu'une décision judiciaire ne saurait être cassée
pour violation du droit international. « Pour qu'elle le
puisse être, dit-il, il faut donc que le droit international acquière force de loi, et cela ne se fera que lorsqu'il sera consacré par des traités (Laurent, *Droit civil
international*, t. II, p. 281). L'éminent professeur belge
accuse la doctrine contraire, soutenue d'ailleurs par
M. Demangeat dans le *Journal du droit international
privé*, d'être inconséquente et contradictoire. Il prétend que si le statut de l'étranger est pour le juge un
simple fait, le refus que ferait celui-ci de l'appliquer
ne donnerait pas ouverture à cassation. C'est M. Laurent qui nous paraît faire ici une véritable confusion ;
il y a lieu à cassation, lorsque le juge français applique
la loi française au lieu de la loi étrangère, parce qu'il
viole le principe qui lui commande d'appliquer celle-
ci; mais si, appliquant la loi étrangère, il se trompe
sur le sens ou la portée de ses dispositions, son juge-

ment ne peut pas plus être cassé qu'un jugement qui aurait mal interprété les termes d'un contrat.

Quant à ces règles du droit international que les tribunaux sont tenus d'appliquer, elles empruntent toute leur force non pas à un droit spécial et supérieur à tout autre, mais au droit positif, et pour nous, au droit français, au Code civil. Sans doute, elles ne sont écrites nulle part; c'est à peine si parfois on peut, par induction, les dégager de certaines dispositions particulières; mais il faut admettre qu'elles ont été tacitement adoptées par le législateur; c'est en effet, un principe d'ordre public en France, que les juges ne doivent jamais refuser de juger sous prétexte de l'insuffisance ou de l'obscurité de la loi; et, puisque notre législation est muette ou à peu près sur ces questions si nombreuses et si complexes du droit internationa privé, nous devons penser qu'il a voulu s'en rapporter aux principes généralement admis dans cette matière et leur donner force de loi. Ainsi, nous dirons que la violation de ces principes donne ouverture à cassation, parce qu'elle contient une violation de la loi française, alors même qu'elle ne porte aucune atteinte aux dispositions écrites de nos Codes. Sans doute, il ne sera pas facile de savoir si ces principes ont été violés dans telle ou telle hypothèse particulière, parce qu'ils n'ont rien de fixe et ne sont pas les mêmes pour tous les auteurs. Aussi il serait peut-être à désirer que notre législateur, à l'imitation du législateur italien, mît fin à des controverses interminables en consacrant ceux d'entre eux qui lui paraîtraient les plus importants.

M. Laurent propose de les faire consacrer par des traités ; on sait, en effet, que cet auteur n'admet point qu'ils soient tacitement renfermés dans le droit positif. Des traités de ce genre auraient l'avantage de fixer ces principes et de les mettre à l'abri des variations de la jurisprudence. Mais, d'autre part, des traités faits avec les différentes nations établiraient un droit international différent pour chaque nation ; il serait en effet, difficile d'amener tous les Etats à accepter les mêmes règles dans cette matière. Le système adopté par le législateur italien et qui consiste à consacrer les principes que les tribunaux auront à appliquer nous paraît préférable.

M. Laurent va plus loin : il voudrait que la loi étrangère eût en France, dans les cas où elle est applicable, la même autorité que la loi française ; ainsi, la fausse application de ses dispositions et non pas seulement le refus de les appliquer donnerait ouverture à cassation ; nous pensons que ce serait étendre singulièrement les fonctions de la Cour suprême. En fait, des traités sont intervenus qui ont établi la réciprocité entre les Français et les étrangers. On a jugé dans ces cas que les tribunaux français étaient tenus de faire une *juste application* des lois étrangères (arrêts du 7 fructidor an IV ; Sirey, IV, 1, 92 ; 18 février 1807, VII, 1, 26 ; 15 juillet 1811, XI, 1, 301 ; 1er février 1813, XIII, 1,

113). Remarquons que la Cour de cassation n'est pas aussi explicite que paraît le croire M. Laurent; ainsi, dans le dernier arrêt, après avoir constaté que la loi française ordonne de faire une juste appréciation de la loi étrangère, elle ajoute : « qu'il n'est pas nécessaire d'examiner si l'erreur de droit, telle que celle qui résulte de la violation ou fausse application des lois étrangères, donne par elle-même et dans tous les cas ouverture à cassation; qu'il suffit que, dans l'espèce, cette erreur de droit soit devenue la source des plus expresses contraventions aux lois de l'Empire. » Ainsi la doctrine de la jurisprudence est assez indécise; sans doute, la cassation est admise, non seulement en cas de refus d'appliquer la loi étrangère, mais encore lorsque les juges se sont trompés sur le choix et sur le sens des lois que des traités de réciprocité ont rendues applicables; mais peut-on dire que ces lois s'identifient avec le traité et deviennent obligatoires en France au même titre que le traité lui-même ? Nous ne le pensons point; nous l'avons déjà dit, on ne saurait demander à notre Cour de cassation de résoudre les difficultés d'une loi étrangère, d'en éclaircir les obscurités. Nous croyons que, même dans le cas où il existe des traités de réciprocité, il faut une erreur grave sur le choix des lois étrangères ou sur leur sens clair et indubitable, pour que la cassation soit ouverte. Mais toutes les fois qu'elles ont besoin d'être interprétées, l'interprétation qu'en donne le juge du fait ne peut être déférée à la Cour suprême. Telle est la doctrine qui paraît résulter des arrêts que nous avons cités.

Nous avons au cours de cette étude, à rechercher les règles du droit international privé en matière d'obligations. Ces règles ne forment point un droit écrit mais une simple coutume; il est donc nécessaire de rechercher d'abord quels sont les principes généraux qui leur servent de base.

Dans une théorie très en vogue dans notre ancien droit et qui compte encore des partisans, on distingue les différentes lois, en lois personnelles et en lois réelles, ou, pour employer l'expression consacrée, en statuts personnels et en statuts réels, les premiers désignant les lois qui régissent les personnes partout où elles se trouvent, les seconds désignant celles qui régissent les biens, quels qu'en soient les propriétaires. Ce système est critiquable à deux points de vue.

D'abord, il est trop étroit. Il y a des rapports de droit qu'il est impossible de faire rentrer dans l'une ou l'autre de ces deux catégories. Ainsi, dira-t-on que les lois concernant la forme, les conditions et les effets des obligations appartiennent au statut personnel ou au statut réel? Il serait bien difficile de les y rattacher; on arriverait ainsi à des solutions peu équitables. Aussi, notre ancien droit lui-même avait été obligé d'admettre, à côté des statuts réels et personnels, des statuts mixtes, des statuts formels et des statuts de procédure.

9.

Un second vice, plus grave, de la théorie des statuts
est dans la limitation arbitraire de l'autorité de la loi
aux choses qui se trouvent sur le territoire et dans
l'extension non moins arbitraire de cette autorité à
tous les nationaux, même à ceux qui résident hors du
territoire.

On dit que la réalité des statuts repose sur la souveraineté. « Mais, remarque M. Laurent, si la souveraineté est absolue, si elle ne comporte pas d'exception,
la loi, qui en est l'organe, doit régler l'état et la capacité de tous ceux qui habitent le territoire, des étrangers comme des indigènes ; car, si les étrangers sont
régis par la loi de leur pays, il en résultera qu'un certain nombre d'habitants ne seront point soumis à la loi
du pays où ils résident, qu'ils seront exempts de sa
souveraineté ; partant, cette souveraineté ne sera pas
entière, elle sera divisée » (*Principes de droit civil*, t. I).

D'autre part, si la souveraineté d'une nation est limitée quant aux personnes, on se demande pourquoi
elle ne le serait pas également quant aux choses. Il
faudrait donc admettre en principe que les biens des
étrangers sont régis par leur loi personnelle.

Une nation souveraine peut enjoindre à ses tribunaux
de n'appliquer en aucun cas les lois étrangères et considérer comme soumis à sa juridiction, non seulement les biens, mais l'état et la capacité de tous ceux
qui habitent sur son territoire. C'est là l'idée féodale de la souveraineté ; le rapport de sujétion n'est

point personnel, mais territorial. Ce système trop absolu a reçu de bonne heure des tempéraments. La
distinction des statuts personnels et des statuts réels
a eu pour but de restreindre l'autorité territoriale des
coutumes.

A l'époque où les idées féodales étaient dominantes,
la théorie de la souveraineté de la loi territoriale était
généralement admise ; elle l'est encore dans les pays
comme l'Angleterre, où ces idées ont conservé une
grande influence. Fœlix, au début de son *Traité de
droit international privé*, semble également y adhérer.
Il pose deux règles fondamentales :

D'abord, chaque nation, d'après lui, possède et
exerce seule et exclusivement la souveraineté et la
juridiction dans toute l'étendue de son territoire : « De
ce principe il suit que les lois de chaque État affectent,
obligent et régissent de plein droit toutes les propriétés immobilières et mobilières qui se trouvent dans
son territoire, comme aussi toutes les personnes qui
l'habitent, qu'elles y soient nées ou non; enfin, que
ces lois affectent et régissent de même tous les contrats passés, tous les actes consentis ou perpétrés
dans la circonscription de ce même territoire. »

La seconde règle posée par Fœlix est celle-ci :
« Aucun État, aucune nation ne peut, par ses lois,
affecter directement ou régler des objets qui se
trouvent hors de son territoire, ou affecter et obliger

les personnes qui n'y résident pas, qu'elles lui soient ou non soumises par le fait de leur naissance. »

Nous croyons que ces deux règles ne doivent pas être acceptées comme base du droit international moderne. Aujourd'hui il y a une tendance générale à considérer toutes les lois comme personnelles : *Omne jus ad personas pertinet*. L'autorité de la loi doit s'exercer sur les nationaux partout où il leur plaît de résider, tant qu'ils n'ont point rompu le lien qui les rattache à leur patrie. C'est le principe posé par l'article 3 de notre Code à l'égard des Français en pays étranger.

Le principe que les étrangers doivent rester soumis à leur loi nationale en quelque pays qu'ils se trouvent comporte des exceptions. Lorsque la loi territoriale a pour but de sauvegarder les intérêts généraux du pays, elle s'applique aux étrangers comme aux nationaux. En France, les lois pénales, les lois relatives à la propriété immobilière, ajoutons, toutes celles qui intéressent les bonnes mœurs, obligent les étrangers comme les Français (art. 3, C. civ.).

Remarquons qu'il est souvent question, dans notre matière, des lois d'ordre public : il ne faut pas se méprendre sur cette expression d'*ordre public*. Les lois qui concernent l'état et la capacité des personnes sont d'ordre public ; en effet, l'intérêt de la société est engagé dans la plupart des questions qui s'y rapportent ; cependant, nul ne conteste qu'elles ne rentrent dans les statuts personnels *stricto sensu*. Ainsi, on peut parler d'*ordre public* dans deux sens différents ; tantôt l'ordre public désigne un intérêt général de droit privé, tantôt un intérêt général de droit public. C'est dans ce dernier cas seulement que l'ordre public met obstacle à l'application de la loi étrangère. « Je conclus, dit M. Laurent, qu'en matiere de statuts, il est dangereux de se servir de l'expression d'ordre public, parce qu'elle est ambiguë ; elle signifie tantôt ce qui est d'intérêt général ou de droit public, et, en ce sens, il est vrai de dire que les lois d'intérêt public sont réelles ; mais, en matière de droit privé, l'ordre public indique l'état et la capacité des personnes et, en ce sens, les lois d'ordre public sont personnelles » (Laurent, *Droit civil international*, t. II, n° 194).

En résumé, on peut dire qu'il y a des lois personnelles et des lois réelles, en donnant à ces expressions un sens plus large que celui qui leur est donné ordinairement par les partisans de la théorie des statuts. « Il faut dire qu'il y a des lois personnelles de leur nature : ce sont toutes celles qui règlent les intérêts privés des personnes ; et il y a des lois réelles de leur nature : ce sont toutes celles qui intéressent la conservation de la société, bien qu'elles touchent aussi à des intérêts privés » (Laurent, *Étude sur le droit intern. privé*, *Journal du droit intern. privé*).

Ainsi entendues, les lois personnelles comprennent tous les rapports de droit. Il est évident qu'il ne peut guère être question de les régir par une loi unique ; et comme nous rejetons l'ancienne théorie des statuts, nous devons chercher une autre base au droit international privé.

Ceux qui considèrent la souveraineté de chaque nation comme absolue ne fondent l'application des lois étrangères que sur des raisons *d'utilité et de convenance réciproque entre nations (ex comitate, ob reciprocam utilitatem)*. C'est la théorie de la *comitas gentium* soutenue par Fœlix et qui laisse aux juges la faculté d'appliquer ou de ne pas appliquer la loi étrangère. Nous avons essayé d'établir plus haut que cette faculté devait être refusée à nos tribunaux ; ajoutons qu'il serait difficile d'établir des règles précises de droit sur une base aussi peu solide que cette convenance réciproque entre nations.

Sans examiner les autres systèmes qui ont été proposés, nous pouvons dire qu'on risque de tomber dans l'arbitraire en cherchant à résoudre toutes les difficultés du droit international privé, en vertu d'un principe unique ou de distinctions faites *a priori*. La véritable méthode, la seule qui convienne à notre matière, est exposée en quelques mots par Savigny dans son *Traité de droit romain* : « Pour juger, dit-il, des conflits faciles à s'élever dans le cas où le même rapport juridique pourrait être réglé par des lois positives diverses et contraires, il ne suffit pas de s'occuper des conflits comme de l'unique problème à résoudre, mais il est nécessaire d'étudier la délimitation des différentes législations positives et de rechercher quels sont les rapports de droit soumis à chaque loi, ou bien à quelle loi est soumis chaque rapport juridique. »

Cette méthode, suivie par M. Fiore dans son traité sur le *droit international privé*, doit être également adoptée, selon nous, même par ceux qui n'étudient ces matières qu'au point de vue du droit français. Sans doute, à l'époque de la rédaction du Code civil, la théorie des statuts était très en vogue, mais il n'apparaît point que le législateur ait entendu la consacrer. Au reste, déjà à cette époque, et surtout dans les questions relatives aux obligations, des auteurs avaient abandonné les subtilités du statut personnel et du statut réel.

CHAPITRE PREMIER.

DE LA LOI QUI DOIT RÉGIR L'ÉTAT ET LA CAPACITÉ DES CONTRACTANTS.

SECTION PREMIÈRE,

DÉTERMINATION DE LA LOI QUI RÉGIT L'ÉTAT ET LA CAPACITÉ DES CONTRACTANTS.

Lorsqu'une personne veut devenir créancière ou débitrice, elle doit remplir certaines conditions d'état et de capacité. L'état est l'ensemble des qualifications juridiques de la personne ; c'est sa situation dans la société ou dans la famille ; la capacité est l'aptitude légale à faire les actes de la vie civile. Pour contracter il faut avant tout avoir une existence juridique ; il faut ensuite avoir la jouissance et l'exercice des droits civils, ce qui comprend la capacité de droit et de fait, la capacité générale de contracter et celle de faire tel ou tel contrat.

Les lois qui régissent l'état et la capacité des personnes forment ce qu'on appelle le statut personnel.

Il peut y avoir concurrence entre les lois de diverses nations, lorsqu'il s'agit de rechercher si une personne est en possession de tous ses droits, si elle peut les exercer librement, ou si cet exercice n'est pas limité par certaines restrictions et soumis à des conditions. Mais avant de résoudre ces questions spéciales, il est nécessaire de déterminer d'une manière générale, quelle est la loi qui doit régir l'état et la capacité des personnes.

On pourrait dire d'abord, que le tribunal saisi de la question n'a pas à consulter le législateur étranger, mais seulement son propre législateur. C'est la doctrine de ceux qui admettent qu'un Etat peut enjoindre à ses juges de ne jamais appliquer d'autre loi que la leur.

On peut aussi soutenir que l'état et la capacité de la personne sont réglés par l'autorité souveraine à laquelle elle est soumise. Or, une personne peut être dans un rapport de sujétion avec un Etat, soit à raison de sa nationalité, soit à raison de son domicile. Il faudra donc choisir entre la loi de la patrie et la loi du domicile.

Avant de rechercher quel est le système de notre Code civil, il n'est pas inutile d'examiner les principes posés dans cette matière par les jurisconsultes de l'ancien droit.

Il s'agissait alors de limiter l'autorité des différentes coutumes qui se partageaient le territoire. A l'époque féodale on disait : *Leges clauduntur territorio* ; ainsi, les

personnes comme les biens étaient soumis à l'empire
de la coutume locale ; le statut personnel changeait
avec le domicile. On songea cependant à restreindre
l'autorité de la loi territoriale ; ainsi on admit que
l'époque de la majorité serait invariablement fixée par
une seule coutume, ordinairement celle du domicile
d'origine ; le domicile était celui des père et mère au
moment de la naissance ; ainsi, le lieu du domicile d'origine pouvait être distinct du lieu de naissance. L'enfant
né en France de parents domiciliés en Allemagne était
Français et cependant, d'après le principe général, il
se trouvait soumis à la loi allemande pour l'époque de
sa majorité.

En Normandie, on traitait au contraire la majorité
comme la nationalité. Le Parlement de Rouen dans son
Placite de 1666, disait que tout individu né en Normandie était majeur à vingt ans, quel que fût le domicile de son père. Quant aux autres qualifications de la
personne, celles relatives à l'émancipation, à la puissance paternelle et à la puissance maritale, elles n'é-
taient point réglées par une loi unique, mais dépendaient de la coutume du domicile actuel.

En résumé, dans l'ancien droit, trois coutumes pouvaient prétendre à la détermination du statut personnel : celle du domicile actuel, celle du domicile d'origine (domicile des père et mère), celle du lieu de
naissance. C'est donc à tort que Boullenois nous dit
qu'il ne peut y avoir de combat qu'entre la coutume du

domicile actuel et celle du jour de la naissance(Boullenois, *Traité de la personnalité des lois*, t. I, chap. II,
page 52).

On appliquait les mêmes principes dans les rapports
entre individus de différentes nationalités.

Aujourd'hui, cette question importante donne encore lieu à de nombreuses controverses.

On admet, dans presque tous les systèmes, que la
mutatio domicilii n'a point pour conséquence de soumettre entièrement l'état et la capacité des personnes
à une nouvelle loi. Mais on n'est pas d'accord sur le
choix de cette loi unique qui doit déterminer à jamais
toutes les qualifications juridiques de la personne, selon les uns, ou, tout au moins, les principales, selon
les autres. C'est, entre la loi de la nationalité et la loi
du domicile, que la concurrence s'établit.

Nous avons dit que, dans notre ancien droit, le domicile d'origine n'était pas toujours au lieu de naissance : par exemple, lorsque les parents n'y avaient
pas leur domicile. Dans le droit moderne, cette distinction présente encore un plus grand intérêt; dans
plusieurs législations, dans la nôtre en particulier, on
est revenu au vieux principe romain qui fait dépendre
la nationalité de la filiation; ainsi, le lieu de naissance, qui ne se confond pas avec le lieu du domicile
d'origine, peut encore n'être pas situé sur le territoire de la nation à laquelle l'individu appartient.

Certains auteurs ont à peu près supprimé l'intérêt

de la controverse qui nous occupe, en soutenant qu'on ne peut avoir de domicile légal que dans sa patrie. Ainsi, Fœlix emploie indifféremment les expressions de *lieu du domicile* et de *territoire de la patrie*.

Contrairement à cette opinion, on admet généralement qu'on peut avoir un véritable domicile à l'étranger. Ainsi, même pour les qualifications juridiques qui, de l'aveu de tous, ne doivent pas varier, comme la majorité, il est intéressant de distinguer entre la loi du domicile d'origine et la loi de la nationalité.

Cette distinction présente encore un autre intérêt. Les partisans de la loi du domicile, bien qu'ils ne fassent pas dépendre du domicile actuel la détermination des principales qualifications juridiques, en font dépendre cependant un certain nombre. Ainsi, Boullenois ne laisse soumises, à la loi du domicile, que celles qui sont fondées sur des raisons générales reconnues de toutes les nations ; quant à celles qui dépendent plutôt des dispositions particulières du législateur, elles doivent varier avec le domicile, et il cite, comme exemple, les incapacités que subissent les femmes, soit à raison de leur sexe, soit à raison de leur condition de femmes mariées. Aussi, M. Fiore a-t-il dit, d'une manière peut-être un peu trop absolue, que la divergence entre les deux écoles porte sur le point de savoir si, la *mutatio domicilii* survenue, on doit appliquer la loi du nouveau domicile ou celle du domicile primitif ; mais nous avons montré plus haut, que cette divergence portait encore sur un autre point.

Quelle est, en droit pur, la doctrine qui doit être admise?

Le domicile est, sans doute, le centre des intérêts et des affections; mais, pour soutenir qu'il doit servir à déterminer l'état et la capacité des personnes, il ne suffit pas de constater son importance; il faut admettre qu'il établit un véritable rapport de sujétion entre le domicilié et l'autorité commandant sur le territoire où il habite. C'est ce que fait remarquer, avec raison, M. Fiore : « Le seul point de vue, dit-il, sous lequel on peut raisonnablement discuter la question, est, selon nous, le suivant : Le rapport de sujétion est-il un rapport géographique et territorial, dans ce sens, que tous ceux qui demeurent dans un territoire deviennent sujets du souverain territorial? Ou, au contraire, est-ce un rapport libre et volontaire, dans ce sens que personne ne peut être considéré comme sujet d'un souverain, sans qu'il y ait tacitement ou expressément consenti? (Fiore, *Droit international privé*, p. 86). Les Etats, où le droit est encore fondé sur les idées féodales, admettent plus volontiers la loi du domicile, en vertu de ce vieux principe que celui qui s'établit sur un territoire relève, pour sa personne et pour ses biens, de l'autorité qui y commande; c'est ainsi que les jurisconsultes anglais tiennent en général pour la loi du domicile, et la question ne fait point de doute

pour Savigny : « Aujourd'hui, dit-il, le domicile détermine régulièrement le droit spécial auquel chacun est
soumis comme à son droit personnel, et ce principe
est depuis longtemps généralement admis » (*Droit
romain*, t. VIII, p. 359).

Tout autre est l'idée du droit moderne, conforme en
ce point au droit romain (Gaius, *Comm.* III, § 120) nous
dit que l'obligation du *sponsor* et du *fideipromissor* n'est
pas transmissible à leurs héritiers, à moins que, s'il
s'agit de pérégrins, le droit particulier de leur cité
n'admette une règle différente. Ainsi, la loi romaine
reconnaissait à la *lex civitatis*, c'est-à-dire, à la loi nationale, et non pas à la loi du domicile, le pouvoir de
déterminer le statut personnel. Aussi, les législations
qui s'inspirent surtout du droit romain, comme la législation italienne, proclament l'autorité de la loi nationale sur l'état et la capacité des personnes.

Le fait de transférer son domicile d'un lieu dans un
autre n'implique nullement l'intention de se soumettre
à une loi nouvelle. Le citoyen qui a un domicile à l'é-
tranger et qui cependant, ne brise pas le lien qui le
rattache à sa patrie, entend conserver les droits que sa
loi nationale lui confère et se soumettre aux obligations qu'elle lui impose; il continue d'adhérer aux
idées et aux usages de la nation dont il est membre par
naissance ou par son libre choix; or, précisément,
c'est sur ces idées et ces usages que sont fondés le
plus souvent les différents statuts personnels; les

divergences des législations au sujet de la majorité, de la capacité des femmes, etc., viennent de la variété des traditions et des croyances; il est donc juste que ceux qui les ont adoptées, soient régis par les lois et les coutumes qui s'en inspirent. S'ils abdiquent leur nationalité, s'ils se font naturaliser à l'étranger, ils renoncent aux traditions de leur ancienne patrie pour prendre celles de la nouvelle; on comprend alors que leur état et leur capacité soient soumis à la loi qu'ils ont adoptée en changeant de patrie.

Ainsi, dans notre système, c'est la loi nationale qui détermine le statut personnel et c'est le changement de nationalité qui le modifie. Ceux qui soutiennent l'autorité de la loi du domicile, arrivent à deux conséquences également étranges. La simple *mutatio domicilii* suffit pour modifier les conditions de l'état et de la capacité des personnes, en exceptant certaines qualifications juridiques dites de droit des gens, comme la majorité, qui est toujours régie par la loi du domicile d'origine. D'autre part, la naturalisation ne modifie pas le statut personnel réglé par la loi du domicile d'origine. Ainsi, un espagnol ayant son domicile d'origine en Espagne se fait naturaliser Français; il restera néanmoins soumis quant à l'époque de sa majorité, à la loi espagnole. Fœlix échappe à cette conséquence, en soutenant qu'on ne peut avoir de véritable domicile que sur le territoire de sa nation.

Nous devions établir la doctrine qui nous paraît

l'emporter, en droit pur, dans la controverse qui nous occupe, avant de rechercher quelle a été celle de notre législateur. Nous ne trouvons, en effet, dans notre Code civil qu'une disposition bien brève et bien insuffisante :

Art. 3 : « Les lois concernant l'état et la capacité des personnes régissent les Français même résidant en pays étranger. »

Ainsi, il n'est question dans ce texte que des Français à l'étranger et non des étrangers en France. En ce qui concerne les Français à l'étranger, il semble que l'intention du législateur soit de donner à la loi française une autorité absolue sur l'état et la capacité du Français, tant qu'il conserve cette qualité. Cependant, on a prétendu arguer de l'expression « résidant en pays étranger, » pour soustraire le statut personnel du Français *domicilié* à l'étranger, à l'application de la loi française. Mais il est certain que le législateur en parlant du Français résidant à l'étranger, a entendu désigner aussi bien celui qui y établit son domicile que le simple voyageur ou résidant. « Les lois personnelles, dit Portalis dans son rapport au Corps législatif, suivent la personne partout. Ainsi, la loi française, avec des yeux de mère, suit les Français jusque dans les régions les plus éloignées ; elle les suit jusqu'aux extrémités du globe. »

Pour ce qui est des étrangers résidant en France, la difficulté est plus grande. En présence du silence de l'art. 3 du Code civil, on a pu penser que le législateur avait voulu consacrer l'autorité absolue de la loi française sur les personnes comme sur les biens. D'ailleurs, dans le projet du titre préliminaire, on lisait : « L'étranger est soumis à la loi française pour les biens qu'il possède en France et pour sa personne pendant sa résidence. » Ainsi, les tribunaux français n'avaient à appliquer que la loi française. L'art. 37 de l'ordonnance du 26 septembre 1837 relative à l'Algérie est rédigé dans le même esprit : « La loi française régit les conventions et contestations entre Français et étrangers. » Le système adopté dans le projet du titre préliminaire fut abandonné. Toutefois, dans sa rédaction primitive, l'art. 3 ne portait que ces mots : « La loi oblige ceux qui habitent le territoire. » On ne distinguait point comme on l'a fait depuis, trois catégories de lois; les lois de police et de sûreté, les lois concernant les immeubles, et les lois personnelles. Portalis, dans un discours prononcé au Corps législatif le 23 frimaire an X, disait : « Sans doute, les Français qui voyagent ne sont pas soumis à l'empire de toutes les lois françaises, mais Français et étrangers habitant le territoire y sont soumis. Voilà le principe général ; car habiter le territoire c'est se soumettre à la souveraineté. » Ces paroles semblent reproduire l'ancienne théorie féodale de la souveraineté absolue de la loi territoriale. Mais il faut remarquer que Portalis avoue lui-même que le principe posé par lui souffre des exceptions: « Chaque

10.

fois, dit-il, qu'on énonce un principe, est-on tenu de faire
un traité ? » Sur les observations du Tribunat, l'art. 3
fut divisé en trois paragraphes et la souveraineté de la
loi territoriale à l'égard des étrangers ne fut admise
que pour les lois de police et de sûreté. Aussi, il est
probable que Portalis avait en vue ces lois d'intérêt
général, lorsqu'il disait : « Habiter le territoire, c'est
se soumettre à la souveraineté. »

Il est vrai qu'en corrigeant la rédaction de l'art. 3, on
n'a point parlé de l'étranger résidant en France. Cette
omission s'explique très bien, si on se rappelle l'origine du troisième paragraphe de l'art. 3. Le rapporteur de la commission du Tribunat avait conclu du
texte proposé que la loi française n'oblige pas le Français qui voyage. Portalis s'était contenté de répondre
que la conséquence n'était pas exacte et que le Français en passant à l'étranger restait soumis à certaines
dispositions des lois françaises ; or, on crut qu'il était
nécessaire d'indiquer quelles étaient ces dispositions ;
on admit, suivant la doctrine généralement reçue, que
c'étaient celles concernant l'état et la capacité des personnes ; on inséra un nouveau paragraphe, non pour
poser une règle de droit international privé, mais pour
bien établir l'autorité de la loi française sur la personne
du Français voyageant ou même résidant à l'étranger.
Mais si le principe n'est pas écrit dans la loi, il résulte
implicitement des termes de l'art. 3-3° ; nous devons
donc le considérer comme tacitement consacré par le

législateur et en appliquer la conséquence juridique à l'étranger qui vient en France, comme il l'a lui-même appliquée au Français qui va à l'étranger. Cette doctrine est d'ailleurs conforme à l'esprit de notre Code civil qui a rejeté les idées féodales sur la souveraineté et qui fait dépendre la nationalité non de la naissance, sur le territoire, mais de la filiation.

Des auteurs ont voulu mettre dans une catégorie spéciale l'étranger autorisé à établir son domicile en France aux termes de l'art. 3 : « Du moment, dit M. Demangeat, qu'il a demandé et obtenu d'avoir son domicile en France, il doit être censé avoir voulu se soumettre à toutes les lois privées qui s'appliquent aux Français; car il y a un rapport intime entre le domicile d'une personne et le statut qui régit l'état et la capacité de cette personne » (*Condition des étrangers en France*, ch. V, § 4). M. Demangeat s'inspire des doctrines de Fœlix sur le statut personnel. On sait que, selon cet auteur, la loi du domicile doit régir l'état et la capacité des personnes, mais que cette loi se confond le plus souvent avec la loi nationale, puisque, dans sa doctrine, on ne peut avoir de domicile légal hors du territoire de sa patrie. Or, l'article 13 parle de l'étranger qui a été autorisé à établir son domicile en France, et par suite, qui a dans ce pays son domicile légal; cet étranger est donc assimilé au Français et son statut personnel doit dépendre de la loi française.

Nous ne pouvons nous ranger à cette opinion ; l'article 3 ne parle que du Français ; l'étranger autorisé à établir son domicile en France, reste étranger. Il est vrai qu'il jouit de tous les droits civils aux termes de l'art. 13 ; mais ce n'est pas à dire que son état et sa capacité soient régis par la loi française. L'étranger de l'art. 13 a les mêmes droits que le Français ; mais, pour l'exercice de ces droits, est-il soumis aux lois de sa patrie ou à celles de la France ? C'est là une question toute différente. Or, nous avons établi que c'était le changement de nationalité et non pas le changement de domicile qui devait agir sur le statut personnel. « L'étranger qui établit son domicile en France, disent MM. Aubry et Rau, en vertu d'une autorisation du gouvernement, n'en reste pas moins étranger. S'il est placé sur la même ligne que le Français quant à la jouissance des droits civils, il en résulte bien qu'il est comme ce dernier admis à l'exercice de ces droits dans la mesure de sa capacité personnelle, mais nullement que cette capacité doive, comme celle du Français, être appréciée d'après la loi française » (Aubry et Rau, *Droit civil*, t. I, § 31, n° 24).

Nous venons d'établir l'autorité de la loi nationale sur l'état et la capacité des personnes ; voyons maintenant si ce principe ne comporte pas certaines restrictions.

SECTION II.

DES STATUTS PERSONNELS ÉTRANGERS QUI N'ONT PAS AUTORITÉ EN FRANCE.

Nous avons vu plus haut que Boullenois distinguait un statut personnel de droit des gens qui doit toujours rester le même et un statut personnel de droit civil qui varie avec le domicile. Les partisans de la loi nationale repoussent cette distinction, et, notre Code civil, en proclamant que les lois concernant l'état et la capacité des personnes suivent les Français résidant à l'étranger, semble avoir compris dans ces termes toutes les qualifications juridiques.

Cependant, parmi les jurisconsultes contemporains, certains prétendent que toutes les lois dites personnelles ne doivent pas suivre les nationaux à l'étranger.

La théorie de Boullenois et de l'ancien droit que nous avons exposée plus haut, n'est plus guère en faveur aujourd'hui ; toutefois, la Cour d'appel de Paris s'en est encore inspirée dans un arrêt du 15 mars 1831, en décidant que le changement de domicile avait suffi pour soustraire une femme étrangère au sénatus-consulte Velléien admis par sa loi nationale.

Savigny, après avoir décidé que l'individu majeur
d'après la loi de son domicile d'origine, l'est également
dans les pays régis par une loi différente, adopte la solution contraire en ce qui concerne la minorité. Selon
le jurisconsulte allemand, seules les dispositions favorables à la liberté ont force en dehors du pays
pour lequel elles ont été édictées ; les dispositions restrictives de la capacité des personnes ne les suivent
pas à l'étranger. Ce point de vue paraît aussi être celui
des jurisconsultes américains. Wheaton pose en principe que les restrictions à la liberté n'ont point de force
extraterritoriale (Conflict of laws, *Journal du droit in-*
tern. privé, 1879, n° 11, p. 514).

Les tribunaux français devraient écarter cette distinction. L'art. 3 du Code civil ne fait aucune différence entre les règles du Code civil qui consacrent un
état ou une capacité favorable à la liberté et celles qui
édictent des dispositions restrictives de cette liberté.
Ainsi le Français mineur d'après la loi française ne
pourrait pas contracter valablement comme majeur,
dans un pays où cependant la majorité est fixée à un
âge moindre, et le tribunal français saisi de la question appliquerait l'art. 3-3°. A l'inverse, il devrait considérer comme entachée de nullité pour incapacité,
l'obligation d'un étranger âgé de vingt et un ans accom-
plis, mais mineur d'après la loi de son pays. Dans une
matière analogue, le législateur décide que le mariage
contracté en pays étranger entre Français et étrangers.

d'après les formes usitées dans le pays est valable, pourvu que le Français n'ait pas contrevenu aux dispositions du chapitre du titre du mariage qui restreignent sa liberté (art. 170, C. c.). Les mêmes solutions doivent être données en matière d'obligations.

Fœlix, en se plaçant à un autre point de vue, a essayé aussi de restreindre l'autorité du statut personnel. On sait que pour lui, le principe de droit international sous-entendu et appliqué dans l'art. 3 du Code civil est une atteinte à la souveraineté absolue des nations sur les personnes et sur les choses qui sont renfermées dans les limites de leur territoire. « Il suit, dit-il, que par l'application de l'adage « exceptio firmat regulam « in casu non excepto » que le principe général reprend toute sa force, dès qu'il s'agit d'appliquer une loi étrangère qui statue sur d'autres matières que l'état de la personne »(Fœlix, op. cit., n° 30). Et le savant jurisconsulte place en dehors de l'état proprement dit de la personne (*status*), les lois extensives ou prohibitives ; c'est-à-dire celles qui étendent ou restreignent sa capacité ou son incapacité générale.

Ce système diffère de celui de Savigny en ce qu'il admet que l'état général de la personne, soit qu'il consacre la capacité, soit qu'il la restreigne, est régi par la loi nationale, même dans les pays plus favorables à la liberté. Mais la capacité d'une personne peut se trouver modifiée dans de certaines circonstances, à l'égard de certains actes par des dispositions qui l'étendent ou la restreignent ; ainsi une personne déclarée majeure par sa loi nationale pour les actes ordinaires de la vie civile, peut être considérée par cette loi comme mineure, lorsqu'il s'agit de faire des actes d'une importance particulière ; à l'inverse, un incapable peut être considéré comme capable dans un cas donné. Ce sont ces statuts spéciaux que Fœlix se refuse à faire rentrer dans le statut personnel général. Il les assimile aux lois réelles qui ont autorité sur le territoire où elles sont en vigueur mais qui ne suivent pas les nationaux au delà des frontières. Fœlix prend, comme exemple, les dispositions des art. 903 et 904 du Code civil qui font exception à l'incapacité générale du mineur, pour le cas spécial où il fait son testament; d'après lui, elles ne s'appliqueraient pas au mineur français résidant à l'étranger. L'art. 113 du Code de commerce nous intéresse davantage. « La signature des femmes et des filles non négociantes ou marchandes publiques ne vaut que comme simple promesse. » Cet article est restrictif de la capacité générale de la femme ; dans la doctrine de Fœlix, il n'a d'autorité qu'en France.

Cette distinction doit être écartée ; elle aboutit en effet à des conséquences peu justifiables en raison. On ne comprend pas que l'étranger incapable en général de faire les actes de la vie civile d'après sa loi nationale et d'après la loi française qui lui prête sa sanction, bénéficie d'une capacité spéciale consacrée par celle-ci pour un acte particulier. D'autre part, l'art. 3 en parlant de l'état et de la capacité des personnes, ne laisse entrevoir aucune distinction entre les qualifications juridiques générales et les qualifications juridiques spéciales. La loi qui déclare la femme, bien qu'elle soit capable ordinairement de s'obliger, incapable, par exception, de souscrire une lettre de change (à moins qu'elle ne soit commerçante ou marchande publique), concerne l'état et la capacité de la personne, au même titre que celle qui prononce d'une manière générale l'incapacité des mineurs de vingt et un ans et des interdits. La doctrine contraire ouvre en outre la porte à la fraude. « Si on devait, dit Fiore, juger de la capacité abstraite du tireur selon sa loi nationale, et de la capacité de tirer la lettre de change, selon la loi du lieu où elle a été créée, il serait très facile d'éluder sa propre loi, en simulant que la lettre de change a été faite en un lieu différent, et les inconvénients pratiques ne seraient certainement pas petits » (Fiore, *Droit intern. privé*, ch. I, p. 97).

Ainsi, nous comprenons dans le statut personnel toutes les lois, sans distinction, qui ont rapport à l'État, à la capacité des personnes pour les déterminer, les restreindre ou les étendre.

Les qualifications juridiques d'une personne peuvent provenir non d'une loi, mais d'un jugement ; nous devons ici nous demander si un tel jugement aura les mêmes conséquences à l'étranger qu'une loi ou une coutume.

Il est nécessaire de distinguer l'incapacité qui résulte d'un jugement civil, de celle qui est attachée à une condamnation criminelle.

1° Un jugement étranger a constaté l'absence d'un individu et lui a nommé un curateur, ou bien il a prononcé son interdiction et l'a pourvu d'un tuteur ou d'un conseil judiciaire. L'interdit veut contracter en France, faire un acte qui lui est défendu ; peut-on lui opposer devant nos tribunaux le jugement étranger qui a prononcé son incapacité ? A l'inverse, le curateur d'un absent, le tuteur d'un interdit, le conseil d'un prodigue, peuvent-ils être considérés par nos tribunaux comme les mandataires légaux de ceux qu'ils ont mission de représenter ?

Ordinairement ces questions se présenteront à propos d'étrangers. Mais il peut arriver qu'un Français ait été déclaré absent ou interdit par une juridiction étrangère. Il est donc utile de distinguer les deux hypothèses.

Première hypothèse. — Les tribunaux français sont appelés à examiner l'état juridique d'un étranger, tel qu'il résulte du jugement étranger.

C'est une règle généralement admise en droit international, que les jugements rendus dans un pays n'ont point force exécutoire dans les autres pays, si ce n'est en vertu de traités. S'il en était autrement, la souverai-

neté respective des nations subirait une grave atteinte
puisque les juges de l'une pourraient donner des ordres
aux agents de l'autre. Ainsi dans les art. 2123 du
Code civil et 546 du Code pénal, toute force exécutoire
est refusée au jugement étranger ; on admet généralement que les magistrats auxquels il est soumis peuvent
le réviser au fond en tout ou en partie. On a invoqué
ces dispositions pour refuser d'avoir égard au jugement
étranger qui contient une modification d'état ou de capacité (Jug. du trib. de la Seine, 21 janvier 1835 ; arrêt
de Paris du 16 janvier 1836).

Il y a là une véritable confusion. Le législateur français, en édictant l'art. 546, a voulu consacrer ce principe, que le souverain territorial a seul le droit de
mettre en mouvement la force publique : « Cet article,
dit M. Demangeat, défend seulement de faire exécuter
en France un jugement rendu par un tribunal étranger,
parce que l'exécution dont il s'agit, c'est la saisie des
biens ou la contrainte sur la personne, et que ce sont
là des actes qui ne peuvent être faits en France qu'au
nom du pouvoir exécutif français ; sans quoi le droit de
souveraineté serait réellement violé ; mais évidemment
ce droit de souveraineté n'est aucunement atteint, lorsqu'il s'agit seulement d'appliquer à un étranger telle ou
telle incapacité civile » (Demangeat, *Condition des
étrangers en France*, ch. V, § 2).

Dans un second système, on dit que si le jugement
étranger n'a point force exécutoire en France, il peut

néanmoins faire preuve des faits qui y sont constatés. Ainsi quel est le but du jugement qui intervient contre l'absent, le fou ou le prodigue? C'est d'abord de constater les faits de l'absence, de la folie et de la prodigalité, c'est ensuite de tirer les conséquences légales de ces faits, qui sont, la privation pour le propriétaire du droit de disposer de ses biens, et la nomination d'un représentant pour les administrer. Ainsi le jugement étranger sera invoqué comme preuve des faits; mais la preuve contraire pourra être produite devant le juge français; on verra à démontrer qu'il n'y a pas eu disparition du prétendu absent; que la démence n'existe pas, que la prodigalité n'est pas suffisamment caractérisée, etc...; alors l'incapable étranger jouira en France de tous ses droits et son représentant ne pourra point les exercer.

Nous repoussons ce système en ce qui concerne les étrangers. Selon nous, il faut aller plus loin et décider que les qualifications juridiques qui proviennent de jugements, suivent les étrangers en France, au même titre que celles qui sont fondées sur la loi. Sans doute, l'incapacité est déclarée par un tribunal; mais, comme le dit M. Demangeat, ce tribunal n'est que l'organe et l'instrument de la loi personnelle. D'ailleurs, comment l'étranger pourrait-il prétendre apporter la preuve contraire des faits qui ont été reconnus vrais par ses juges naturels?

Il ne saurait réclamer contre ceux-ci la protection

des juges français qui n'ont pas à critiquer l'usage que
font les tribunaux étrangers des pouvoirs que leur souverain leur confère sur l'état et la capacité des régni-
coles ; autrement, il y aurait un véritable empiétement
de l'autorité française sur l'autorité étrangère. Sans
doute, les magistrats français devront examiner si le
jugement étranger a été rendu par un tribunal compétent, et dans les formes exigées par la loi étrangère ;
mais là doit se borner leur examen. Si, au contraire,
il s'agissait d'exécuter le jugement étranger sur des
biens situés en France, on admet que la révision pourrait porter sur le fond. Mais c'est là une question toute
différente.

A propos des jugements qui modifient le statut personnel, il nous faut dire quelques mots de certains actes
de l'autorité, qui présentent avec eux de l'analogie. On
reconnaît au souverain, dans la plupart des Etats mo-
narchiques, le droit de régler l'état des membres de sa
famille, au moyen de lois spéciales et personnelles qui
n'ont pas besoin de la sanction du pouvoir législatif.
On s'est demandé si un acte de cette nature pouvait
produire des effets en France. La question s'est élevée
au sujet de l'interdiction de l'ex-duc de Brunswick, qui
fut prononcée en 1833, en vertu d'un acte émané de
son frère, souverain de Brunswick à cette époque, et
de son oncle, le roi d'Angleterre. Le même acte appelait, aux fonctions de tuteur, le duc de Cambridge,
vice-roi de Hanovre. Devant le tribunal de la Seine et

la Cour de Paris, deux difficultés furent soulevées :
l'acte d'interdiction était-il un statut ayant force de loi,
ou devait-il être assimilé à un jugement? Dans cette
dernière hypothèse, fallait-il lui laisser produire ses
effets en France? Les deux juridictions de première
instance et d'appel décidèrent que, statut ou jugement, l'acte de 1833 n'avait aucune autorité en France.
Si c'est une loi, disait-on, l'art. 3 du Code civil n'empêche nullement les Français, en pays étranger, de se
prévaloir du bénéfice des lois étrangères ; à plus forte
raison, on ne peut soutenir que le statut personnel
étranger soit une loi impérative pour le tribunal français. Nous avons déjà réfuté cette idée, que nos juges
pourraient à leur choix, et suivant les convenances,
appliquer ou ne pas appliquer les lois étrangères ; nous
avons reconnu au principe consacré implicitement
par l'art. 3 du Code civil, une valeur législative et nous
lui avons accordé la sanction de la cassation. On ajoutait, que si l'acte du duc régnant de Brunswick était
un jugement, il ne pouvait être exécutoire en France ;
nous venons de montrer sur quelle confusion d'idées
reposait cette opinion.

Il nous paraît que, dans l'espèce, il eût fallu, sans
hésitation, reconnaître l'état d'interdiction de l'ex-
souverain de Brunswick. La Constitution du duché
(art. 23) accordait au duc régnant le *droit d'autonomie*
sur les membres de sa famille ; c'était lui donner dans
ces limites tous les pouvoirs d'un législateur ; l'acte

d'interdiction était donc un véritable statut personnel qui devait suivre celui qu'il frappait partout où il lui plairait de résider. Dût-on le considérer comme un jugement, la solution restait la même pour les raisons que nous avons déjà données.

Nous rechercherons plus loin si cette doctrine ne comporte point certaines restrictions dans l'intérêt des tiers qui n'ont pas eu connaissance du jugement ou de l'*acte d'autonomie* prononçant l'interdiction.

Résumons en quelques mots les conséquences de notre système.

D'abord, l'étranger interdit ou absent doit être considéré comme tel en France; il doit donc subir dans ce pays toutes les incapacités qui, d'après sa loi nationale, résultent de son état.

En second lieu, son représentant légal, tuteur ou curateur, peut faire en France valablement les actes qui rentrent dans ses pouvoirs. Il n'a pas besoin de faire confirmer par l'autorité française son acte de nomination : « On ne s'est jamais avisé de prétendre, dit Merlin, que le tuteur nommé à un mineur ou à un interdit par le juge de son domicile, ne pût agir dans un pays étranger, contre le débiteur de l'un ou de l'autre, qu'après avoir fait déclarer le jugement de sa nomination exécutoire dans ce pays (Merlin; Rép., *Faillite*, sect. II, § 2).

Deuxième hypothèse. — Nous arrivons à notre seconde hypothèse. On suppose qu'un tribunal étranger a prononcé l'interdiction d'un Français, qu'il lui a donné un tuteur, un curateur, un conseil judiciaire. Ce cas se présente rarement en pratique, parce que, le plus souvent, les tribunaux locaux refuseront de porter atteinte au statut personnel de l'étranger ; cependant, la législation ou la jurisprudence étrangère peut être fixée dans un sens différent ; on peut aussi concevoir que le jugement d'interdiction intervient comme mesure provisoire et urgente. Quelle sera en France l'autorité de ce jugement ?

Ici, il est impossible d'appliquer le système auquel nous nous sommes rangé plus haut. L'art. 3 s'y oppose. Les lois étrangères ne peuvent toucher au statut personnel des Français ; il doit en être de même des jugements des tribunaux étrangers qui modifient leur état ou leur capacité. On ne saurait prétendre que le jugement étranger aura autorité en France, alors même que les conditions exigées par notre loi en matière d'interdiction ont été observées ; ce serait donner à des juges étrangers le droit d'interpréter nos lois. Toutefois, remarquons que le jugement étranger ne sera pas sans valeur devant le tribunal français ; c'est ici le cas d'adopter le système que nous avons repoussé plus haut, lorsqu'il s'agissait de jugements concernant des étrangers. Les faits d'absence, de démence, de prodigalité, attestés par les juges étrangers, seront retenus par les juges français jusqu'à preuve du contraire. Et, si cette preuve n'est point faite, la décision du tribunal

étranger pourra être maintenue ; disons plutôt que le
tribunal pourra se l'approprier ; car il ne saurait être
question de donner force exécutoire au jugement étranger ; il y aura un nouveau jugement ; le représentant
légal nommé dans l'un, n'ayant aucun pouvoir aux
yeux de la loi française, sera, s'il est maintenu dans
ses fonctions, désigné dans l'autre.

Il faut assimiler au cas où le jugement modifiant le
statut personnel s'applique à un Français, celui où il
s'appliquerait à un étranger n'appartenant pas à la nation où le jugement a été rendu. Mais il est probable
que le tribunal, appelé à l'examiner, refuserait de le
réviser, comme n'ayant point le droit de modifier l'état
ou la capacité d'un étranger. Ainsi, la conséquence
serait de déclarer valables, comme faits par une personne capable, les actes passés en France par l'interdit
ou par le prodigue étranger, et de refuser au tuteur ou
curateur, nommé à l'étranger, le droit de le représenter.
Au reste, il est aisé de se mettre à l'abri de ces conséquences, en faisant prononcer l'interdiction par le tribunal de la nation à laquelle appartiennent le fou et le
prodigue.

2° Nous arrivons au second terme de la distinction
que nous avons faite entre les incapacités qui résultent
d'un jugement rendu au civil et celles qui sont attachées à une condamnation criminelle.

On suppose que les tribunaux français sont en présence d'un individu frappé de mort civile, d'interdic-

tion judiciaire ou d'incapacités pénales particulières en vertu d'un jugement étranger.

Certains auteurs ont soutenu qu'il était de l'intérêt général des nations de reconnaître partout les incapacités qui sont la conséquence des condamnations criminelles. Boullenois (n° 54) nous dit « qu'à l'égard des statuts qui prononcent une mort civile pour crimes, l'état de ces misérables se porte partout indépendamment de tout domicile, et cela par un concert et un concours général des nations; ces sortes de peines étant une tache, une plaie ineffaçable dont le condamné est affligé et qui l'accompagne en tous lieux. »

En ce qui concerne la mort civile en particulier, la question n'a plus guère d'intérêt devant les tribunaux français depuis la loi de 1854 qui l'a abolie. S'il s'agit d'un Français, il est évident qu'aux yeux de la loi française, sa loi nationale, il sera resté *integri status*; nous croyons qu'il doit en être de même s'il s'agit d'un étranger, parce que la mort civile a été supprimée en 1854 comme contraire à la morale et à l'ordre public des nations.

La difficulté reste entière en ce qui concerne les déchéances et les incapacités partielles qui, dans toutes les législations, accompagnent les condamnations criminelles.

La doctrine de Boullenois était celle de certains Parlements dans l'ancien droit; mais la plupart, et

entre autres le Parlement de Paris, admettaient la doctrine contraire.

Les incapacités qui résultent des condamnations judiciaires ne sont que la suite de ces condamnations.
Lorsque les juges d'un Etat prononcent une peine, ils
appliquent le principe énoncé dans l'art. 3-1° : « Les
lois de police et de sûreté obligent tous ceux qui se
trouvent sur le territoire ; » la loi territoriale peut, en
outre, attacher des conséquences d'ordre civil à ces
condamnations ; ainsi, bien que la loi française n'ait
aucune autorité sur le statut personnel de l'étranger,
nous croyons que l'étranger, condamné en France à
une peine perpétuelle avant 1854, encourait la mort
civile et qu'aujourd'hui il encourt l'interdiction judiciaire et les incapacités édictées par l'art. 2 de la loi
de 1854. Mais il y aurait empiétement d'une souveraineté sur l'autre, si les incapacités attachées aux condamnations criminelles à l'étranger étaient reconnues
en France ; la loi pénale étrangère aurait autorité au
delà du territoire où elle commande. Ajoutons que, le
plus souvent, les étrangers frappés de ces incapacités,
seront des condamnés politiques ; ils ne doivent pas
être extradés. La loi qui les a frappés ne peut pas les
atteindre sur le sol français ; s'ils échappent à la peine,
comment pourraient-ils en subir les conséquences ?
(*Contra*, Demangeat, *Revue pratique*, t. I, 1858, p. 55).

Jusqu'à présent, nous avons rejeté toutes les distinctions qui ont été proposées pour soustraire cer-

taines des qualifications juridiques de l'étranger à l'autorité de sa loi nationale. La dernière que nous ayons à examiner est admise par tous les auteurs pour le principe ; ils ne diffèrent que dans l'application.

Il s'agit de la distinction qui s'appuie sur l'intérêt général du pays où l'on prétend appliquer le statut personnel de l'étranger, sur les exigences de la morale et de l'ordre public qui y sont admis.

Toute la difficulté est de savoir ce qu'il faut au juste entendre par l'intérêt général et l'ordre public de la France. Il est difficile de poser des règles précises ; toutes les fois qu'un tribunal aura à examiner le statut personnel d'un étranger, il devra rechercher si, par son caractère et ses conséquences, il n'est pas inconciliable avec notre organisation sociale.

Nous examinerons différentes espèces.

Dans plusieurs pays, les Juifs subissent encore des incapacités ; il est certain qu'en France où domine le principe de la liberté de conscience, elles ne produisent pas de conséquences. A l'inverse, les statuts personnels qui constituent des privilèges sont également contraires à notre ordre public ; on cite les lois qui défendaient autrefois aux nobles en Allemagne de souscrire des lettres de change.

Il est également évident que l'incapacité juridique de l'esclave ne saurait être admise en France.

Certains statuts présentent plus de difficultés.

Ainsi le religieux, dans les pays où la loi ci-

vile reconnaît les vœux perpétuels, est considéré
comme mort civilement, ou, comme on disait au
XVIII° siècle, il est *incapable d'effets civils*. La mort
civile résultant d'une condamnation judiciaire doit
être considérée, avons-nous dit, comme contraire à
notre ordre public. Mais la mort civile qui est la conséquence de la profession de foi religieuse se présente
avec des caractères tout différents ; elle est l'effet d'une
abdication volontaire des droits civils ; la question est
de savoir si une pareille abdication est contraire à
notre ordre public. Sans doute, les vœux religieux ne
sont point prohibés en France; mais ils n'ont d'autorité
que dans le for intérieur ; la loi ne les sanctionne pas ;
le religieux peut toujours rentrer dans la vie civile. Il
semble qu'il doit en être de même du religieux étranger, bien que, d'après son statut personnel, les vœux
qu'il a faits aient des conséquences dans le domaine
civil ; on porterait atteinte à notre ordre social, si on
donnait à ces engagements de conscience une valeur
et des effets que notre législateur, pour des raisons
supérieures, a refusé de leur accorder.

On peut se demander encore si les incapacités édictées par des lois étrangères, à raison du sexe, doivent
être admises en France. Ainsi, dans certains pays, le
sénatus-consulte Velléien est encore en vigueur. Une
femme étrangère, soumise par son statut personnel à
cette disposition, pourrait-elle intercéder valablement
en France? Devrait-on, au contraire, annuler l'acte

d'intercession qu'elle aurait fait en s'offrant comme
caution à un Français ou en lui consentant une hypothèque sur ses biens? La difficulté fut soulevée en 1827
devant le tribunal de la Seine qui, par un jugement du
4 juin, admit l'incapacité de la femme. Mais la Cour de
Paris et la Cour de cassation repoussèrent le système
des premiers juges; toutefois, elles ne se fondèrent pas
sur la notion d'ordre public; la Cour de Paris invoqua
le changement de domicile comme ayant suffi pour soustraire la femme étrangère à l'application du sénatus-
consulte. Nous avons déjà réfuté cette idée. La Cour
de cassation soutint que l'obligation contractée par une
femme étrangère, avec hypothèque sur un bien situé
en France, était régie par le statut réel, dans l'espèce,
par la loi française; c'était faire une grave confusion;
sans doute, le droit réel d'hypothèque est réglé, quant
à ses conditions et à ses effets, par la *lex rei sitæ*; mais
la convention par laquelle on consent une hypothèque
ne dépend pas du statut réel; la capacité des parties,
dans ce contrat comme dans tous les autres, est de statut personnel; et, le point de savoir si une personne est
capable de consentir une hypothèque, est une question
de capacité.

Quant à nous, nous croyons que la femme étrangère
devrait continuer de subir en France les conséquences
du sénatus-consulte Velléien; il n'a rien qui soit précisément contraire à notre ordre public; il a été longtemps en vigueur sur notre territoire et, à l'époque de

la Révolution, il avait conservé en Normandie une rigoureuse autorité. Au reste, d'après notre Code civil,
la femme subit encore des incapacités non pas sans
doute à raison de son sexe, mais comme femme mariée; rappelons aussi que la femme ne peut souscrire
une lettre de change, si elle n'est point commerçante
où marchande publique (art. 113, C. comm.); c'est là
une incapacité qui est peu en rapport avec l'esprit de
notre loi, puisque, par exception, elle existe à raison
du sexe. — Peut-être, au contraire, faudrait-il dire
qu'un Etat qui accorde aux femmes mariées ou non les
mêmes droits et la même capacité qu'aux hommes, devrait considérer, comme contraire à son ordre public,
tout statut restreignant cette capacité. Nous pensons,
d'ailleurs, que nos tribunaux devraient repousser le
statut étranger qui refuserait à la femme toute espèce
de capacité et même l'existence juridique.

SECTION III.

DES RESTRICTIONS QUI DOIVENÈT TRE APPORTÉES AU STATUT PERSONNEL DE L'ÉTRANGER DANS L'INTÉRÊT DES TIERS.

On suppose qu'une obligation a été contractée entre
deux personnes de nationalité différente; devant les

tribunaux français, il s'agira le plus souvent d'une obligation entre Français et étrangers. Le contrat a pu être fait à l'étranger ou en France. Dans le premier cas, c'est la partie étrangère qui se prétend lésée par l'application de la loi française. Dans le second cas, c'est la partie française qui réclame contre l'application du statut personnel de l'étranger. Dans les deux hypothèses, la juridiction française doit examiner si au point de vue du droit international, il n'est pas équitable en certains cas, de déroger au principe de l'autorité extraterritoriale du statut personnel, dans l'intérêt de celle des parties qui a juste sujet d'ignorer la loi nationale de l'autre ; l'hypothèse la plus ordinaire est celle où le contrat a lieu dans le pays de l'un des contractants ; celui-ci prétendra qu'il n'a pu connaître le statut personnel de son adversaire, qu'en tous cas il n'a pas compté sur son application. On peut aussi citer le cas où le contrat aurait été passé dans un pays qui n'est celui d'aucune des parties ; alors chacune d'elles a les mêmes raisons de se plaindre de l'application du statut personnel de l'autre.

Dans la seconde hypothèse plus spécialement, (quand le contrat a été fait en France), nos juges se placeront au point de vue de l'intérêt de la partie française. Ils auront à se demander si la loi ne lui doit pas une protection particulière, comme loi nationale, et s'il ne faut pas atténuer les effets de la loi personnelle de l'étranger, dans l'intérêt du Français.

Certains auteurs, tels que Grotius, Burge et Mailher de Chassat, ont prétendu que les conséquences juridiques de l'état des personnes ne devaient pas être régies par le statut personnel, mais par la loi du lieu où le contrat a été passé. Ce serait une extension de la maxime célèbre : *Locus regit actum.* Ainsi le mineur étranger âgé de vingt et un ans qui contracterait en France comme majeur, ne pourrait pas attaquer ses engagements devant les tribunaux ; il en serait de même du mineur Français qui contracterait dans un pays dont la loi fixe la majorité à un âge moindre. En général, ces auteurs n'admettent pas la solution inverse ; ainsi ils ne permettent point à un Français majeur de critiquer l'acte qu'il a fait à l'étranger, sous prétexte qu'il était mineur d'après le statut local ; ils pensent avec Savigny que la loi personnelle est applicable toutes les fois qu'elle est favorable à la capacité.

Ce système a été consacré pour l'Algérie dans l'ordonnance du 26 septembre 1835 (art. 37). Il est fondé sur l'idée que chacune des parties n'est pas tenue de connaître le statut personnel de l'autre. « La loi de la patrie de chacun, dit de Chassat, ne peut régler les actes nouveaux qui prennent naissance dans un territoire étranger, parce que l'homme qui opère et qui agit est sous l'empire des lois qui commandent en ce lieu » (Mailher de Chassat, *Traité des statuts,* n° 237).

Sans doute, la loi de la patrie de chacun des contractants ne peut régler l'acte qu'ils font dans sa forme, dans ses conditions et dans ses effets ; nous montrerons plus loin que, s'il en était autrement, on apporterait de graves obstacles aux transactions civiles ou commerciales entre personnes de différentes nationalités. Mais il ne faut pas confondre le contrat qui est l'œuvre de la volonté des parties et qui doit être régi par la loi qu'elles auront choisie, avec les parties elles-mêmes dont la capacité dépend du statut personnel. Appliquer ici la maxime : *Locus regit actum*, ce serait leur permettre de se soustraire à ces lois qui sont pour elles d'ordre public et qu'elles ne peuvent abandonner qu'avec leur nationalité. Au fond, ce système diffère peu de celui qui nie en principe l'autorité des lois personnelles en dehors du territoire où elles sont en vigueur. Le mineur étranger qui a atteint l'époque de la majorité française, ne pourrait invoquer son statut personnel pour faire annuler ses engagements que lorsqu'il l'aurait fait connaître à l'autre partie au moment du contrat ; une telle hypothèse ne peut guère se présenter ; si celui qui traite avec l'étranger sait qu'il est en état de minorité ou que sa capacité n'est pas complète, il refusera de passer le contrat ou il exigera l'emploi des formalités nécessaires pour l'habiliter.

Nous pensons donc avec Fiore, Fœlix, Zachariæ, Aubry et Rau, etc., que l'intérêt privé des contractants, leur ignorance présumée de la loi étrangère n'autorisent pas à porter atteinte à l'autorité du statut personnel en matière d'obligations. « Qui cum alio con-

« trahit vel est, vel esse debet non ignarus conditionis
« ejus » (L. 19, D. *De reg. juris*). Ce qu'il faut présumer, c'est que chacune des parties a connaissance de
l'état et de la capacité de l'autre.

Nous avons dit que, dans la question qui nous occupe,
on pouvait se placer à un point de vue moins général,
et se demander si, dans l'intérêt des nationaux, des
Français, il ne fallait pas restreindre l'application du
statut personnel de l'étranger.

MM. Valette, Demolombe et un certain nombre d'auteurs admettent d'une manière générale que la loi étrangère ne doit pas être appliquée, toutes les fois qu'elle
est de nature à compromettre un intérêt soit public,
soit privé (voir Demolombe, t. 1; Delsol, *Revue critique*, 1868, t. XXXII, p. 481).

Ainsi, dès que le Français qui a contracté avec un
étranger peut se trouver lésé, si on le laisse subir les
conséquences du statut de l'étranger, il faut faire intervenir la loi française.

« Si l'étranger, dit M. Valette, faisait en France des
conventions avec des Français, nous lui appliquerions
relativement à sa capacité la loi française, s'il résultait
un préjudice pour les Français de l'adoption de la loi
étrangère. Si donc l'étranger mineur, d'après sa loi, est
majeur d'après la loi française, nous lui appliquerions
le Code civil. Car, il n'y aurait plus de sécurité pour les
Français qui ont contracté avec lui, si un étranger, âgé
de vingt et un ans, pouvait se faire restituer contre ses

engagements, en alléguant qu'il est mineur d'après la loi de son pays. Si, au contraire, l'étranger mineur, d'après la loi française, était majeur d'après la loi de son pays, nous le considérerions comme majeur. En effet, d'une part, il ne peut pas se plaindre de l'application de la loi de son pays, et, d'autre part, il ne peut en résulter aucun préjudice pour les tiers. »

Cette doctrine consacre ce principe jaloux des législations anciennes, qu'il n'y a pas de droit pour l'étranger en présence de l'intérêt d'un régnicole. On n'admet qu'une restriction ; il faut que le contrat ait été passé en France ; s'il a été fait dans un autre pays, et si l'étranger est poursuivi devant un tribunal français en vertu de l'art. 14, il semble que M. Valette et les partisans de son système admettent l'application du statut étranger, en dépit de l'intérêt que peut avoir le Français à ce qu'il ne soit pas appliqué ; car il ne peut alors alléguer avec assez de vraisemblance son ignorance de la loi étrangère.

Même avec ce dernier tempérament, qu'exige d'ailleurs l'équité, nous ne pouvons adopter cette théorie de l'intérêt français primant les droits de l'étranger. Elle dépouille l'étranger de toute protection et par là même, elle est contraire à l'intérêt bien entendu de la France. D'autre part, dès qu'un État admet les étrangers à faire chez lui les actes de la vie civile et ceux du commerce, il leur doit les mêmes garanties qu'à ses nationaux ; il est vain de déterminer des droits, si on

refuse de les sanctionner. La loi française, nous l'a-
vons établi, reconnaît le statut personnel de l'étranger;
il n'est point permis d'en faire abstraction et d'appliquer le Code civil, toutes les fois qu'un Français trouve
quelque avantage à cette substitution. Remarquons en
outre, que la doctrine de M. Valette étend singulièrement les pouvoirs du juge ; elle lui permet d'apprécier
s'il est utile au Français engagé dans la contestation,
que le statut personnel de l'étranger produise ou non
ses conséquences, et ainsi, elle se rapproche beaucoup
de la théorie plus générale dont nous avons déjà parlé
et qui consiste à donner aux juges la faculté d'adopter
ou d'écarter à leur gré la loi étrangère, bien qu'un principe de droit international commande qu'elle soit préférée. « La doctrine de l'intérêt français, dit avec raison
M. Laurent, bouleverse les pouvoirs en transformant le
juge en législateur » (Laurent, *Principes du Droit civil*,
t. I, § 2).

Des partisans plus modérés du même système, ont
essayé de restreindre l'arbitraire du juge en spécifiant
d'une manière plus ou moins précise les cas où le statut personnel de l'étranger doit s'incliner devant l'intérêt privé des Français.

Ainsi, on ne présumera point que le Français a dû
ignorer le statut personnel de l'étranger, mais on re-
cherchera en fait si son erreur n'est point légitime
(Demolombe, *loc. cit.*) et, sans exiger de la part de
l'étranger un dol caractérisé, on ne repoussera l'appli-

cation de son statut personnel, que si on découvre des
faits, des circonstances propres à caractériser son intention frauduleuse. Au fond, il n'y a là qu'un faible cor-
rectif à la doctrine de l'intérêt français ; l'arbitraire du
juge reste le même ; il faut toujours qu'il détermine ces
faits, ces circonstances qui décèlent la fraude. Ainsi,
selon M. Massé (*Droit comm.*), « le silence que l'étranger a gardé sur sa nationalité pour faire croire à une
capacité qu'il n'avait pas, est un silence frauduleux, et
alors il ne peut pas plus être restitué contre ses engagements que le mineur français qui aurait usé de dol et
de fraude pour faire croire qu'il était majeur. »

Nous pensons qu'il est bien difficile d'interpréter le
silence d'une personne, et l'assimilation du mineur
étranger qui ne donne pas de renseignements sur son
incapacité au mineur français qui en donne de faux est
trop défavorable au premier ; on ne peut pas considérer chez l'un comme dol la circonstance qui chez
l'autre n'a pas ce caractère. Il se peut que le mineur
étranger qui traite avec un Français, en gardant le silence sur son incapacité ait l'intention de le tromper ;
mais il en est de même du mineur français qui cependant n'est point privé dans ce cas de la protection légale ; ce qui est juste d'ailleurs, puisque ce ne peut être
qu'en gardant ce silence frauduleux que l'incapable ar-
rive à contracter malgré son incapacité.

Pour que le secours de la loi lui soit refusé, il fau
que par des manœuvres, le mineur ait fait croire qu'il

était majeur; encore les tribunaux exigeront-ils le plus souvent que cette erreur provienne d'un véritable délit, comme la présentation d'un faux acte de naissance. Nous ne voyons pas pourquoi on serait plus sévère à l'égard du mineur étranger; nous n'admettons pas que son silence soit considéré comme une manœuvre frauduleuse; seulement la déclaration mensongère faite par l'étranger qu'il est Français et majeur, suffit pour mettre la partie française à l'abri de toute demande en rescision pour minorité; il y a là un dol caractérisé, et la bonne foi du Français est facile à admettre.

On a essayé encore d'invoquer l'intérêt français pour certaines affaires, comme les engagements à raison de fournitures faites à un étranger voyageant en France. L'étranger, a-t-on dit, ne pourra pas en demander la rescision; n'a-t-il pas lui-même, d'ailleurs, intérêt à ce qu'on ne lui refuse pas les objets les plus nécessaires ? Nous repoussons encore cette distinction, en faisant remarquer que le mineur ne sera restitué que dans la mesure où ces fournitures ne lui auraient pas profité; en d'autres termes, ces sortes d'engagements ne seront réduits que s'ils sont exagérés. Le mineur étranger sera traité encore dans ce cas comme le mineur français; mais il ne pourra pas être mieux traité, et si la loi étrangère lui accordait une protection plus grande que la loi française, il ne pourrait pas se prévaloir de ses dispositions : l'intérêt général de nos nationaux s'y oppose.

La jurisprudence paraît être fixée dans un sens opposé au nôtre. Sans admettre d'une manière générale que le statut personnel de l'étranger doive cesser de s'appliquer, dès qu'il porte atteinte à l'intérêt d'un Français, elle approuve et consacre la plupart des restrictions fondées, soit sur le silence présumé frauduleux de l'étranger, soit sur l'erreur légitime et la bonne foi de la partie française, soit sur la nature des engagements.

Les Cours d'appel ont varié dans leurs décisions. Les arrêts de Paris du 23 juin 1836 et du 25 novembre 1839 ; de Bordeaux du 15 juillet 1841, de Rennes du 16 mars 1842, ont adopté la doctrine de l'autorité absolue du statut personnel de l'étranger. Dans un arrêt du 28 juin 1858, la Cour de Paris repousse dans les termes suivants cette idée que le Français a juste sujet d'ignorer la loi étrangère : « La Cour, adoptant les motifs des premiers juges, et considérant encore que les appelants doivent s'imputer de ne pas s'être enquis avec plus de soin de la capacité légale de celui avec qui ils contractaient, etc... »

En revanche, des arrêts de la même Cour du 17 juin et du 15 octobre 1834, avaient adopté auparavant la doctrine contraire, à propos d'obligations contractées par des mineurs par billets à ordre et par lettres de change.

« Attendu, dit le premier de ces arrêts, que l'étranger qui contracte en France avec un Français peut, comme le Français qui contracte en pays étranger avec un étranger, invoquer, à son retour en son pays, les lois qui le régissent, mais qu'il ne peut, en France, réclamer contre le Français pour obligations souscrites en France, l'application des dispositions que son contractant n'a pas connues ni dû connaître et qui, conséquemment, ne peuvent être obligatoires pour lui. »

Enfin, la Cour de cassation, par un arrêt de la chambre des requêtes, en date du 10 janvier 1861, s'est rangée à ce système. Elle se fonde sur l'ignorance présumée des Français.

« Attendu que la capacité civile peut être facilement vérifiée quand il s'agit de transactions entre Français, mais qu'il en est autrement quand elles ont lieu en France entre Français et étrangers ; que dans ce cas, le Français ne peut être tenu de connaître les lois des diverses nations et leurs dispositions concernant notamment la minorité, la majorité et l'étendue des engagements qui peuvent être pris par les étrangers dans la mesure de leur capacité civile ; qu'il suffit alors, pour la validité du contrat que le Français ait traité sans légèreté, sans imprudence et avec bonne foi. »

Ainsi, la doctrine de la Cour de cassation laisse subsister l'arbitraire du juge dans une large mesure ; nous préférons nous en tenir à celle qui répudie toutes les restrictions au statut personnel de l'étranger, autres que celles fondées sur des raisons d'intérêt général et d'ordre public intérieur.

Cependant, il faut se souvenir que les qualifications

12.

juridiques de l'étranger dérivent parfois, non de lois, mais de jugements. Le jugement qui modifie l'état de l'étranger a, en France, avons-nous dit, la même autorité que la loi étrangère. Mais ici, il y a lieu de se demander si l'intérêt des tiers ne commande pas certaines restrictions. Aussi bien, la question peut se présenter en sens inverse devant les tribunaux français ; le Français interdit attaque, devant les tribunaux, l'acte qu'il a fait à l'étranger avec un étranger, et celui-ci allègue son ignorance du jugement d'interdiction.

Il faut distinguer ces hypothèses des précédentes ; il ne s'agit plus d'une incapacité établie par une loi qu'il est toujours facile à la partie de connaître. Mais comment le Français, qui contracte en France avec un étranger, peut-il savoir que celui-ci est interdit ou pourvu d'un conseil judiciaire, si le jugement, qui modifie sa capacité, n'a pu parvenir à sa connaissance ? Il y aurait une véritable injustice à sacrifier ici l'intérêt du Français ; on n'a aucune faute à lui reprocher ; il appartenait à l'étranger, ou à ses représentants, de donner au jugement, qui restreint sa capacité, une publicité suffisante. Nous devons donner la même décision s'il s'agit d'un étranger qui a contracté hors de France avec un Français interdit ou pourvu d'un conseil judiciaire. On peut objecter, qu'en France, le jugement d'interdiction, et celui qui nomme un conseil judiciaire, produisent leurs effets avant toute publication et même avant toute signification (art. 502). D'a-

bord, ce point a été contesté. En second lieu, si le
contrat est intervenu entre parties françaises, celle
d'entre elles qui se trouvera lésée par l'appplication
du jugement d'interdiction non encore publié, aura un
recours contre ceux qui devaient faire cette publication ; ainsi, elle pourra invoquer la responsabilité de
l'art. 1382 contre les personnes qui devaient faire la
publication aux termes de l'art. 501 et qui ne l'ont
point faite dans le délai fixé par cet article. Mais si
nous sommes en présence d'un incapable étranger
contractant en France avec un Français, ou d'un incapable français contractant à l'étranger avec un étranger, il est évident que l'adversaire de l'incapable n'aura
aucun recours ; les personnes chargées par la loi étrangère de faire la publication, sur le territoire où elle
est en vigueur, n'ont commis aucune faute en ne la faisant pas en France ; de même, celles chargées par la
loi française de la faire en France, n'ont pas été en faute
en ne la faisant pas à l'étranger.

Nous sommes donc en présence de deux situations
bien différentes ; dans l'une, l'annulation de l'acte fait
avec l'incapable laisse subsister le plus souvent un recours ; dans l'autre, il n'y en a jamais. Ainsi, nous ne
croyons pas que le jugement portant atteinte à l'inté-
grité du statut personnel, produise des effets au delà du
territoire où il a été rendu, s'il n'a pu être connu dans
le lieu où on l'invoque, c'est-à-dire s'il n'y a pas reçu
une certaine publicité. Le tribunal français doit recher-

cher ce qui peut être considéré comme une publicité suffisante. Faut-il appliquer ici la règle *locus regit actum* et décider que le jugement doit être publié dans chaque pays dans les formes édictées par les statuts locaux? Nous ne le pensons pas; ces formes, le plus souvent, ne peuvent guère s'adapter qu'aux jugements rendus par les juridictions du pays; ainsi, l'art. 501 ordonne l'inscription de la sentence d'interdiction sur des tableaux affichés dans l'auditoire du tribunal qu l'a rendue et dans les études des notaires de l'arrondissement; ces formalités ne s'adapteront pas toujours à des jugements étrangers. Disons seulement qu'on pourra recourir aux modes de publicité en usage sur les lieux, toutes les fois que ce sera possible; ainsi, lorsque l'insertion dans les journaux est ordonnée, rien n'empêche de l'exiger pour le jugement étranger. En résumé, pour le juge français, ce sera une simple question d'appréciation; il exigera que la publication faite en France ait été sérieuse; par exemple, les jugements concernant l'état des étrangers, s'ils ont été notifiés à leurs consuls respectifs, peuvent être considérés comme ayant reçu une publicité suffisante, parce que c'est au consul de l'étranger que le Français doit s'adresser pour avoir les renseignements nécessaires sur son état et sa capacité.

Notre question s'est présentée à deux reprises devant la Cour de cassation, en 1865 et en 1868, et elle a reçu deux solutions opposées. Dans les deux espèces, il s'agissait de Français pourvus de conseils judiciaires.

En 1865, le demandeur qui était Français attaquait devant la juridiction française une décision rendue contre lui à l'étranger en faveur d'un étranger ; il avait comparu en justice sans l'assistance de son conseil et sans faire connaître son incapacité. La Cour de cassation décida que, l'adversaire étranger étant de bonne foi. ne devait pas se voir opposer le jugement portant nomination du conseil judiciaire (arrêt du 27 mars 1865 ; Sirey, 1865, 1, 261).

En 1868, il s'agissait d'engagements contractés par un Français à l'étranger envers un étranger. La Cour de Paris, devant laquelle l'affaire fut portée, refusa de distinguer le cas où le jugement est invoqué contre un étranger qui a contracté à l'étranger de celui où il est invoqué contre un Français :

« Considérant qu'aux termes de l'art. 702 du Code civil, la nomination d'un conseil judiciaire a effet du jour du jugement et non pas seulement à compter du jour de la signification ou de la publication dudit jugement, et sans qu'il y ait lieu de tenir compte d'un délai de distance, etc... » (Sirey, rejet, 6 juillet 1868-1868, 1, 325). Il nous semble qu'ici encore la Cour de cassation a laissé dans l'ombre les vrais principes pour ne se préoccuper que de l'intérêt français. Sa décision contraste singulièrement avec la jurisprudence qu'elle a consacrée en faveur du Français qui contracte avec un étran-

ger; elle admet qu'il a juste sujet d'ignorer la loi étrangère, alors qu'il lui serait facile d'en prendre connaissance, et elle refuse, à l'inverse, d'avoir égard à la
bonne foi de l'étranger qui, en contractant dans son
pays avec un Français, n'a pu découvrir s'il était pleinement capable ou pourvu d'un conseil judiciaire.

Il n'y a donc pas à distinguer; la bonne foi de l'é-
tranger doit avoir la même importance aux yeux du
juge que celle du régnicole.

SECTION IV.

DES QUESTIONS QUI S'ÉLÈVENT SUR LE **STATUT** PERSONNEL
DES DIFFÉRENTS INCAPABLES.

Fidèles à la méthode que nous avons adoptée au
début, nous devons, après avoir posé les principes qui
servent à trancher les difficultés que soulève le statut
personnel dans les rapports entre Français et étrangers,
passer en revue les principales qualifications juridiques, et, puisque nous sommes dans la matière des
contrats, les principales incapacités, et chercher si le
droit spécial qui les régit ne nous oblige pas à faire
des exceptions aux règles générales.

Parmi les incapables, les uns n'ont point d'exis-

tence juridique, les autres sont privés de la jouissance
ou de l'exercice de tout ou partie de leurs droits civils.
Arrêtons-nous d'abord aux premiers.

§ 1. *De ceux qui n'ont point d'existence juridique.*
Etablissements publics étrangers. — *Sociétés étrangères.*

1° ÉTABLISSEMENTS PUBLICS ÉTRANGERS.

Nous avons déjà parlé des morts civilement, mais il
y a d'autres personnes qui peuvent ne pas avoir d'existence juridique; nous voulons parler des personnes
morales, de ces êtres fictifs qui ne reçoivent l'existence
juridique que de la volonté du législateur; ajoutons que
cette consécration que leur donne la loi est la condition même de leur personnalité, et, à proprement parler, elles ne sont des *personnes*, qu'autant qu'elles ont
cette existence juridique. Ce sont d'abord, les différents groupes qui composent un Etat, communes, dé-
partements, cercles, provinces, ce sont ensuite, les
établissements publics, les fondations privées, les associations volontaires, corporations, congrégations,
sociétés civiles ou commerciales.

Nous n'avons pas à examiner si certains groupes
sociaux n'ont point une existence juridique antérieure
et supérieure aux législations positives; on a soutenu
qu'il en était ainsi des communes; cette idée peut être

juste au point de vue historique ; mais nous doutons qu'elle puisse être admise en droit. Les véritables sujets du droit sont les personnes physiques ; les associations naturelles ou volontaires ne sont sujets de droit que par fiction et conséquemment par la volonté du législateur.

Si les personnes morales reçoivent du législateur leur existence, la conservent-elles lorsqu'elles prétendent faire les actes de la vie civile au delà des frontières de l'Etat qui les a reconnues ? Telle est la question qui se pose en cette matière et que nos tribunaux ont eu plusieurs fois à résoudre.

Nous devons d'abord faire une distinction entre les établissements publics et les sociétés de spéculation, sociétés civiles ou commerciales. Ces dernières doivent nous occuper aussi bien que les sociétés civiles parce que les contrats qu'elles font peuvent ressortir du domaine du droit civil comme de celui du droit commercial.

Des jurisconsultes, entre autres M. Laurent dans ses *Principes de Droit civil*, ont soutenu que les établissements publics d'un pays n'avait d'existence juridique que dans ce pays, que par suite, ils ne pouvaient contracter ou ester en justice à l'étranger. Ils se fondent sur cette idée que le législateur qui leur donne l'existence ne peut rendre la loi qui les crée obligatoire en pays étranger.

Cependant, on fait plusieurs distinctions. D'abord

on distingue des personnes civiles nécessaires et des
personnes civiles arbitraires ; les personne civiles nécessaires seraient l'Etat et les communes; selon
M. Laurent, l'Etat est seul une personne civile nécessaire. Toutes les autres sont arbitraires, puisqu'elles
tiennent leur existence juridique du législateur.

En principe, dans la doctrine du jurisconsulte belge,
les personnes civiles nécessaires ou arbitraires n'ont
point d'existence juridique à l'étranger ; ainsi elles ne
peuvent point devenir propriétaires. Seulement, l'Etat,
personne civile nécessaire, peut toujours contracter et
ester en justice, soit comme demandeur, soit comme
défendeur. Ici, une question importante s'élève sur le
point de savoir si un Etat étranger peut être traduit
devant les tribunaux français. Notre jurisprudence a
admis l'affirmative (arrêt de Cass. du 22 janvier 1849) :
« Si l'Etat, dit M. Laurent, réclame le bénéfice de la
personnification civile pour agir en justice contre ses
débiteurs, il faut aussi qu'il réponde devant les tribunaux à ses créanciers. On ne peut point scinder la personne ; si l'Etat est une personne, il l'est comme défendeur aussi bien que comme demandeur. »

Quant aux autres sociétés, M. Laurent leur refuse
entièrement le droit de contracter et d'ester en justice
à l'étranger. Il faudrait, d'après lui, pour le leur con-
férer, une loi spéciale émanant du législateur de l'État
où elles veulent faire les actes de la vie civile. Il n'y
aurait d'exception que pour les sociétés anonymes,

dans l'intérêt du commerce (loi belge du 14 mars 1855; loi française du 30 mai 1857).

La jurisprudence repousse avec raison ce système. C'est bien le cas d'appliquer la disposition de l'art. 3 du Code civil sur le statut personnel; les lois concernant l'état et la capacité des personnes les suivent en pays étranger. Cette règle, selon nous, vise aussi bien les personnes morales que les personnes physiques, et l'existence juridique rentre dans le statut personnel. Il n'y a point là d'atteinte à la souveraineté des nations ; la personne morale étrangère est traitée comme l'étranger; la loi qui la régit s'applique dans les mêmes conditions et avec les mêmes restrictions; les nécessités de l'ordre public français pourraient seules empêcher les personnes morales étrangères de s'obliger ou de devenir créancières. Ainsi, les établissements publics étrangers n'ont pas, en France, de droits que n'auraient pas les établissements publics français; les limites apportées à la capacité des personnes morales n'existent point dans leur intérêt, comme s'il s'agissait de personnes physiques, mais plutôt dans l'intérêt général de la société ; aussi nous sommes en présence d'un statut réel *lato sensu.*

« Quand les lois d'un pays, dit Savigny, restreignent la capacité d'acquérir des établissements ecclésiastiques, les établissements ecclésiastiques des pays étrangers sont atteints par ces restrictions. Réciproquement, les établissements ecclésiastiques d'un État où existent ces restrictions n'y sont pas soumis dans les États où ces lois restrictives n'existent pas. Ainsi, dans les deux cas, la capacité se juge, non d'après le droit du lieu où ces établissements ont leur siège, mais d'après le droit de l'État dont dépend le juge appelé à prononcer. »

L'art. 910 de notre Code civil s'applique aux établissements reconnus à l'étranger comme à ceux qui sont reconnus en France.

Un avis du Conseil d'État du 12 janvier 1854 a consacré cette doctrine.

2° SOCIÉTÉS ÉTRANGÈRES.

Nous avons mis dans une catégorie spéciale les sociétés étrangères civiles ou commerciales; en effet, sur ces dernières, de graves controverses se sont élevées et s'élèvent encore devant nos tribunaux.

Il est évident que pour ceux qui refusent la personnalité civile aux sociétés au delà du territoire où elles ont été créées et reconnues, les sociétés civiles ou commerciales étrangères doivent être considérées comme incapables de contracter ou d'ester en justice. Ainsi, M. Laurent ne fait d'exception qu'en faveur des sociétés anonymes étrangères, parce qu'elles ont été admises à ester en justice par une loi particulière.

La jurisprudence française, du moins jusqu'en 1857, ne distinguait pas les sociétés de spéculation des établissements publics. Mais l'administration faisait une distinction entre les sociétés en nom collectif ou en commandite d'une part, et les sociétés anonymes de l'autre. Les premières seules, d'après une décision du ministre de l'intérieur datant de 1820, avaient le droit d'agir en France. Les sociétés anonymes étrangères se trouvaient privées du même droit par application de l'art. 37 du Code de commerce qui exigeait l'autorisation du gouvernement. La jurisprudence française avait écarté cette distinction; la jurisprudence belge, au contraire, la consacrait et refusait aux sociétés anonymes françaises non autorisées en Belgique, le droit d'y faire aucun contrat. Des réclamations furent faites au gouvernement belge qui proposa une loi autorisant les sociétés anonymes françaises. Après le vote de cette loi (1855), la jurisprudence belge continua néanmoins de refuser aux sociétés françaises le droit d'agir en Belgique, en se fondant sur le principe de la réciprocité entre nations ; la loi française, disait-elle, n'autorisait point en France les sociétés belges; celles-ci n'y exerçaient leurs droits qu'en vertu d'une jurisprudence qui pouvait varier et que désapprouvait d'ailleurs l'administration. Pour mettre fin à cet état de choses, on résolut aussi en France de légiférer sur la matière. La loi du 30 mai 1855 décide :

Art. 1ᵉʳ : « Les sociétés anonymes et les autres associations commerciales, industrielles ou financières, qui sont soumises à l'autorisation du gouvernement belge, et qui l'ont obtenue, peuvent exercer tous leurs droits et ester en justice en France en se conformant aux lois de l'empire. »

Art 2 : « Un décret impérial, rendu en Conseil d'Etat, peut appliquer à tous autres pays le bénéfice de l'art. 1er. »

Depuis la loi de 1857, les sociétés étrangères peuvent être autorisées de trois manières : par un décret général s'appliquant à toutes les sociétés d'un pays, par un décret spécial s'appliquant à une société particulière, enfin par un traité. Lorsque la société étrangère est autorisée par un traité, le traité règle les conditions dans lesquelles elle pourra agir en France ; nous n'avons donc à nous occuper que des sociétés autorisées par décret.

Mais parlons d'abord des sociétés non autorisées. Nous avons à examiner, à ce sujet, la jurisprudence antérieure à 1857 aussi bien que celle qui a suivi la promulgation de cette loi.

Avant 1857, nos tribunaux reconnaissaient aux sociétés anonymes étrangères, le droit d'agir en France sans autorisation. Cette jurisprudence avait soulevé de vives protestations ; elle faisait, en effet, aux sociétés étrangères, une situation préférable à celle des sociétés françaises ; celles-ci ne pouvaient exister qu'avec l'autorisation du gouvernement, en vertu de l'art. 37

du Code de commerce. Mais nous avons dit que l'administration avait résisté à cette jurisprudence, et avec raison. La nécessité de l'intervention du gouvernement, pour autoriser les sociétés anonymes, était d'ordre public. Par conséquent, les sociétés anonymes étrangères non autorisées, pas plus que les sociétés françaises, ne pouvaient contracter en France ni ester en justice.

Aujourd'hui, l'art. 37 du Code de commerce a été abrogé par la loi de 1867, de sorte que l'autorisation du gouvernement n'est plus nécessaire pour les sociétés françaises. On s'est demandé s'il devait en être de même à l'égard des sociétés étrangères. Nous croyons qu'il faut répondre négativement. Les formalités établies par la loi de 1867 ne s'appliquent, et ne peuvent s'appliquer, qu'à des sociétés françaises; nous devons en conclure que le législateur a entendu laisser les sociétés anonymes étrangères sous l'empire de la loi de 1857 qui leur est spéciale.

Nous avons à nous demander quelle doit être la situation des sociétés anonymes étrangères non autorisées sous le régime de la loi de 1857.

Des auteurs, approuvant la jurisprudence antérieure à cette loi, ont prétendu qu'elle devait s'appliquer encore, depuis 1857, aux sociétés étrangères non autorisées. Ils invoquent ces paroles du rapporteur de la loi au Corps législatif : « Les sociétés jouissaient, par tolérance, du droit d'ester. Elles en jouirent légalement sous la seule, mais importante condition de se conformer aux lois de l'empire. »

Quant à nous, qui pensons que la jurisprudence antérieure à 1857 n'était pas conforme à l'esprit de notre législation, nous ne saurions admettre que la loi de 1857 ait eu pour effet de la consacrer. En exigeant l'autorisation par décret général ou spécial, elle a montré suffisamment qu'elle entendait consacrer le système soutenu jusqu'alors par l'administration. La loi de 1857 fournit donc un nouvel argument en notre faveur. C'est aussi dans ce sens que s'est prononcée la jurisprudence depuis 1857 (arrêt Cass., 1er août 1860) : « Attendu, dit l'arrêt, que la société anonyme n'est qu'une fiction de la loi, qu'elle n'existe que par elle et n'a d'autres droits que ceux qu'elle lui confère ; que la loi qui dérive de la souveraineté n'a d'empire que dans les limites du territoire sur lequel cette souveraineté s'exerce ; qu'il suit de là que la société anonyme étrangère, quelque régulièrement constituée qu'elle soit dans le pays dans lequel elle s'est formée, ne peut avoir d'existence en France que par l'effet de la loi française et en se soumettant à ses prescriptions. »

Nous critiquerons les termes trop généraux de cet arrêt. Nous posons en principe que les sociétés étrangères peuvent exercer leurs droits en France, et nous ne faisons d'exception que pour les sociétés anonymes à cause des règles spéciales qui régissent la matière et par application de l'art. 37 du Code de commerce.

Mais une seconde question, non moins importante que la première, s'élève à propos des sociétés anonymes étrangères qui n'ont pas l'autorisation du gouvernement français. Si des Français ont contracté avec elles et veulent les poursuivre, en vertu de l'art. 14, pourront-elles se prévaloir de leur incapacité? Ne doit-on pas au moins les traiter comme des sociétés de fait? Nous le croyons, et, c'est avec raison, selon nous, qu'on a comparé leur situation à celle des congrégations religieuses non autorisées et des sociétés anonymes françaises qui ne se sont pas conformées aux dispositions de la loi de 1867 ou qui, avant cette époque, n'avaient pas reçu l'autorisation du gouvernement. La jurisprudence a, cependant, hésité avant de se fixer dans ce sens.

On a dit que la société anonyme étrangère n'est ou n'est pas d'une façon absolue; il faut lui donner tous les droits ou les lui refuser sans partage (Ballot, *Revue pratique*, t. VII, p. 90). En 1860, la Cour de cassation avait décidé que les sociétés anonymes étrangères ne pouvaient pas ester en justice comme demanderesses. En 1863, la question inverse se présenta; pouvait-on les poursuivre aux termes de l'art. 14?

On soutint que l'art. 14 n'avait en vue que les personnes physiques, qu'il était arbitraire de l'étendre aux sociétés; on ajoutait, d'ailleurs, que si les sociétés anonymes étrangères ne pouvaient pas se prévaloir de l'ar-

ticle 15, on ne devait pas invoquer contre elles l'article 14.

Le premier de ces arguments se réfute aisément. Le
législateur n'a fait aucune distinction. Il parle des
étrangers, et ce mot comprend les personnes morales
aussi bien que les personnes physiques. D'ailleurs, si
l'on disait que l'art. 14 ne concerne que ces dernieres,
il faudrait en dire autant de l'art. 15, et ainsi on arriverait à refuser à l'étranger qui a contracté avec une
société française le droit de la poursuivre. On objecte,
cependant, qu'on ne saurait, sans contradiction, refuser
aux sociétés le droit d'invoquer leur incapacité comme
défenderesses, lorsqu'elles peuvent se la voir opposer,
quand elles sont demanderesses. Cette contradiction
n'est qu'apparente. Comme on l'a dit, « dans l'art. 14,
le législateur ne donne pas au Français le droit d'ester
en justice; il lui accorde une exception d'incompétence. Dans l'art. 15, au contraire, le législateur accorde à l'étranger un droit qu'il n'avait pas auparavant;
dès lors, l'exercice de ce droit peut être soumis à certaines conditions » (note sous l'arrêt de 1863, Sirey,
1863, I, 353). Ainsi, pour que l'art. 15 soit applicable,
il faut que la société étrangère soit reconnue en France,
qu'elle ait reçu du législateur français le droit d'ester
en justice. La Cour de cassation a consacré cette doctrine par plusieurs arrêts (21 juin 1826, 29 août 1859,
19 mai 1863). Dans ce dernier, elle marque bien la
différence de situation qui existe entre la société de-

13.

manderesse et la société défenderesse. « Attendu qu'en admettant que la société anglo-française, défenderesse dans la cause, doit être considérée comme société anonyme, ne justifiant pas de l'autorisation qui lui serait nécessaire pour avoir une existence légale en France, elle n'aurait pas cessé comme association de fait d'y être responsable de ses engagements envers les Français avec lesquels elle aurait contracté, et, par suite, de rester nécessairement soumise, quant aux obligations résultant de ses engagements, à la juridiction des tribunaux français, etc. » (voir encore Cass., 22 février 1864; Paris, 8 novembre 1865; Amiens, 2 mars; Paris, 8 avril et 9 mai 1865).

Nous avons à parler maintenant des sociétés anonymes autorisées par un décret général ou par un décret spécial.

Quelle est leur situation juridique?

L'art. 1er de la loi de 1857 dit que les sociétés étrangères « peuvent exercer tous leurs droits et ester en justice en France en se conformant aux lois de l'Empire. »

Que faut-il entendre par lois de l'Empire?

Il est certain qu'il ne s'agit point des lois concernant les sociétés françaises. Nous avons déjà dit, par exemple, que les dispositions de la loi de 1867 ne sauraient s'appliquer aux sociétés anonymes étrangères. M. Lyon-Caen dans son petit *Traité sur les sociétés étrangères,* dit « qu'elles sont soumises aux lois françaises, en ce sens que ces sociétés sont régies par ces lois toutes les fois seulement qu'un individu étranger y serait lui-même soumis. »

La Cour de Paris, dans un arrêt du 22 février 1866 émet la même opinion : « Ces expressions, dit l'arrêt, lois de l'Empire, se réfèrent tant aux lois générales de police et de sûreté qu'à celles qui régissent la propriété immobilière et les formes de procédure, mais non aux lois particulières qui régissent dans chaque pays la constitution même des associations industrielles ou commerciales, l'objet de la convention, c'est-à-dire du traité, étant d'assurer l'effet des dites lois même à l'étranger. »

Ainsi il faudra que la société étrangère ne soit point par son objet contraire à l'ordre public français. Par exemple on ne saurait autoriser en France une société étrangère qui aurait pour objet l'exploitation d'une maison de jeu.

Deux arrêts de Paris du 22 février et du 31 mars 1849 se sont cependant prononcés dans un sens entièrement différent. Sans doute une telle société ne peut point réclamer en France le payement d'une dette de jeu ; l'art. 1965 du Code civil qui est d'ordre public s'y oppose ; mais elle a le droit d'ester en justice pour toute autre cause. Nous croyons, contrairement à cette doctrine, que le caractère illicite de l'objet d'une telle société suffit pour lui faire refuser la personnalité juridique.

Une question analogue s'est élevée à propos des sociétés étrangères de contrebande. Il est évident que celles qui se proposent de faire la contrebande en France n'ont aux yeux de nos tribunaux aucune existence légale, puisque leur formation même est un défi à la loi. Mais en est-il de même de celles qui s'établissent pour faire la contrebande à l'étranger? Il semble qu'il est juste encore de les considérer comme illicites. La contrebande est contraire à l'intérêt réciproque des nations; celles qui l'encouragent chez les nations voisines s'exposent à des représailles. Aussi, nous n'approuvons pas la jurisprudence qui accorde la personnalité civile aux sociétés qui se forment pour faire la contrebande à l'étranger.

Certaines dispositions de la loi française relatives aux sociétés anonymes doivent, semble-t-il, par leur caractère, s'appliquer également aux sociétés étrangères. Ainsi la loi de 1867 exige certaines formalités de publicité pour la constitution de toute société. Les sociétés étrangères ont-elles à s'y soumettre? Nous ne le pensons point; les dispositions de cette loi ne concernent que les sociétés françaises. De plus, on ne pourrait imposer ces conditions qu'aux sociétés étrangères qui ont des succursales en France; beaucoup d'entre elles n'ont que des représentants. Au reste, il est bien entendu qu'elles ne peuvent exercer leurs droits en France qu'autant qu'elles ont rempli les formalités exigées par leur loi nationale ; autrement elles ne seraient point valablement constituées.

Les art. 14 et 15 de la loi de 1867 édictent des pénalités contre les personnes qui ont fait des actes de nature à tromper le public. Ils ne s'appliqueront pas aux sociétés étrangères ; cette conséquence est à regretter, puisqu'elle donne à ces sociétés des avantages que n'ont pas les sociétés françaises.

Mais remarquons que l'autorisation exigée par la loi de 1857 est une garantie pour le public ; le gouvernement n'autorisera les sociétés étrangères qu'en leur imposant certaines formalités de publicité. Toutefois, une inégalité subsiste ; si elles font les actes frauduleux prévus par les art. 14 et 17, elles n'encourront qu'une responsabilité civile.

Enfin n'oublions pas que des conditions spéciales sont exigées pour que les titres des sociétés étrangères soient négociables en France. Ces conditions sont généralement plus sévères que pour les sociétés françaises (voir décret du 22 mai 1858 et M. Lyon-Caen, *Sociétés étrangères*).

§ 2. *De ceux qui n'ont point la jouissance ou l'exercice des droits civils.*

Parmi ceux qui n'ont pas la pleine capacité de droit

ou de fait, nous devons placer à part le failli qui se trouve dans une situation particulière.

Des auteurs ont prétendu que l'incapacité qui frappe le failli est un statut réel (Rocco, *Droit civil intern.*, 3° partie, ch. XXXI). En effet, dit-on, la faillite est prononcée dans l'intérêt des créanciers, elle a pour but d'enlever au failli la libre disposition de ses biens ; ce point de vue doit l'emporter sur tout autre.

Nous rejetons ce système ; nous n'admettons pas davantage celui de Massé (*Droit commercial*, n° 546) qui distingue deux sortes d'incapacités, les unes suivant la personne en tous lieux, comme l'incapacité de faire le commerce ; les autres ne la frappant que dans le pays où la faillite a été déclarée, comme l'incapacité d'aliéner. Cette distinction est arbitraire ; toute incapacité est de statut personnel.

Merlin (*Rép.*, v° *Faillite*. sect. 11, § 2, art. 10, n° 111) admet en principe que l'incapacité du failli le suivra en pays étranger. Mais, toutes les fois que ceux qui traiteront avec le failli n'auront pas eu connaissance de son incapacité, elle ne pourra leur être opposée. Ici, en effet, l'état de faillite ne peut se présumer ; on ne peut même pas exiger de celui qui contracte avec une personne de se renseigner à ce sujet. Cependant, en principe, nous croyons que le failli étranger sera considéré comme tel en France.

En pratique, cette question présente une grande importance. D'après l'art. 442 du Code de commerce, le

failli,à compter du jour de la déclaration de faillite,est
dessaisi de l'administration de tous ses biens, et les actes
faits par lui postérieurement à cette date sont frappés
de nullité. Ne devra-t-on pas distinguer les actes faits
dans le pays où la faillite a été prononcée de ceux qui
sont faits dans un autre pays? La jurisprudence n'est
pas encore fixée sur ce point.

Dans un arrêt de Colmar du 11 mars 1820, il est
décidé que les syndics d'un failli étranger sont incapables de le représenter en France. L'arrêt se fonde
sur cette idée déjà réfutée, que le jugement étranger
qui modifie l'état ou la capacité d'une personne n'a
aucune autorité en France. La Cour de cassation s'est
prononcée dans le même sens, par un arrêt du
29 août 1826. Il s'agissait d'un étranger en état de
faillite. La Cour décida que le jugement déclaratif de
faillite ne pouvait être invoqué utilement en France
qu'autant qu'il aurait été sanctionné par un juge français » (Sirey, 1826, II, 430).

Mais l'arrêt de cassation du 13 mai 1835 consacre
une doctrine différente. Il s'agissait d'actes faits à l'é-
tranger par un failli français. Ces actes furent annulés
en vertu de l'art. 442 et bien que la partie étrangère
n'eût pas eu connaissance de la faillite. La Cour
suprême ne voulut point voir là une fausse application
de l'art. 442. Nous pensons qu'ainsi elle a refusé de se
prononcer sur la question, en se fondant sur cette
fausse idée qu'un principe de droit international privé

ne saurait donner ouverture à la cassation. Le principe engagé dans le débat était celui-ci : la bonne foi de l'étranger qui contracte hors de France avec le failli français le met-elle à l'abri des conséquences de l'art. 442 du Code de commerce? La Cour de cassation n'a pas répondu négativement comme l'avait fait l'arrêt de Paris du 16 juillet 1831 ; elle s'est contentée de dire que l'art. 422 n'avait pas été violé (voir Sirey, arrêt de Paris, 16 juillet 1831 ; 1831, 2, p. 260, Cass. 13 mai 1835, 1835, 1, p. 708).

CHAPITRE II.

DE LA LOI QUI DOIT RÉGIR LA FORME DE L'OBLIGATION.

En traitant du statut personnel *stricto sensu*, nous nous sommes occupé des sujets actifs ou passifs de l'obligation ; nous arrivons maintenant à l'obligation elle-même. Nous avons à rechercher les lois qui doivent et qui peuvent régir sa forme, sa nature et ses effets, sa preuve et son exécution, enfin son extinction.

On désigne généralement sous l'expression *formes de l'obligation*, les différents éléments dont se compose le rapport d'obligation, qu'il naisse d'un contrat, d'un quasi-contrat, d'un délit ou d'un quasi-délit.

Ces éléments de l'obligation, formes ou conditions, ont été classés par Merlin dans trois catégories distinctes :

1° Les formes extrinsèques, c'est-à-dire les écrits, les paroles et, en général, tous les actes extérieurs dont le but est de constater la volonté des parties, et en outre, si leur consentement ne suffit pas à la perfection du contrat, de le corroborer par certaines solennités ;

2° Les formes intrinsèques ou viscérales, c'est-à-dire, les conditions nécessaires à l'existence et à la validité du contrat;

3° Les formes habilitantes, c'est-à-dire, les formalités particulières qui précèdent ou qui accompagnent le contrat et qui doivent suppléer à l'incapacité des parties.

SECTION PREMIÈRE.

FORMES EXTRINSÈQUES DE L'OBLIGATION.

Lorsqu'un contrat est fait en France ou à l'étranger, entre personnes n'ayant pas la même nationalité, ou entre Français à l'étranger, ou encore entre étrangers de même nation en France, il y a lieu de se demander quelle loi détermine les formes extrinsèques dont on veut le revêtir. Presque tous les auteurs répondent que c'est la loi du lieu où le contrat est passé : *Locus regit actum*. Cette règle est très ancienne; elle n'est pas écrite dans notre Code; mais le projet disait : « La forme des actes est réglée par la loi du lieu dans lequel ils sont faits ou passés. » Dans la discussion, des orateurs firent observer que cette disposition était trop générale; ils confondaient les formes extrinsèques

avec les formes habilitantes. Portalis montra que ces
dernières n'étaient pas comprises dans les termes de
l'article : « Ainsi, disait-il, le consentement des père et
mère au mariage des enfants mineurs, n'est point une
forme, mais une condition. » Malgré cette explication,
on jugea plus prudent de ne pas reproduire la disposition du projet dans la rédaction définitive ; mais le
principe, *locus regit actum*, dans les limites posées par
Portalis n'en a pas moins été admis par le législateur.
Il est appliqué trois fois par le Code, dans les art. 47, 170
et 999. Sa violation devrait, selon nous, entraîner la
cassation, même en dehors des cas prévus par les articles précités ; on sait que telle n'est pas la doctrine de
la jurisprudence (voir le chapitre préliminaire).

Quelle est la valeur de notre maxime ? Comment la
justifions-nous ?

Deux système opposés et dès opinions mixtes sont
en présence. Pour les uns, la règle *locus regit actum*,
est impérative ; c'est la doctrine de Dumoulin : « Est
« omnium doctorum sententia, ubicumque consuetudo
« vel statutum locale disponit de solemnitate vel forma
« actus, ligari etiam exteros ibi actum illum gerentes. »
Pour les autres, notre règle est purement facultative ;
les parties ont toujours le droit de contracter dans les
formes édictées par leur loi nationale : « Conformément
au principe de la souveraineté, dit Fœlix, la soumission des individus aux lois de leur nation constitue
toujours la règle. » D'autres auteurs se contentent

d'indiquer certains cas où notre règle cessera d'être obligatoire. Mais la difficulté est de déterminer ces cas; des distinctions nombreuses ont été proposées.

Selon Fiore, la maxime *locus regit actum*, n'est impérative qu'autant que l'acte doit être exécuté dans le pays où il est fait; si l'exécution doit avoir lieu ailleurs, elle n'est que facultative, et le jurisconsulte italien cite à l'appui de son opinion, ces mots de Hertius (*De coll. leg.*, n° 10) : « Si inter duos celebratur, verbi gratia, « pactum, et uterque paciscens sit externus et unius « civitatis civis, dubitandum enim non est, actum a ta- « libus secundum leges patriæ factum, in patria valere. » La doctrine de Hertius paraît différer quelque peu de celle de M. Fiore; Hertius se contente de décider que l'acte fait dans les formes édictées par la loi de la patrie de l'une et de l'autre des parties, doit être déclaré régulier dans la patrie (*in patria valere*); *a contrario*, les juges du lieu où l'acte a été fait, doivent le déclarer nul, si d'après leur loi, sa forme est irrégulire. M. Fiore semble admettre qu'il faudra rechercher le lieu où le contrat doit s'exécuter; si la *lex executionis* a été observée, les juges du lieu où le contrat a été fait comme ceux du lieu où il doit être exécuté, se prononceront pour la validité. Dans ce système, le choix est donc donné aux parties entre la loi du lieu du contrat et celle du lieu de l'exécution, et, les juges, à quelque nation qu'ils appartiennent, appelés à connaître de la contestation, doivent respecter ce choix. Pour Hertius au contraire, les juges seuls de la patrie des parties dont la loi nationale a été appliquée, peuvent consacrer la dérogation au principe, *locus regit actum*. Remarquons, en outre, que d'après M. Fiore, la loi rivale de la *lex loci contractus* est la *lex loci executionis*, c'est-à-dire le plus souvent, la loi du domicile du débiteur. Hertius nous parle de la *lex patriæ*, c'est-à-dire, de la loi personnelle commune des parties, du créancier comme du débiteur.

Nous rejetons la distinction de Hertius ; nous ne pouvons admettre que, suivant la nationalité du tribunal qui aura à connaître de la contestation, le contrat soit valable ou nul en la forme. Il faut déterminer l'hypothèse où les parties ont le choix entre la loi locale et une autre loi, et décider que le contrat, rédigé conformément à cette dernière loi, vaudra devant toutes les juridictions, même devant celle du lieu où il a été passé. C'est ce qu'a fait M. Fiore ; mais nous ne croyons pas, avec lui, que les parties aient le choix entre la *lex loci contractus* et la *lex loci executionis* ; le lieu où l'acte doit être exécuté, pas plus que celui où il est produit en justice, n'a d'influence sur la forme externe de l'acte qui doit être déterminée au moment même du contrat.

Massé (*Droit comm.*, t. I, p. 471) a multiplié les distinctions. Lorsque le contrat a lieu entre individus ayant la même nationalité, ils ont le choix entre la loi locale et la loi de leur patrie, si toutefois, le contrat doit y être exécuté.

Si les contractants diffèrent de nationalité, les parties ont le choix entre la loi locale et la loi de l'exécution, dans les contrats synallagmatiques, et dans les contrats unilatéraux, entre la loi locale et la loi personnelle de l'obligé.

Ce système nous paraît arbitraire. La loi personnelle de l'obligé, pas plus que la loi personnelle du stipulant, ne doit faire échec à la règle *locus regit actum*, parce qu'il serait injuste de donner une préférence exclusive au statut personnel de l'une ou de l'autre des parties.

Il est certain que la maxime *locus regit actum*, n'est pas toujours impérative ; mais, pour déterminer les exceptions qu'elle comporte, il est nécessaire de bien établir les principes qui dominent notre matière. Nous verrons plus loin que, pour la fixation de la loi à laquelle sont soumises les conditions d'existence et de validité des obligations, en d'autres termes, leurs formes intrinsèques, il faut s'en rapporter à la volonté expresse ou tacite des parties. Il en est tout autrement de la loi qui régit les formes extrinsèques des contrats ; son autorité ne repose pas sur la libre soumission des contractants ; sans doute, ils peuvent avoir à choisir entre plusieurs lois, mais ces lois elles-mêmes sont déterminées en vertu de principes indépendants de leur volonté.

Quels sont ces principes ? le premier de tous, c'est qu'il est naturel d'emprunter aux lois et aux usages du

pays où l'on se trouve les formalités extérieures dont
le contrat sera revêtu; d'où la règle : « *locus regit actum.* » En effet, le plus souvent, il sera difficile à
l'étranger de suivre la loi de son pays. Ainsi, les fonc·
tionnaires chargés de rédiger les actes authentiques
ne sont pas les mêmes dans tous les pays; les actes
sous seings privés sont souvent rédigés par des agents
d'affaires; et ceux-ci ne connaissent guère que la pratique du lieu où ils exercent. Mais notre maxime a un
autre fondement plus rationnel. Les formalités instrumentaires ont pour but de mettre les parties à l'abri des
surprises et des fraudes; de là, l'intervention de fonc-
tionnaires spéciaux et de témoins remplissant des conditions spéciales dans la confection des actes, authentiques; de là également, l'observation de règles
particulières dans la rédaction des actes sous seings
privés unilatéraux ou bilatéraux; de là enfin, l'exclusion soit totale, soit partielle des contrats purement
verbaux qui ne se prouvent que par témoins. En édictant ces différentes règles, chaque législateur prend en
considération l'état intellectuel et moral du pays où
il commande. C'est donc la loi locale qui doit avoir dans
cette matière une autorité absolue, « parce que, dit
M. Laurent, les mesures de défiance nécessaires dans
un pays, peuvent ne pas l'être ailleurs » (Laurent,
Droit civil international, t. II, n° 236). « Tout dépend
en cette matière, dit Merlin, de l'opinion que le législa-
lateur a eu de ses sujets, et, par conséquent, les lois

relatives à la forme probante des actes sont fondées sur des raisons purement locales et particulières à chaque territoire. Il n'y a donc que la loi du lieu où un acte a été passé qui puisse en attester la vérité » (Merlin, *Rép.*, v° *Preuve*).

Il semble qu'il faille conclure de ce qui précède que la règle *locus regit actum* est toujours impérative. Ce serait une erreur ; le Code civil y apporte lui-même certaines restrictions. Dans l'art. 48, il déclare valable tout acte de l'état civil des Français en pays étranger, s'il a été reçu conformément aux lois françaises, par les agents diplomatiques ou par les consuls. Dans l'article 999, il permet aux Français de tester à l'étranger par acte sous seing privé, bien que cette forme de testament puisse être prohibée par la loi étrangère.

Quel est, en droit international, le fondement de ces restrictions? M. Laurent l'a fort bien établi, en posant en principe que la maxime *locus regit actum* cesse d'être obligatoire, toutes les fois que l'acte peut être réputé fait dans un autre pays. Dans ce cas les parties ont le choix entre la loi de ce pays et la loi locale, sans qu'on ait à rechercher devant quel tribunal la contestation est portée. C'est ainsi que la Cour de cassation a décidé, *a contrario* de l'art. 999, qu'un testament fait en France par un étranger dans la forme usitée dans son pays est valable même devant la loi française (arrêt du 19 mai 1830; Sirey, 1830, 1,325). Ici, en effet, l'autorité de la loi locale ne saurait plus être absolue. Le

testament rédigé à l'étranger dans la forme authentique par le chancelier du consulat, sera censé l'avoir été
en France ; il en sera de même *a fortiori*, si le testament a été fait dans la forme olographe.

S'il s'agit d'un acte bilatéral, d'un contrat (et nous
ne distinguons pas le contrat unilatéral du contrat synallagmatique), notre raisonnement conserve toute sa
valeur, si les deux parties appartiennent à la même nation. Il est certain, d'abord, que pour la juridiction
française, deux Français auront contracté valablement,
en se servant à l'étranger des formes édictées par la loi
française ; il faut appliquer l'art. 999 par analogie. Mais
nous allons plus loin, et nous disons que le contrat
fait en France par deux étrangers ne différant pas de
nationalité, dans les formes usitées dans leur patrie, ne
pourra être déclaré irrégulier par le juge français,
parce qu'il sera censé avoir été fait sous l'empire de la
loi étrangère.

Mais si c'est entre un Français et un étranger, ou
bien entre deux étrangers n'ayant pas la même nationalité, que la convention est intervenue, la règle *locus
regit actum* reprendra toute sa force. Il y a, en effet,
dans ce cas, deux lois nationales en présence, et il n'y
a pas de raison de se décider en faveur de l'une plutôt
que de l'autre ; ajoutons qu'on ne peut s'en rapporter à
l'intention présumée des parties, puisque la forme des
actes est indépendante de leur volonté.

Nous supposons maintenant qu'il s'agit d'appliquer

la loi du lieu où le contrat a été passé. La juridiction française ne devra-t-elle point s'y refuser dans certains cas ?

D'abord, il semble qu'il ne puisse y avoir d'exceptions à la règle *locus regit actum*, au nom de l'ordre public français. Si la convention est sérieuse, le tribunal doit reconnaître à la forme extérieure qui sert à la prouver ou à la consacrer, la valeur que le législateur étranger lui a donnée. Mais il faut faire une réserve ; ces formalités instrumentaires donnent au contrat, non seulement la force probante, mais souvent aussi la force exécutoire. Sous ce dernier rapport, la loi du lieu de la rédaction peut attacher à ces formes des effets contraires à notre droit public ; ainsi la contrainte par corps, l'hypothèque générale peuvent en résulter ; dans ce cas, le contrat étranger, même revêtu d'un *pareatis* de l'autorité française, ne saurait entraîner ces conséquences ; la loi de 1867 sur la contrainte par corps, et l'art. 2128 du Code civil s'y opposent.

Une autre exception est fondée sur la fraude présumée des parties. Elles ont contracté dans un pays afin de se soustraire aux formalités édictées par leur loi nationale (Savigny, t. VIII, p. 353). Dans ce cas, on est en présence d'une simple question de fait ; c'est au juge à décider si la fraude est assez grave pour permettre de prononcer la nullité.

On a proposé une exception plus importante, fondée sur le caractère prohibitif des dispositions de la loi na-

tionale du contractant. Lorsqu'elle prescrit, pour certains contrats, des formes solennelles, ne doit-on pas
faire exception à la règle *locus regit actum*?

On a dit, que dans les actes solennels, la forme venait compléter le consentement des parties, que l'acte
non revêtu des formalités, exigées par la loi personnelle à peine de nullité du contrat, devait être considéré comme l'œuvre d'un incapable, et on en a conclu
qu'il fallait ici s'en rapporter au statut personnel. « En
définitive, dit le président Bouhier, dans les contrats
solennels, la forme, tenant au consentement, est régie
par la loi personnelle. Quand la loi personnelle de l'é-
tranger n'exigera pas l'authenticité, on se contentera
d'un acte sous seing privé » (Bouhier, *Observations sur
la coutume de Bourgogne*).

Telle est encore aujourd'hui la doctrine soutenue
par un certain nombre d'auteurs : « Dans les contrats
solennels, dit M. Laurent, lorsque la forme fait défaut,
il ne faut pas dire qu'il y a absence d'une condition
extrinsèque ; il y a vraiment un vice de consentement»
(*Principes de droit civil*, t. I ; règle *locus regit actum*).

Notre Code civil, qui n'a posé aucun principe sur la matière paraît cependant s'être inspirée d'idées opposées à
celles de M. Laurent. Il applique d'une manière absolue
la règle *locus regit actum*, au mariage, le plus solennel des
contrats. Ainsi, le mariage d'un Français, contracté en
Amérique sans aucune forme, sera valable devant la
loi française. Il doit en être de même *a fortiori* des

autres contrats solennels : contrat de mariage, donation, contrat d'hypothèque. Pour ce dernier, il peut y
avoir doute, à cause des termes de l'art. 2128, qui ont
donné lieu à de nombreuses controverses ; nous n'a-
vons pas à les examiner ici.

Il n'est pas juste de dire, selon nous, que les formes
exigées dans les actes solennels viennent compléter le
consentement qui, à leur défaut, se trouverait impar-
fait. Le consentement est parfait dès que les parties
sont en pleine possession de leurs facultés, et ont connaissance du but qu'elles veulent atteindre ; les législateurs modernes peuvent, à l'exemple du législateur
romain, exiger que des formes solennelles viennent
s'adjoindre au consentement pour que le contrat soit
parfait ; mais, comme elles en sont toujours distinctes,
il est impossible de les faire rentrer dans le statut personnel.

Notre jurisprudence s'est arrêtée à ce point de vue.
Nous lisons dans un arrêt de la Cour d'Orléans, du
4 août 1859 : « Si le statut suit l'individu là où il se
trouve, c'est uniquement pour son état, sa qualité de
majeur ou de mineur, en un mot pour l'étendue de sa
capacité ; mais la forme extérieure et la solennité des
actes sont réglées par la loi du pays où ces actes sont
passés. »

La même question s'est présentée devant la Cour de
cassation, à propos du contrat de mariage d'un Français. Le contrat avait été fait par acte sous seing privé

à Constantinople par application de la loi ottomane. Ici, la question se compliquait d'une autre difficulté ; on se demandait si, en vertu des capitulations, autant que par son statut personnel, le Français n'était pas tenu d'employer la forme solennelle imposée par le Code civil (art. 1394). La Cour de cassation consacra la doctrine qu'avait déjà adoptée la Cour d'Orléans, en décidant, en outre, que la « fiction, qui résulte des capitulations, ne saurait avoir pour conséquence d'imposer nécessairement aux Français l'obligation de se soumettre à la loi française pour les actes qu'ils passent dans les pays où elles sont en vigueur. »

Nous venons d'étudier, d'une manière générale, la maxime *locus regit actum* et de poser ses limites ; nous devons maintenant, suivant la méthode que nous avons adoptée, passer en revue les différentes matières qu'on désigne sous la dénomination générale de conditions ou formes extrinsèques des contrats.

Ces conditions peuvent être relatives soit au moment où le contrat doit être passé, soit à la manière dont il doit être rédigé.

Burgundus (*Traité*, 4, n° 8) pose en principe que les conditions de temps et de lieu rentrent dans les formes et conséquences des actes : « Conditio loci et temporis « perfectiones formæ respicit et ideo lege contractus « dirigitur. »

La règle *locus regit actum* détermine souverainement si l'acte doit être fait dans tel lieu plutôt que dans

tel autre. Ainsi, c'est le statut local qui désigne le lieu
où le mariage doit être célébré. Pour les contrats pécu-
naires, il en serait de même, si dans un cas particulier
les parties n'étaient pas libres de choisir l'endroit où
elles veulent arrêter leurs conventions.

Il peut arriver aussi qu'un acte ne puisse être reçu
qu'à une certaine époque, dans un certain délai ; ainsi,
aux termes des art. 1394 et 1395 de notre Code
civil : « Toutes conventions matrimoniales sont rédigées
avant le mariage, par acte devant notaire » et « elles
ne peuvent recevoir aucun changement après la célébration du mariage. » On s'est demandé quelle devait
être la portée de ces deux règles. Ainsi, devait-on, par
application de la maxime *locus regit actum*, déclarer
valable le contrat de mariage passé en pays étranger
entre un Français et une étrangère, ou même encore
entre un Français et une Française (il n'y a pas lieu de
distinguer), bien que ce contrat fût postérieur au mariage ou qu'il eût été modifié après le mariage, si la loi
étrangère admet la validité d'un pareil contrat ? Ou bien
faut-il considérer les dispositions des art. 1394 et 1395
comme rentrant dans le statut personnel ? En faveur de
cette dernière opinion, on fait remarquer que l'intention du législateur en édictant ces articles, a été de régler définitivement avant le mariage les pouvoirs du
mari, la capacité de la femme, et aussi de protéger les
tiers contre la fraude et la mauvaise foi. — Ces divers
points de vue sont exacts ; mais il est impossible de

voir une restriction à la capacité des parties, dans l'obligation que la loi leur impose d'arrêter définitivement leurs conventions matrimoniales avant la célébration du mariage. C'est là une disposition qui s'adresse à ceux qui résident sur le territoire français ; elle concerne l'ordre public intérieur puisqu'elle a surtout pour but de mettre les tiers à l'abri des surprises. Nous devons tirer deux conséquences de cette idée : les articles 1394 et 1395 ne font pas exception à la règle *locus regit actum*, et ils ne font point partie du statut personnel qui suit les nationaux à l'étranger ; en second lieu, il ne suffirait pas au Français de passer la frontière pour se soustraire à leur application, mais les Français résidant dans un pays qui n'admet pas une règle analogue à celle de nos articles, n'auraient pas besoin de s'y conformer parce que les tiers qui pourraient avoir à redouter les surprises sont des étrangers que la loi française n'a pas pour mission de protéger, et au retour des parties en France, leur contrat de mariage serait valable aux yeux de la loi française, sans pouvoir d'ailleurs être subséquemment modifié aux termes de l'article 1395.

Ces principes ont été consacrés par un arrêt de la Cour de Montpellier du 25 avril 1844 et par un arrêt de la Cour de cassation du 24 décembre 1867 (Sirey, 1808, 1, 134).

Nous arrivons maintenant aux conditions extrin-

sèques des conventions qui ont rapport à la forme que
les parties leur donnent.

La convention peut être constatée par un acte écrit
authentique ou sous seing privé.

Nous avons examiné plus haut si la règle *locus regit
actum* s'appliquait lors qu'il s'agissait de savoir si tel ou
tel-contrat devait être rédigé en forme authentique.

Nous supposons maintenant que les parties veulent
faire un acte authentique, soit que la loi les y oblige,
soit qu'elles aient librement choisi cette forme.

Il est certain qu'en principe, l'acte authentique
étranger doit avoir en France la même force probante
que l'acte authentique français (voir dans ce sens, arrêt
de Dijon, 3 avril 1808 ; Sirey, 1809, **2**, 40). Mais on a
élevé des doutes sur le point de savoir si l'acte qualifié
authentique par la loi étrangère devait toujours conserver ce caractère devant la loi française. En effet,
l'art. 1317 nous dit que « l'acte authentique est celui
qui a été reçu par un officier public ayant le droit d'ins-
trumenter dans le lieu où l'acte a été rédigé et avec les
solennités requises. » On s'est demandé si l'intervention d'un officier public n'était point toujours nécessaire pour donner à un acte l'authenticité ; cette condition serait considérée par la loi française comme
essentielle et s'appliquerait même aux actes authentiques étrangers. Nous rejetons cette idée. Si la loi
étrangère décide que la présence d'un certain nombre
de témoins suffira pour donner à l'acte le caractère

authentique, il faudra, en France, donner effet à cette disposition en vertu de la règle *locus regit actum*. Ces principes sont d'ailleurs appliqués dans l'art. 999 pour le testament.

Ainsi dans le cas de l'art. 999 et dans les cas analogues, l'authenticité de l'acte ne s'entend pas au sens qu'a ce mot dans l'art. 1317.

« L'art. 1317, disait M. l'avocat général Hello devant la Cour de cassation (arrêt du 6 février 1843) ne songe point aux pays étrangers ; la définition qu'il donne de l'authenticité est absolue, parce qu'elle est tout entière dans les idées françaises ; tandis que l'art. 999 se référant aux pays étrangers ne peut parler que d'une authenticité et d'une publicité relative telle qu'elle est entendue et pratiquée dans ces pays ; en un mot, cet article n'est qu'une application de la règle *locus regit actum*. »

L'art. 3994 applique les mêmes principes en ne déclarant le testament valable, dans le cas où un navire aborde une terre soit étrangère, soit de la domination française, qu'autant qu'il a été dressé suivant les formes prescrites en France ou suivant celles usitées dans le pays où il a été fait (voir dans ce sens, Cass., 6 février 1843 ; Sirey, 1843, 1, 20, etc.). La jurisprudence est unanime dans ce sens. Ainsi, en résumé, suivant l'expression de M. Bonnier, (*Preuves*, n° 930) « il faut entendre par l'authenticité, non les formes propres à nos actes notariés, mais les solennités, quelles qu'elles soient, usitées dans le lieu où le Français a disposé, » ajoutons, ou contracté.

L'acte qui constate la convention peut, avons-nous dit, être rédigé sous seing privé. Quelques auteurs ont prétendu que l'acte sous seing privé devait échapper à la règle *locus regit actum*, parce qu'il pouvait être fait par les parties elles-mêmes sans l'intervention d'un officier public. Cette doctrine a été soutenue par le président Bouhier (*Coutumes de Bourgogne*, chapitre XXVIII, n° 20). L'art. 999 de notre Code civil paraît la confirmer, puisqu'il dispose que le Français en pays étranger pourra toujours, quel que soit le statut local, faire ses dispositions testamentaires par acte sous signature privée. Ainsi, il faudrait faire rentrer les dispositions du Code civil concernant l'acte sous seing privé dans le statut personnel. Les art. 1325 et 1326 suivraient le Français en pays étranger aux termes de l'art. 3.

Nous repoussons ce système. Remarquons, d'abord qu'il serait difficile d'appliquer le statut personnel, toutes les fois qu'il s'agirait de contrats synallagmatiques, et qu'il faudrait arbitrairement accorder la préférence au statut personnel du débiteur dans les contrats unilatéraux. On sait que la règle *locus regit actum* repose sur la volonté présumée du contractant de se servir des formes du pays où il se trouve. Aussi, on a décidé avec raison que l'étranger pouvait tester valablement d'après la loi française par acte sous seing privé, bien que l'authen-

licité fût exigée par son statut personnel (Rejet,
8 mars 1853). On devrait décider de même que le Français a pu contracter par acte sous seing privé sans
observer les formes établies par les articles précités, si
toutefois il s'est soumis à celles édictées par la loi étrangère. Rappelons d'ailleurs, que la règle *locus regit actum*
n'est pas absolument impérative ; le Français qui contracte à l'étranger peut rédiger l'acte sous seing privé,
conformément aux prescriptions des art. 1325 et 1326,
si l'autre partie appartient à la même nationalité, suivant
la doctrine que nous avons exposée plus haut ; mais
nous ne croyons pas qu'un acte sous seing privé intervenu entre un Français et un étranger et qui serait nul
d'après le statut local puisse être reconnu comme valable par nos tribunaux, sous prétexte qu'il est rédigé
conformément à la loi française. Cette idée n'est pas
contredite par l'art. 999 ; il s'agit en effet dans cet
article du testament, acte unilatéral qui peut être rédigé, avons-nous dit, soit d'après les règles du statut
personnel, soit d'après celles du statut local.

Nous avons supposé que le contrat était fait par
acte authentique ou sous seing privé ; mais il se peut
qu'aucun *instrumentum* n'ait été rédigé : on est
alors en présence d'un simple contrat verbal. La règle
locus regit actum doit s'appliquer ; ainsi, un négociant
donne l'ordre à son correspondant d'acheter une certaine quantité de marchandises ; celui-ci exécute la
commission ; aucun écrit n'intervient, bien que le sta-

tut local exige que la vente soit constatée par écrit ;
mais le contrat est devenu parfait dans le lieu où la
marchandise a été achetée, et si, d'après la loi de ce
lieu, il n'était pas nécessaire que ce contrat fût consi-
gné par écrit, les tribunaux du lieu de la livraison ne
pourraient pas écarter la preuve par témoins (Zachariæ,
§ 31 ; Fiore, *Dr. int. priv.*, VI, n° 319 ; rejet du 20
juin 1860).

SECTION II.

FORMES INTRINSÈQUES DE L'OBLIGATION.

§ 1. *Détermination de la loi qui doit les régir.*

Les formes intrinsèques ou viscérales des contrats
sont les conditions de leur validité, indépendamment
de leurs formes extérieures; « ce sont celles, dit Merlin,
qui constituent l'essence de l'acte, qui lui donnent
l'être et sans lesquelles il ne peut pas exister. »

L'art. 1108 dit que quatre conditions sont essentielles pour la validité d'une convention : le consentement de la partie qui s'oblige, sa capacité de contracter, un objet certain qui forme la matière de l'engagement, une cause licite dans l'obligation.

La capacité de contracter rentre dans le statut personnel que nous avons déjà étudié.

De plus, les différents contrats sont soumis à des conditions spéciales quant à leur existence et à leur validité : ainsi, dans la vente, le prix fait partie des formes intrinsèques du contrat ; il en est de même de la tradition de la chose dans le prêt de consommation.

Il est important de ne pas confondre les formes intrinsèques des contrats avec leurs formes extrinsèques ou instrumentaires. M. Laurent a bien marqué leurs caractères distinctifs : « Les conventions, dit-il, sont généralement d'intérêt privé ; voilà pourquoi la volonté des parties joue le grand rôle ; elles ne sont pas soumises à une loi que le législateur impose ; les parties contractantes font elles-mêmes leur loi. Il en est tout autrement des formes extrinsèques ; la loi seule règle la forme des actes ; les écrits sont destinés à être produits en justice ; ils constatent la preuve par excellence des faits qui sont débattus devant les tribunaux ; en ce sens, les formes sont d'intérêt général » (Laurent, *Dr. civ. int.*, t. II, n° 233). Ainsi, dans la section précédente, nous avons posé en principe que la forme extérieure des actes était obligatoire ; une idée différente doit nous guider dans la recherche de la loi qui régit leurs conditions d'existence et de validité intrinsèque. Mais examinons d'abord les différents systèmes qui ont été proposés.

L'un d'eux, très ancien et à peu près abandonné, soumet au statut personnel les conditions d'existence et de validité de l'obligation. Pas de difficulté si les parties ont la même patrie ; mais si elles diffèrent de nationalité, si le statut personnel n'est pas le même, par quelle loi l'obligation sera-t-elle régie ? On distingue entre les contrats unilatéraux et les contrats synallagmatiques. Pour les premiers, on fait prévaloir la loi personnelle de l'obligé ; « en effet, dit M. Demante, c'est l'obligation passive qui modifie vraiment l'état de la personne en restreignant la liberté naturelle, c'est donc la loi de l'obligé qui doit déterminer cette modification » (Demante, *Cours de Code civil*, T. prél., p. 51). S'il s'agit d'un contrat synallagmatique, comme il y a autant d'obligés que de parties, il faut appliquer les différents statuts personnels. Si l'un de ces statuts n'est pas observé, le contrat sera boiteux ; il ne vaudra pas à l'égard de celui des contractants dont la loi personnelle a été violée. M. Demante repousse ce résultat qui lui paraît trop inique, et préfère décider que le contrat ne sera obligatoire pour aucune des parties. «... Un contrat synallagmatique ne vaudra entre parties soumises à différents statuts personnels qu'autant que les conditions prescrites par les deux statuts auraient été observées » (*id. ib.*).

Nous avons déjà réfuté un système analogue à propos des formes extrinsèques des contrats. Il est impossible, avons-nous dit, de faire régir le contrat par la loi personnelle de l'obligé, à l'exclusion de celle du stipulant, parce que la situation des parties doit être la même dans toute convention, qu'elle soit unilatérale ou synallagmatique ; l'obligation active modifie l'état du créancier, comme l'obligation passive modifie celui du débiteur ; et puisque l'obligation est valable, qu'elle a une juste cause, la loi n'a pas à se montrer plus favorable à l'égard de l'un qu'à l'égard de l'autre. Le système de M. Demante serait souvent contraire aux prévisions du créancier ; dans le prêt surtout, s'il est fait sans intérêt, le prêteur rend un service au débiteur, à l'emprunteur ; il y aurait une véritable injustice à donner la préférence au statut personnel de ce dernier.

Dans un autre système qui paraît être celui de la jurisprudence on applique la maxime *locus regit actum* anx conditions intrinsèques comme aux conditions extrinsèques des actes. Ainsi un arrêt de la Cour de cassation du 23 février 1864 a décidé que la validité de la clause de non-garantie dans un contrat de transport devait s'apprécier d'après la loi du lieu où le contrat avait été passé. « ..... Attendu que cette convention relevait de la législation anglaise, en vertu de la règle qui fait régir l'acte par la loi du lieu où il a été passé, quant à sa forme, à ses conditions fondamentales et à son mode de preuve, etc. »

En faveur de cette solution, on invoque l'art. 1159 du Code civil. « Ce qui est ambigu, s'interprète par ce qui est d'usage dans le pays où le contrat est passé. » On invoque aussi l'autorité des anciens auteurs qui ad-

mettaient que la question de savoir si le contrat est licite ou illicite se résout par la loi du lieu où il a été
passé. « Licita vero sit an illicita stipulatio, a forma
« videtur proficisci et ideo eisdem legibus dirigitur
« quibus ipsa forma et ad locum contractus collimare
« oportet » (Burgundus, *ad consuet. Flandriæ*, t. XIV,
n° 9).

Ce système a le tort de confondre les conditions fondamentales du contrat avec sa forme proprement dite.
Nous avons admis, avec la presque unanimité des auteurs, que le contrat revêtu des formalités prescrites par
la loi du lieu où il est passé, est valable partout. Mais
ici il n'est pas possible de reproduire les arguments qui
justifient l'application de la maxime *locus regit actum*.
Il est naturel que les contractants empruntent au pays
où ils se trouvent les formes extérieures de leur contrat ; mais leur passage dans un lieu quelconque ne
saurait avoir d'une manière absolue l'effet de soumettre
leur contrat à la loi de ce pays quant à ses conditions
intrinsèques ; il faudrait montrer que telle est l'intention des parties.

L'art. 1159 a été écrit pour les Français qui contrac-
tent sous l'empire de la loi française ; le législateur pose
en principe que les clauses ambiguës devront s'interpréter d'après les usages particuliers du pays où le contrat est passé ; il s'agit là, non de l'application des statuts, mais de l'interprétation de la volonté des parties ;
d'ailleurs, la disposition de l'art. 1159 n'est pas impé-

rative. Lorsqu'on se demande si le contrat doit être régi par telle ou telle loi, il ne s'agit pas d'éclaircir le sens d'une disposition plus ou moins obscure, mais de rechercher sous l'empire de quelle loi les parties, au moment du contrat, se trouvaient placées ou entendaient se placer.

Certains auteurs ont adopté un système qui tient le milieu entre les deux précédents. Fœlix distinguant entre les contrats unilatéraux et les contrats synallagmatiques, fait régir les uns par la loi de l'obligé, les autres par la loi du lieu du contrat. Ce système fait une distinction tout à fait arbitraire ; si le statut personnel de l'obligé doit servir à déterminer les conditions essentielles à la validité de l'obligation, il peut être invoqué aussi bien pour le contrat synallagmatique que pour le contrat unilatéral (Fœlix, n°. 95).

M. Laurent (*Principes du droit civil*), s'appuie sur la règle d'interprétation de l'art. 1159, mais il pose en principe que la *lex loci contractus* ne doit être invoquée contre chacune des parties, qu'autant qu'on peut supposer raisonnablement qu'elles en ont eu connaissance. Si l'étranger est domicilié en France, les contrats qu'il fera seront régis, quant à leurs conditions intrinsèques, par la loi française; mais s'il n'est que de passage en France, il pourra invoquer son statut personnel, et si son domicile ne coïncide pas avec sa nationalité, c'est au statut du domicile qu'il faudra se reporter. Ce système repose sur cette idée que c'est à la loi du lieu où

15.

l'on est domicilié, c'est-à-dire, où l'on vit habituellement, qu'on est censé se soumettre lorsqu'on fait un
contrat. Ce n'est pas toujours exact. Le contractant
doit mieux connaître les prescriptions de sa loi nationale que celles de son domicile. Ajoutons que ce système a comme celui de M. Demante l'inconvénient de
faire régir le contrat par deux lois différentes, si les
parties n'ont pas le même domicile.

M. Fiore nous paraît avoir indiqué dans cette question les véritables principes : « L'obligation, dit-il,
étant un lien juridique invisible et incorporel, nous ne
pouvons appliquer les principes exposés plus haut,
pour déterminer la loi qui règle l'état personnel et les
droits réels. Pour ceux-ci, le rapport immédiat avec la
loi de laquelle ils dépendent peut s'établir d'une manière non équivoque par le fait de la nationalité et de la
situation de la chose, tandis que l'obligation ne peut
être localisée dans l'espace ; elle dépend d'actes fugi-
tifs de la volonté, et pour la subordonner à une loi ou
à une autre, il est nécessaire de se fonder sur la libre
soumission des parties. »

Ainsi, l'obligation doit être régie par une seule loi ;
cette loi unique est laissée au libre choix des parties ;
lorsque ce choix n'apparaît point clairement des termes
mêmes du contrat, il faut, à l'aide de présomptions, déterminer la loi à laquelle les parties ont voulu se soumettre.

On peut établir, comme règle générale, que les par-

ties sont censées avoir choisi la loi qui, au moment du contrat, leur est commune sous un rapport
quelconque, et, en cas de concours entre différentes
lois également communes, celle à laquelle ils se rattachent par le lien le plus fort.

D'abord, les contractants auront toujours une loi
commune: ce sera celle du lieu où le contrat est passé.
Cette loi sera applicable toutes les fois que le contrat
interviendra entre personnes domiciliées dans des pays
différents et n'ayant point la même nationalité. Ainsi,
l'étranger de passage, qui contracte avec un Français,
est censé accepter l'autorité de la loi française pour la
détermination des conditions intrinsèques de l'obligation: en effet, entre lui et l'autre partie, on ne conçoit
pas d'autre loi commune que la loi du lieu où il se
trouve, c'est-à-dire la loi française.

Les tribunaux français devraient donner la même décision, s'ils étaient appelés à connaître de l'obligation
contractée en France par un Russe envers un Anglais.

Mais, si nous supposons que les parties sont domiciliées dans le même pays, il faut appliquer la loi du lieu
de leur domicile de préférence à celle du lieu où elles
se trouvent, parce qu'il est naturel de penser que, con-
naissant mieux la première, elles ont entendu s'y référer.
Ainsi, les tribunaux français consulteront la loi anglaise
pour déterminer les conditions intrinsèques d'un contrat passé en France entre un Russe et un Anglais domiciliés en Angleterre.

Mais que faut-il entendre ici par le domicile? Est-ce exclusivement le domicile légal? Non ; c'est plutôt le domicile de fait, c'est-à-dire tout endroit où le contractant a un établissement important, où il fait les actes de la vie civile. Si les parties ont des exploitations, des maisons de commerce, ou même des succursales dans le même pays, nous pensons que c'est la loi de ce pays qui doit régir tous les contrats qu'elles font même dans d'autres contrées où elles se trouvent de passage. Et nous ne ferions aucune exception dans l'intérêt des Français ; ainsi, le contrat fait en France entre un Anglais de passage et un Français domicilié en Angleterre, ou même ayant dans ce pays un établissement important, devrait être regardé par nos tribunaux comme soumis à la loi anglaise et non à la loi française, parce que les parties ont dû se référer à la loi qu'elles connaissaient toutes deux, de préférence à celle qui n'était familière qu'à l'une d'elles.

Les parties peuvent aussi avoir une autre loi qui leur soit commune, la loi de leur patrie, si elles ont la même nationalité ; point de difficulté, si elles ont toutes deux leur domicile dans leur patrie; pas de difficulté non plus si chacune d'elles est domiciliée hors de sa patrie, dans un lieu différent ; dans ces deux cas, il n'y a que deux lois qui soient communes aux parties, leur loi nationale et la loi du lieu où elles se trouvent, et, il est évident que la première doit être préférée à la seconde. Mais que décider si les parties, appartenant à la même

nation, sont domiciliées toutes deux hors de leur patrie
et dans le même pays? Trois lois peuvent alors se trouver
en concours : la loi nationale des parties, celle du lieu
où elles ont leur domicile, celle du lieu où elles sont
de passage. Cette dernière n'est pas applicable; mais à
laquelle des autres faut-il donner la préférence? Dans
les questions relatives au statut personnel, nous nous
sommes décidé pour la loi nationale, à l'exclusion de
celle du domicile. Mais ici la difficulté n'est point la
même; il ne s'agit point de rechercher à quelle loi les
parties se trouvent soumises, en vertu de principes de
droit indépendants de leur volonté, mais de déterminer
en faveur de quelle loi elles ont exercé la faculté de
choisir qui leur est accordée. Cependant, c'est encore
la loi nationale que nous placerons avant la loi du domicile, parce que pour les parties c'est la plus importante, celle du moins, qu'elles doivent connaître le
mieux, puisqu'elle régit leur état et leur capacité. C'est
l'opinion qu'adopte Hertius (*De collisione legum*, n° 10).
« Si inter duos celebratur, verbi gratia, pactum, et
« uterque paciscens est externus et unius civitatis civis,
« dubitandum non est actum a talibus secundum leges
« patriæ factum in patria valere. » Ajoutons que le
contrat ne devra pas être déclaré valable dans la patrie
seulement, mais partout où des tribunaux auront à en
connaître.

On s'est demandé s'il ne faut pas faire exception aux
principes que nous venons de poser toutes les fois que

l'obligation doit s'accomplir dans un lieu autre que celui où elle s'est formée. Ainsi, dans ce cas, on préférerait la loi du lieu de l'exécution aux différentes lois qui, d'après le système que nous venons de développer, président à la formation de l'obligation, et principalement à la loi du lieu où le contrat a été passé. On cite dans ce sens deux textes du Digeste :

« Contraxisse unusquisque in eo loco intelligitur, « in quo ut solveret se obligavit » (L. 21, *De oblig. et act.*, XLIV, 7). « Veniri bona ibi oportet ubi quisque « defendi debet, id est ubi domicilium habet aut' ubi « quisque contraxerit. Contractum autem non utique « eo loco intelligitur quo negotium gestum sit, sed « quo solvenda est pecunia » (L. 1, 23, D. *De reb. auct. jud.*, XLIII, t. V).

On a prétendu que ces deux textes servaient à déterminer, outre la juridiction, le siège même de l'obligation. Cette idée est soutenue par Dumoulin (*Comm. ad Cod.*, L. 1, t. 1) et par Savigny (*Droit romain*, VIII, § 372). Les parties, dit-on, en contractant, ont en vue non l'obligation ou les obligations qu'elles viennent de créer, mais leurs conséquences, c'est-à-dire l'état de droit qui résultera de leur exécution.

Nous repoussons ce système. Il est d'abord très contestable que les deux textes précités visent *le droit local de l'obligation* en même temps que la juridiction. On peut leur opposer deux autres textes qui semblent montrer assez clairement que la loi du lieu où naît

l'obligation doit la régir de préférence à la loi du lieu
où elle s'accomplit.

« Si fundus venierit ex consuetudine ejus regionis
« in qua negotium gestum est pro evictione caveri
« oportet » (L. 6, *De evictione*, XXI, 2).

« Uniuscujusque enim contractus initium spectan-
« dum et causa » (L. 8, pr. *Mandati*, D., XVII, 1).

Ainsi, comme le fait remarquer M. Fiore (*Droit int.
privé*), il faut distinguer le lien juridique, l'obligation,
de son exécution, le *vinculum juris* de l'*onus conventionis*. En contractant, les parties songent d'abord à
créer l'obligation ; son accomplissement reste toujours
distinct dans leur pensée de sa formation. Toutes les
conditions essentielles à l'existence ou à la validité de
l'obligation concernent le *vinculum juris*, et par conséquent, doivent être soumises à la *lex loci contractus*.
Celles qui doivent être remplies au moment de l'exécution sont régies par la *lex loci executionis* : « Ea vero,
« dit Burgundus, quæ ad complementum vel executio-
« nem contractus spectant, vel absolute eo superve-
« niunt, solere a statuto loci dirigi in quo peragenda est
« solutio. »

Ainsi le droit local de l'obligation se détermine par
la loi du lieu où elle prend naissance. Mais, dans la
pratique, des difficultés pourront se présenter, lorsqu'il
s'agira de fixer ce lieu. Remarquons que nous ne parlons pas seulement des obligations qui naissent de

contrats, mais encore de celles qui naissent de quasi-
contrats, de délits et de quasi-délits.

Pour ces dernières, il ne peut guère y avoir de
doute ; c'est la loi du lieu où s'est accompli le fait licite ou illicite qui doit servir à déterminer les obligations qui naissent de ces faits. Ainsi, l'obligation du
gérant d'affaires sera réglée par la loi du lieu où la
gestion a été faite ; dans le payement de l'indû, celle
de l'*accipiens* sera réglée par la loi du lieu où les deniers ont été versés.

Quant aux délits et aux quasi-délits, la difficulté est
plus grande. Certains auteurs, entre autres Savigny
(t. VIII, § 374, p. 275), pensent que les obligations qui
en résultent doivent se juger d'après la loi du lieu où
s'exercent les poursuites et non d'après la *lex eventus*.
Savigny cite comme exemple les obligations qui naissent de la cohabitation hors mariage : dans certaines
législations, la recherche de la paternité est admise ;
elle est, au contraire, prohibée dans certaines autres ;
il s'agit ici de principes intéressant la morale et l'ordre
public respectif de chaque pays ; les tribunaux saisis
de questions où ces principes seraient engagés, ne
pourraient appliquer que leur droit particulier ; ainsi,
la juridiction française devrait repousser une demande
d'aliments qui nécessiterait au préalable une recherche
de la paternité, alors même que le commerce illicite
aurait eu lieu entre un Français et une étrangère, ou

même entre individus étrangers dans un pays où la recherche de la paternité est admise.

Toutefois, nous croyons que la doctrine de Savigny est trop absolue ; l'intérêt général d'un pays, sa morale publique ne sont pas toujours engagés dans ces questions d'obligations naissant *ex delicto* ou quasi *ex delicto*. Ainsi, les lois relatives à la responsabilité civile des patrons pour dommages éprouvés par leurs ouvriers ou pour ceux qu'ils causeraient à des tiers (art. 1383 du C. c.) doivent être considérées comme inapplicables aux faits qui se sont passés au delà des frontières où ces statuts sont en vigueur ; c'est la *lex loci eventus* qui devrait être adoptée par nos tribunaux. Il y a là, d'ailleurs de grandes difficultés d'appréciation ; mais il faut préférer la *lex eventus* à la *lex actionis*, toutes les fois qu'on peut le faire sans enfreindre un principe d'ordre public.

Nous arrivons maintenant aux obligations qui naissent de contrats. Il y a des cas où il est difficile de déterminer le lieu où la convention a été formée ; par exemple, si elle a été conclue par lettre. Quelle est la loi qui régit un tel contrat ? Est-ce celle du lieu d'où la lettre a été envoyée, ou celle du lieu où elle a été reçue ?

Grotius propose de résoudre la question par le droit naturel et l'équité ; c'est laisser le champ libre aux appréciations arbitraires.

Pothier, Duranton, Duvergier, Merlin, Toullier,

Troplong, etc., tiennent pour la loi du lieu où l'auteur
de l'offre a connaissance de l'acceptation de son correspondant. Jusqu'à ce moment, disent-ils. l'acceptation n'est qu'un *propositum in mente retentum*; tant
que l'auteur des offres n'en a pas eu connaissance,
l'acceptation peut être retirée ; le contrat n'est donc pas
encore parfait ; il ne le devient qu'au moment où l'auteur des offres est informé de l'acceptation ; c'est donc
la loi du lieu où cette information est donnée qui doit
déterminer le droit local du contrat.

Fiore, qui admet ce système, n'y fait exception que
pour le mandat. Il invoque la loi 15, D. XVII, 1 : « Si
« mandassem tibi ut fundum emeres, postea scripsis-
« sem ne emeres tu, antequam sciasme vetuissse, emisses,
« mandati tibi obligatus ero. » « La raison de la différence notable entre une vente faite par lettre et un mandat donné par lettre, c'est que, dans la première, les deux
contractants s'obligent à faire une chose distincte et
que leur obligation est pour tous deux principale et réciproque et ne peut s'établir sans l'accord des deux volontés, tandis que dans le mandat, l'obligation principale est unique et dans le seul intérêt du mandant. »

Quelle que soit l'autorité des auteurs qui soutiennent
ce système, il faut, croyons-nous, appliquer sans distinction à tous les contrats par lettre, la doctrine que
Fiore soutient en ce qui concerne le mandat. Dès que
le correspondant, l'acheteur accepte l'offre qui lui est
faite, le contrat est parfait. On arguerait vainement de

l'art. 932 du Code civil décidant que la donation ne vaut à l'égard du donateur que si l'acceptation lui a été notifiée. Outre qu'il y a controverse sur la portée de cet article, il est impossible de l'étendre aux contrats qui se forment par le concours de deux volontés, abstraction faite de toute solennité extérieure. On prétend à tort que l'acceptation, tant qu'elle n'est pas portée à la connaissance de l'auteur des offres, n'est qu'un *propositum in mente retentum* qui peut toujours être rétracté; il pourra en être ainsi quelquefois, mais dès que la volonté d'accepter les offres a été clairement manifestée, le contrat est parfait. « La question, disent MM. Aubry et Rau, consiste uniquement à savoir si l'acceptation manifestée par des moyens qui doivent, d'après le cours ordinaire des choses, la porter à la connaissance de l'auteur des offres, rend le contrat parfait à son égard, même avant que, de fait, il en ait été instruit. Or, il est inexact de dire que l'acceptation ne soit en pareil cas, qu'un *propositum in mente retentum*, et doive, en ce qui concerne l'auteur des offres, être considérée comme n'étant pas » (Aubry et Rau, § 343, note 3). Ainsi c'est la loi du lieu où l'offre est acceptée qui doit déterminer le droit local du contrat.

Une question analogue à la précédente s'élève à propos du contrat de transport. Il y a lieu de se demander si c'est la *lex loci contractus* ou la loi de la destination qui est applicable. La loi du lieu où le contrat est passé nous semble l'emporter; celle du lieu de la destination n'a d'influence que sur l'exécution du contrat.

Les contrats passés en France par des sociétés étrangères avec des Français ont fait naître de nombreuses difficultés. Ainsi les statuts de ces sociétés décident souvent que les contestations des actionnaires avec la société seront portées devant des arbitres; c'est la clause compromissoire prohibée par l'art. 1006 du Code de procédure civile. On s'est demandé si pour décider de la validité ou de la nullité d'une pareille disposition, il fallait consulter la loi du pays où la société a son siège, ou plutôt la loi française, c'est-à-dire celle du lieu de la souscription. La jurisprudence est divisée. Un arrêt du 8 novembre 1805 soutient que la loi française est seule applicable et par conséquent que la clause compromissoire est absolument nulle. Deux arrêts du 11 janvier 1805 et du 18 mai 1807 admettent au contraire que c'est la loi du pays où la société a son siège qui doit régir le contrat de société, et décident que la clause compromissoire est obligatoire pour l'actionnaire français qui a souscrit en France. Il y a là une interprétation équitable de la volonté des parties; le souscripteur doit être présumé s'être soumis à la loi étrangère; les tribunaux français ne pourraient déclarer nulle la clause compromissoire que si la prohibition de l'art. 1006 intéressait la morale et l'ordre public; nous croyons qu'elle ne vise que les contrats faits sous l'empire de la loi française.

Dans le même ordre d'idées nous devons signaler une espèce qui s'est présentée devant la Cour de cassation le 18 décembre 1872. Un contrat d'assurances sur la vie était intervenu entre des Français et l'agent d'une société allemande. Les primes n'avaient pas été acquittées et la société refusait de payer la somme promise. Les bénéficiaires de l'assurance répondaient que les primes ne leur avaient pas été demandées. Toute la question était de savoir si les primes étaient quérables ou portables. Un jugement du 21 novembre 1871 donna tort à la société en s'appuyant sur l'art. 1247 du Code civil qui veut que le payement ait lieu au domicile du débiteur. Devant la Cour de cassation, la société soutint que le contrat d'assurance devait être régi par la loi allemande, parce qu'il était censé avoir été passé à Berlin où la société avait son siège. La Cour de cassation ne trancha point la difficulté. Elle rendit un arrêt de rejet fondé sur l'allégation de faits nouveaux.

Lorsque l'acte du mandataire est ratifié par le mandant, on se demande quel est le droit local du contrat. Casarégis dit qu'il faut prendre en considération le lieu où le contrat a été fait parce que la ratification rétroagit au jour du contrat.

Pour les conventions nulles qui sont ratifiées, une distinction est nécessaire. Si la nullité est absolue, le contrat est inexistant en droit ; il n'a que l'apparence d'un contrat; la ratification constitue le véritable contrat et c'est le lieu où elle est faite qui doit en déterminer le droit local. Si, au contraire, la nullité n'est que relative, le contrat existe malgré le vice dont il est entaché et la ratification doit avoir un effet rétroactif; aussi le droit local du contrat annulable ratifié est-il déterminé par le lieu où il a été fait et non point par celui où il est confirmé (Hertius, op., *De collisione legum*, § 4, n° 55, Fœlix, n° 106; Fiore, n° 249).

Enfin le contrat sous condition suspensive est également régi par la *lex loci contractus*, parce que la condition accomplie rétroagit au jour du contrat.

Remarquons que ces différentes questions ne présentent d'intérêt qu'autant que les parties diffèrent de nationalité et ne sont pas domiciliées dans le même pays, parce qu'on ne peut alors appliquer que la loi du lieu où le contrat a été passé.

Nous devons rechercher maintenant si les principes que nous venons d'établir ne comportent par certaines exceptions.

Il y a deux cas où, sans contestation, les tribunaux français ne devraient pas avoir égard à la loi à laquelle les parties se sont implicitement référées.

C'est d'abord le cas où les contractants se seraient rendus à l'étranger afin de soustraire leur convention à une disposition prohibitive de la loi française. C'est ensuite le cas où le droit local de l'obligation serait contraire à la morale et à l'ordre public tels qu'ils sont admis en France. Ainsi, les tribunaux français ne pourraient reconnaître la validité d'un contrat de louage de service fait en contravention du principe posé par l'art. 1780 du Code civil : *On ne peut engager ses services qu'à temps ou pour une entreprise déterminée.* Mais il ne faut pas oublier que l'application de la loi étrangère s'impose aux tribunaux français, alors même qu'elle serait contraire à un statut prohibitif français, à moins que ce statut n'intéresse la morale et l'ordre public. Il y a lieu à l'appréciation des juges.

Ainsi, l'art. 103 du Code de commerce déclare que « le voiturier est garant de la perte des objets à transporter hors les cas de force majeure. » On admet que cette disposition est impérative et que le voiturier ne peut se soustraire à sa responsabilité en insérant une clause de non-garantie dans la lettre de voiture (Cass. 21 janvier 1807). Certaines législations autorisent la clause de non garantie dans le contrat de transport. Que doit décider la juridiction française lorsque le contrat de transport se trouve régi par une loi étrangère admettant la validité de cette clause ? Nous croyons qu'il faut faire une distinction, et, pour mieux la mettre en lumière, nous prendrons une espèce qui s'est présentée en pratique. Certaines compagnies de transports stipulent sur les bulletins délivrés aux voyageurs *qu'elles ne seront responsables, en cas de perte de bagages, que de ceux qui auront été enregistrés et auront acquitté le prix du port.* Cette clause est contraire à l'art. 103 du

Code de commerce; les compagnies françaises ne sauraient l'insérer dans leurs statuts; mais est-elle en outre,
contraire à l'ordre public, à tel point que nos tribunaux
dussent refuser d'y avoir égard, bien qu'elle fût insérée dans un contrat de transport soumis à une loi qui
en admet la validité? Un jugement d'appel du tribunal
de la Seine, en date du 28 juillet 1870, admet l'affirmative; mais il a été cassé et la Cour suprême a décidé
avec raison, « qu'une pareille clause qui met le voyageur dans cette alternative, ou de veiller lui-même à la
garde de ses effets, ou de se décharger de ce soin sur
la compagnie en lui payant un prix de transport déterminé à l'avance n'a par elle-même rien d'illicite, ni
de contraire à l'ordre public » (Cass. 5 février 1873;
Sirey, 1873, 1, 105).

Devons-nous conclure de cet arrêt que la clause de
non-garantie n'est jamais contraire à l'ordre public?
Nullement; dans l'espèce, la clause n'avait pour but
que de décharger la compagnie de transports de la
perte simple en cas de non-payement à l'avance du prix
de transport et à défaut d'enregistrement des bagages.
Mais si la clause de non-garantie avait compris la responsabilité résultant d'une faute lourde imputable
à la compagnie ou à ses agents, elle aurait dû être considérée par nos tribunaux comme contraire à l'ordre
public.

Aux deux séries d'exceptions que nous venons d'examiner, certains auteurs en ajoutent une troisième. Le

droit local de l'obligation, disent-ils, doit cesser d'a-
voir autorité toutes les fois que les tribunaux ont à
statuer, non sur le fond de la demande, mais sur les
défenses ou *exceptions péremptoires*; dans ce cas c'est
la loi de l'action, la *lex fori*, c'est-à-dire, leur propre loi qu'ils doivent appliquer. Fœlix (n° 100) cite
comme exemple les défenses fondées sur ce que
la dette est éteinte par prescription, ou que la
chose réclamée fait l'objet d'une obligation naturelle.
Nous parlerons de la prescription à propos de l'extinction des obligations. Quant à l'obligation naturelle, elle
tire son caractère du droit local qui la régit. Disons,
d'une manière générale que, toutes les fois que la défense proposée n'a point sa source dans un événement
postérieur au contrat ou dans un fait qui en est distinct,
elle doit être soumise à la même loi que le contrat.
D'ailleurs, comme le fait remarquer Savigny (t. VIII,
p. 267) « les règles relatives à ce qu'on appelle *défenses* ou *exceptions péremptoires* déterminent toujours à
quel degré la validité de l'obligation est incomplète.
On ne saurait donc, sans inconséquence, dire que la
validité intrinsèque de l'obligation dépend d'une certaine loi et que l'admissibilité des défenses ou exceptions péremptoires dépend en principe d'une autre
loi. » Savigny cite comme exemple de ces défenses,
le bénéfice de compétence, l'exception *non numeratæ
pecuniæ*. Mais il ajoute que les exceptions fondées sur
l'incapacité d'une des parties ont trait au statut per-

16.

sonnel et sont régies de la même façon ; et il cite les exceptions du sénatus-consulte Macédonien et du sénatus-consulte Velléien.

§ 2. *Application des principes précédents aux différentes conditions des obligations.*

Après avoir établi d'une manière générale, les principes qui servent à déterminer la loi des contrats, nous devons examiner plus spécialement les différentes conditions nécessaires à leur existence et à leur validité.

La première de ces conditions est un consentement valable. Les vices du consentement sont : la violence, le dol, la lésion.

Certains auteurs voudraient soumettre les exceptions de dol et de crainte à la *lex fori*. Nous venons de réfuter le principe sur lequel repose cette théorie. La loi qui régit les conditions du contrat doit seule servir à déterminer les vices du contrat, « parce que, dit Merlin, les vices du contrat sont inhérents au contrat même, parce qu'ils en font essentiellement partie, parce que les contractants ont été avertis, par la loi qui présidait à leur traité, des vices qu'il renfermait et qu'ils ne l'ont souscrit que sous la réserve tacite de la faculté qu'elle leur accordait à l'un et à l'autre, ou à l'un d'eux seulement, de le faire annuler ou rescinder. » Ainsi la loi du contrat, c'est-à-dire de la nationalité des parties, celle de leur domicile, celle du lieu où le contrat a été fait suivant les distinctions que nous avons indiquées, doit être consultée pour savoir si le contrat est entaché de dol ou de violence, quels caractères ces vices doivent présenter pour donner lieu à rescision, enfin dans quelles conditions et dans quel délai l'action en nullité doit être intentée.

Le vice de lésion doit nous arrêter un instant. Il peut être admis dans différents contrats en faveur de l'une ou l'autre des parties ou des deux parties. En droit français, la lésion ne vicie que le partage et la vente (art. 887 et 1674) et la rescision n'a pas lieu en faveur de l'acheteur (art. 1683, C. c.), il faut, en outre, que l'objet de la vente soit un immeuble (art. 1674).

Par quelle loi saura-t-on s'il y a lieu à rescision pour lésion et comment la lésion doit s'apprécier? En principe, on admet que c'est la loi du contrat qui doit avoir autorité. Mais certains auteurs, Massé entre autres, lui préfèrent la *lex rei sitæ*, toutes les fois qu'il s'agit d'un immeuble. Il y a là une confusion. Sans doute, il faudra bien consulter la loi du lieu où l'immeuble est situé, pour apprécier la lésion: mais le point de savoir si la rescision pour lésion doit être admise dépend de la loi du contrat, parce que c'est la loi sous l'empire de laquelle les parties se sont engagées qui détermine les cas où la convention peut être annulée (Rocco, Fiore, op. cit., n° 294).

Quant à l'objet et à la cause du contrat, ils doivent

être licites à l'égard de la loi à laquelle ils sont soumis. Mais ajoutons que les tribunaux français ne pourraient sanctionner un contrat dont l'objet serait illicite d'après la loi française, alors même qu'il serait régi par une loi étrangère. Cette exception se rattache au principe général qu'on ne peut, en vertu d'une loi étrangère, contrevenir aux lois de police et de sûreté, ni à celles qui intéressent les bonnes mœurs. Ainsi, une obligation soumise à une loi étrangère qui aurait pour objet des choses dont le commerce est défendu, ou ne s'exerce que moyennant l'observation de certaines formalités, telles qu'une autorisation du gouvernement, ne pourrait recevoir de sanction de la juridiction française. Toutefois, il est nécessaire de faire quelques réserves. Si la convention porte sur des marchandises françaises soumises à des prohibitions spéciales, telles que la poudre, les tabacs, le sel, etc., elle ne pourra produire d'effets ; mais si la convention s'applique à des marchandises étrangères de la même espèce dont le trafic est libre d'après la loi du pays où elles sont échangées, on doit dire qu'elle est valable dans son principe, et un vendeur qui actionnerait son acheteur en payement de ces marchandises devant nos tribunaux, ne pourrait pas être repoussé sous prétexte que l'objet de la vente est illicite. Ici, en effet, aucun intérêt public ne se trouve engagé. Il faudrait donner une décision contraire si l'objet de la convention était illicite, non pas en vertu de règlements de police ou de lois spéciales à la France, mais par application d'un principe considéré comme la base de notre droit public et de notre morale; ainsi, la convention ayant pour objet des esclaves, faite sous l'empire d'une loi esclavagiste devrait être déclarée nulle par nos tribunaux, encore qu'elle ne s'appliquât pas à des esclaves réfugiés sur notre territoire.

Il y a des cas où la solution est plus douteuse : on s'est demandé si un Français pouvait être actionné en France, en payement d'un billet de loterie. Les loteries étrangères ont été défendues en France par un arrêt du Conseil du 20 septembre 1776, et la loterie en général par la loi du 21 mai 1830. Si le billet est acheté en France, il est certain que l'action en payement ne sera pas recevable; mais en est-il de même lorsque le billet est acheté à l'étranger? Un arrêt de Paris du 25 juin 1829 a consacré l'affirmative (Sirey, 1829, 2, 34). Mais la question est très délicate; sa solution dans un sens ou dans l'autre dépend du point de savoir si on doit considérer la prohibition des loteries comme un simple règlement d'ordre intérieur, ou comme un statut concernant les bonnes mœurs et l'ordre social en général. Cette dernière opinion n'est guère acceptable, puisque les loteries ont été pendant longtemps des ressources du Trésor et qu'elles sont encore assez fréquemment autorisées.

Nous donnerons une décision différente en ce qui concerne les dettes de jeu; nous considérons l'art. 1965 du Code civil comme intéressant les bonnes mœurs.

A propos du statut personnel, nous avons essayé d'établir que les sociétés, qui font la contrebande à l'étranger, doivent être considérées comme ayant un objet illicite, et, par conséquent, comme inexistantes au regard de la loi française. Pour les mêmes raisons, nous devons décider maintenant que les obligations qui ont la contrebande pour cause ou pour objet ne doivent recevoir aucune sanction de nos tribunaux, alors même que la contrebande est faite à l'avantage de la France. Cette doctrine est très contestée. Selon Pardessus, la contrebande n'est un délit que pour les nationaux qui violent les lois de l'Etat; nos tribunaux, dit-on, n'ont pas à sauvegarder les droits d'une souveraineté étrangère. Deux arrêts ont admis cette théorie (Cass., 25 mars 1835 ; Sirey, 1835, I, 673 ; Aix, 30 août 1833-1834, II, 161). Elle s'appuie sur la vieille idée de l'intérêt personnel et exclusif des nations ; nous la repoussons, parce que nous croyons que chaque Etat a intérêt à faire respecter les droits des autres Etats ; en favorisant par l'impunité la contrebande qui se fait au delà des frontières, on s'expose à des représailles.

Nous avons supposé jusqu'à présent que la loi régissant les conditions de l'obligation se trouvait fixée et qu'il s'agissait seulement de savoir si l'objet et la cause, licites en vertu de cette loi, ne devaient pas être parfois déclarés illicites par le juge français au nom de la loi française. Mais il y a des cas où l'on peut se demander si c'est bien à la loi du contrat qu'il appartient de déterminer le caractère licite ou illicite de son objet ou de sa cause. La question s'est élevée à propos des transports de droits et créances. La cession de tel ou tel droit est-elle valable? Si nous appliquons la règle générale, nous devrions répondre que la validité de la cession dépend de la loi de la nationalité des parties, de celle du lieu de leur domicile, ou de celle du lieu où le contrat a été fait, suivant les cas, et en principe de la loi à laquelle elles se sont librement soumises. Mais, comme le fait remarquer M. Fiore, « les choses incorporelles ne peuvent se localiser et sont inséparables de la personne qui les possède. » Par suite, c'est la loi nationale du créancier qu'on doit consulter pour savoir si le droit est cessible. Nous entendons parler de tous les droits incorporels, créances, privilèges, droit de rachat, action en rescision, etc..., et en général toutes les actions personnelles et réelles. Quant à ces dernières, lorsqu'elles s'appliquent à des immeubles ou à des meubles, leur cessiblité ou leur incessibilité dépend du statut réel.

SECTION III.

FORMES HABILITANTES.

On désigne sous ce nom les formalités qui précèdent le contrat et qui ont pour but de donner aux incapables ou à leurs représentants le pouvoir de contracter. Ainsi, le tuteur ne peut faire certains actes sans l'autorisation du conseil de famille ; pour d'autres, le Code exige en outre que la délibération du conseil de famille soit homologuée par le tribunal de première instance ; le mineur émancipé a besoin pour les actes qui ne rentrent pas dans la pure administration de l'assistance de son curateur ; la femme mariée ne peut s'obliger sans l'autorisation de son mari.

Des auteurs voudraient faire rentrer ces formalités dans la classe de celles que nous avons examinées plus haut et appliquer aux unes comme aux autres la maxime *locus regit actum*. C'est se méprendre sur le caractère des formalités dites *habilitantes*. Elles n'ont point pour but de constater et de conserver l'expression de la volonté des parties ; mais, comme l'indique leur qualification, elles doivent intervenir pour rendre cette volonté efficace, pour suppléer à leur incapacité. Elles rentrent donc dans le statut personnel et doivent être régies par la loi nationale.

Nous devons dire quelques mots de l'autorisation maritale dont la femme a besoin pour contracter. Certains auteurs la considèrent comme un statut territorial applicable à tous ceux qui résident en France. Merlin, après quelque hésitation, a fini par adopter cette opinion. Il s'appuie sur l'idée que la puissance maritale est d'ordre public. Il y a là une confusion qui vient du sens mal défini des mots *ordre public* ; sans doute, la puissance maritale est d'ordre public, puisque les époux ne peuvent y déroger par leurs conventions; mais peut-on dire qu'elle concerne les bonnes mœurs, l'intérêt général, le droit public de la France? Nullement, elle est essentiellement de droit privé; par conséquent, elle n'atteint pas les femmes étrangères résidant en France.

Un autre système soutenu par le président Bouhier et aussi par Merlin à une certaine époque, fait rentrer la puissance maritale et par suite l'incapacité de la femme mariée et la nécessité de l'autorisation, dans les effets du contrat de mariage. La loi qui régit les conventions matrimoniales déterminait également si la femme a besoin ou non de l'autorisation de son mari pour contracter, si elle est soumise à sa puissance ou si elle en est affranchie. « On demeure presque généralement d'accord, dit le président Bouhier (*Coutume de Bourgogne*, ch. XXIII, n° 3), que la loi du domicile matrimonial détermine l'état de la femme et par conséquent l'étendue du pouvoir qu'a le mari sur elle; et l'on ne voit pas comment cet état, une fois déterminé, pourrait changer par une simple translation de domicile faite par le mari. »

Nous admettons avec le président Bouhier que la simple translation de domicile ne suffit pas pour soustraire la femme mariée à la puissance maritale qui, nous l'avons dit plus haut, ne peut pas être considérée comme un statut territorial. Mais, selon nous, l'état de la femme mariée et la puissance maritale ne sont pas davantage soumis à la loi du contrat de mariage (loi du domicile matrimonial ou de la nation du mari, peu importe). Nous démontrerons plus loin que cette loi est une *perpetua lex* dans le temps et dans l'espace, puisque le régime matrimonial des époux doit être à jamais fixé au jour du mariage. La puissance maritale est indépendante de ce régime ; sans doute les époux peuvent, par leurs conventions, étendre ou restreindre dans une certaine mesure les pouvoirs du mari et la capacité de la femme ; cette extension et ces restrictions seront interprétées par la loi du contrat de mariage ; mais au delà de cette mesure, la puissance maritale ne peut subir aucune atteinte ; elle échappe à la volonté des époux qui ne peuvent y déroger par leurs conventions (art. 1388). Nous devons en conclure que la puissance maritale et l'incapacité de la femme mariée qui en est la conséquence dépendent d'une autre loi que la loi du contrat de mariage. Elles rentrent dans le statut personnel ; c'est la loi nationale qui, par suite, déterminera si la femme a besoin de l'intervention de son mari et dans quelle forme cette autorisation doit lui être donnée. Mais la loi nationale n'est pas une *perpetua lex*, comme la loi du contrat de mariage ; elle peut être modifiée par le législateur ; elle peut être remplacée par une autre, si les époux changent de nationalité. C'est en ce sens qu'un arrêt d'Agen, du 7 prairial an XIII, a pu dire que les lois concernant la puissance maritale étaient d'ordre public ; elles le sont au même titre que le statut personnel ; comme lui elles sont d'ordre public mais de droit privé.

CHAPITRE III

NATURE ET EFFETS DES OBLIGATIONS.

SECTION PREMIERE.

NATURE DES OBLIGATIONS.

Les obligations se distinguent par leurs modalités, ce sont elles qui constituent leur manière d'être, leur nature. Une obligation est pure et simple ou conditionnelle, elle est à terme ou sans terme; divisible ou indivisible; elle est certaine ou incertaine, naturelle ou civile; elle consiste à donner ou à faire ; enfin elle peut être solidaire, alternative, facultative, etc.

Il y a des cas où la nature de l'obligation ne saurait être douteuse. Par exemple, il sera toujours aisé de déterminer si l'objet de l'obligation est une chose certaine ou une chose de genre, et par conséquent si l'obligation est certaine ou incertaine, ou bien encore si le débiteur doit *dare præstare* ou *facere*.

Il y a d'autres cas, au contraire, où l'on pourra hésiter sur la nature de l'obligation, et il faudra consulter la loi pour suppléer au silence des parties. Mais quelle est la loi qui régit la nature de l'obligation ? C'es en prenant naissance que l'obligation se trouve affectée de certaines modalités par la volonté des contractants ou en vertu du droit local qui la régit. Il faut donc appliquer à la nature de l'obligation la même loi qu'à ses formes intrinsèques ; et nous avons dit que cette loi était celle à laquelle les parties sont présumées s'être soumises.

Ainsi, la loi du contrat dira si l'obligation est civile ou naturelle. Elle dira également si la solidarité existe entre les créanciers ou les débiteurs. « La solidarité en effet, dit M. Fiore constitue la force de l'obligation et la sûreté du créancier, et doit dépendre de la loi sous laquelle les parties se sont obligées » (Fiore, *op. cit.*, n° 254). La détermination de la loi qui régit la solidarité entre créanciers ou codébiteurs, est importante, parce que les différentes législations ne l'admettent point toujours dans les mêmes cas et pour les mêmes contrats. Ainsi l'art. 1750 du Code civil italien porte que « si le mandat a été conféré par plusieurs personnes pour une affaire commune, chacune d'elles est tenue solidairement envers le mandataire de tous les effets du mandat. » Si donc le contrat de mandat est intervenu entre des Français et des Italiens sous l'empire de la loi italienne, nos tribunaux devront admettre le mandataire à poursuivre solidairement les mandants, en vertu de la loi italienne.

Mais remarquons que notre règle n'est applicable qu'autant que le statut personnel de l'obligé ne s'op-

pose pas à ce qu'il contracte des engagements solidaires. Nous entendons parler des commanditaires dont
la responsabilité est limitée à leur mise. D'après la loi
anglaise, les commanditaires comme les commandités
sont solidairement responsables des engagements de la
société envers les tiers. Le tiers qui contracte avec
une société en commandite française, peut-il prétendre
poursuivre solidairement les associés commanditaires,
sous prétexte que le contrat se trouve régi quant à sa
nature par la loi anglaise? Il faut répondre négativement; c'est la loi qui a donné l'existence à la société,
personne morale, qui doit régler sa capacité; si d'après
cette loi, la société est incapable de s'engager au delà
de la mise des commanditaires, la responsabilité de
ceux-ci disparaît dès que leur mise est épuisée. C'est le
statut personnel de la société qu'il faut appliquer, et ce
statut la suit partout. « Un Etat étranger, dit très bien
M. Fiore, peut reconnaître ou non une société, mais il
ne peut en assujettir la constitution à ses lois » (Fiore,
op. cit., n° 254).

SECTION II.

EFFETS DES OBLIGATIONS.

I. EFFETS IMMÉDIATS.

La plupart des auteurs distinguent parmi les effets

de l'obligation ceux qui en dérivent immédiatement, qui ont en elle leur cause génératrice, de ceux qui n'en découlent que médiatement, à la suite d'événements postérieurs à sa naissance. Les premiers prennent plus spécialement la dénomination d'*effets de l'obligation* et les autres sont les *suites de l'obligation*.

Parlons d'abord des effets de l'obligation qui ont une cause inhérente à l'obligation elle-même, et voyons à quelle loi ils doivent être soumis. Nous pouvons poser en principe que cette question doit être résolue dans le même sens que celle qui a été examinée au chapitre précédent à propos des formes intrinsèques de l'obligation. En effet, c'est au moment même où le contrat devient parfait que les parties doivent savoir de quelles conditions dépendent son existence et sa validité et quels effets il doit produire par sa seule force. Nous avons admis que c'était la volonté expresse ou présumée des parties qui devait déterminer la loi de l'obligation; c'est précisément cette loi qui en régira les effets.

Ainsi, les parties pourront indiquer la loi à laquelle elles entendent soumettre leur contrat quant à ses conditions et à ses effets. Mais leur est-il permis de viser deux lois différentes pour les conditions et pour les effets? Nous ne le pensons pas, c'est la loi dite *loi de l'obligation* qui gouverne tout ce qui est inhérent au contrat; la détermination de cette loi repose sur le principe de la libre soumission des parties; mais l'ordre public international est intéressé à ce qu'elles n'em-

pruntent pas à des législations différentes les règles
qui concernent les différents éléments de l'obligation.
La liberté des conventions n'est absolue dans aucun
pays, mais les limites qui lui sont assignées ne
sont pas les mêmes partout ; lorsques les parties con-
tractent sous l'empire d'une loi particulière, il y a certaines clauses qui leur sont prohibées, certains effets
qu'il ne leur appartient pas d'attacher au lien de droit
qu'elles ont créé ; s'il leur était permis de dire que pour
ces clauses, pour ces effets, leur convention sera soumise à une autre loi qui les autorise, elles échappe-
raient facilement aux statuts prohibitifs qui les gênent
et arriveraient à contracter avec une liberté presque
complète ; en fait, elles ne dépendraient plus d'aucune
loi positive particulière, mais seulement des principes
du droit naturel reconnus par toutes les législations ; or
le droit international ne saurait admettre que des personnes vivant sous l'empire de lois positives puissent
faire des actes de la vie civile qui échappent à l'autorité
de toute loi ayant ce caractère. Les effets des contrats
doivent donc toujours se rattacher à la loi qui en règle
les conditions.

Nous savons que si les parties n'ont pas exprimé
leur volonté, leur silence doit être interprété en
faveur de la loi qui leur est commune, et si plusieurs lois leur sont communes en faveur de celle
qu'elles ont le plus vraisemblablement adoptée. Cette
loi sera celle de leur nation, si elles ont la même patrie,

celle du lieu de leur domicile, si elles sont domiciliées dans le même pays, et enfin si elles n'ont, ni la même loi nationale, ni la même loi domiciliaire, celle du lieu où elles se trouvent au moment où le contrat devient parfait.

Appliquons ces principes aux différents effets des contrats.

§ 1. *Obligations de donner.*

Notre Code civil distingue les obligations en obligations de donner (*dare*) et en obligations de faire ou de ne pas faire (L. 3, t. III, ch. III).

L'obligation a pour objet tantôt la translation de la propriété, tantôt une simple prestation de jouissance (*dare aut præstare*). C'est dans la première hypothèse que les art. 1136-1141 se sont placés.

L'art. 1136 nous dit que « l'obligation de donner emporte celle de livrer la chose et de la conserver jusqu'à la livraison, à peine de dommages et intérêts envers le créancier. »

Plusieurs questions s'élèvent sur l'obligation de donner :

1° Comment l'obligation de livrer la chose, conséquence de l'obligation de donner, doit-elle s'accomplir ?

2° A qui incombent les risques de la chose jusqu'à sa livraison effective ?

3° De quelle faute le débiteur tenu de conserver la chose aux termes de l'art. 1136, est-il responsable ?

Ces différentes questions ont trait aux effets immédiats de l'obligation; elles se posent dès que celle-ci devient parfaite.

1° La première est résolue différemment suivant les différentes législations. Celles qui sont restées fidèles au droit romain admettent que l'obligation de livrer la chose ne s'accomplit que par une tradition matérielle, ou tout au moins par une tradition fictive (clause de dessaisine-saisine). D'après le Code civil (art. 1138) et les lois étrangères qui ont adopté ses principales innovations, l'obligation de livrer la chose est parfaite par le seul consentement des parties contractantes. « Elle rend le créancier propriétaire et met la chose à ses risques dès l'instant où elle a dû être livrée, encore que la tradition n'en ait point été faite, etc... »

Si nous appliquions ici, la règle que nous avons posée plus haut, nous dirions que la question de savoir si le contrat contenant une obligation de donner doit être accompagné d'une tradition ou d'une clause de dessaisine-saisine, dépend du droit local de l'obligation. Mais ici les auteurs s'accordent à faire prévaloir le statut réel, c'est-à-dire, la loi du lieu où la chose, objet de l'obligation, est située, la *lex rei sitæ*. En effet,

17.

il s'agit de savoir si la propriété peut être transférée par le seul consentement, ou si une tradition matérielle ou fictive n'est point nécessaire ; c'est à la loi qui régit les biens qu'il faut s'en rapporter. Il n'y a pas à distinguer, selon nous, entre les immeubles et les meubles, en dépit de l'adage *mobilia inhærent personæ*; ainsi, la question de translation de la propriété ne dépend point de la loi personnelle du débiteur de meubles, mais il peut être difficile de déterminer la situation d'un meuble ; dans ce cas le meuble doit être réputé situé au domicile du débiteur, et c'est la loi de son domicile (non point sa loi nationale) qui détermine à quelles conditions la propriété peut en être transférée.

2° Nous arrivons à notre seconde question : A qui incombent les risques de la chose jusqu'à sa livraison effective? En droit français, la question se résout aisément; le créancier, devenant propriétaire du jour même où le contrat est parfait, doit supporter tous les risques jusqu'à la livraison effective. Le droit romain donnait une solution semblable, bien qu'il exigeât une tradition réelle pour que la propriété fût transférée. On disait que le créancier, profitant des accroissements et de la plus-value de la chose, devait aussi en subir la perte totale ou partielle : *res perit creditori.* Ainsi, il ne peut guère y avoir de désaccord sur cette question des risques entre les législations qui conservent encore le système romain et celles qui ont adopté celui du Code civil. Notons cependant que s'il y avait sur ce point divergence entre plusieurs lois, c'est la loi d'où dépendent les effets des obligations, la *lex contractus* qui devrait l'emporter.

Si l'obligation est conditionnelle, la perte de la chose est pour le débiteur (art. 1182). Le Code ne distingue pas entre la perte totale et la perte partielle. Le débiteur, dans ce dernier cas, peut ou résoudre l'obligation, ou exiger la chose dans l'état où elle se trouve (art. 1182 du Code civ.). Le droit romain, au contraire, et certaines législations, font supporter la perte partielle au créancier dans l'obligation conditionnelle. C'est à la loi de l'obligation de décider quels principes doivent être admis dans cette matière.

3° On sait que d'après l'art. 1136, l'obligation de donner se décompose en une obligation de livrer la chose et en une obligation de la conserver. A cette dernière obligation se rattache la théorie des fautes. Ici, il est nécessaire de distinguer entre la définition de la faute, qui est faite par le législateur, et son appréciation, qui appartient au juge. Ainsi, c'est le législateur qui détermine quels soins doivent être donnés à la chose si le débiteur est tenu d'avoir la diligence d'un bon père de famille ou seulement celle dont il fait preuve habituellement. La responsabilité de la faute est un des effets inhérents au contrat, et c'est encore la loi du contrat qui doit en déterminer les caractères.

Si, au contraire, il s'agit de savoir s'il y a eu négligence, si la chose a péri faute de soins ou par cas fortuit, il faut consulter la loi du lieu de l'exécution, ainsi que nous l'établirons plus loin.

Aux effets de l'obligation de donner se rattache l'importante question des intérêts conventionnels. L'emprunteur qui s'engage à rendre une quantité de choses fongibles égale à celle qu'il a reçue contracte une obligation de donner. Des intérêts ont pu être stipulés expressément ou tacitement; certaines difficultés se présenteront sur la loi qui doit s'appliquer aux intérêts conventionnels.

Quelle est la loi qui détermine si une stipulation expresse est nécessaire pour faire courir les intérêts si le taux de l'intérêt est limité et si l'intérêt stipulé est licite?

Sur le premier point, c'est à la loi de l'obligation, semble-t-il, de décider si la stipulation expresse est nécessaire pour faire courir les intérêts. Mais les tribunaux français ne doivent-ils pas, au nom de l'ordre public, appliquer à tous les prêts qui leur sont soumis, la règle de notre Code en vertu de laquelle les intérêts doivent être stipulés? Nous ne le pensons pas; ce statut ne concerne que ceux qui ont contracté sous l'empire de la loi française.

La même question s'élève à propos des lois qui limitent le taux de l'intérêt. Certains auteurs, entre autres, M. Demangeat, prétendent que les juges français doivent appliquer la loi du 3 septembre 1807 à tous les prêts dont ils ont à connaître. Cette loi, dit-on, a pour but de mettre obstacle aux spéculations des usuriers; elle est fondée sur l'intérêt général et sur la morale; les tribunaux ne peuvent point, en conséquence, en appliquer une autre. « Les juges, dit M. Demangeat, doivent toujours refuser leur protection aux conventions que la loi, dont ils dépendent, réprouve comme immorales et contraires à l'intérêt public. » Toute la question est précisément de savoir si une loi sur le taux de l'intérêt est fondée sur l'ordre public et la morale universelle. On aurait pu le soutenir encore au temps de Pothier; l'usure était alors considérée comme contraire à la morale publique et religieuse; les législations civiles l'avaient absolument prohibée à l'exemple du droit canonique; mais en ce siècle, sous l'influence du progrès économique, le prêt à intérêt a repris dans tous les pays une place importante; parmi les législateurs, les uns l'ont laissé libre, les autres en ont limité le taux; mais il est manifeste que les uns et les autres se sont déterminés, surtout par des raisons d'ordre public intérieur. Il en a été ainsi tout particulièrement du législateur français; la loi du 3 septembre 1807, qui limite l'intérêt à 5 0/0 en matière civile et à 6 0/0 en matière commerciale, n'a pas été appliquée à l'Algérie, où le taux légal de l'intérêt est de 10 0/0 (Ordonnance de 1836).

Les lois sur le taux de l'intérêt ont donc un caractère contingent; elles sont édictées dans chaque pays à raison de l'état du crédit, de l'abondance ou de la rareté des capitaux; elles ne doivent, par suite, s'appliquer qu'aux prêts qui ont été faits sous leur empire. La Cour d'appel de Bastia a très bien exposé cette doctrine dans les considérants d'un arrêt du 19 mars 1866 (Sirey, 1866, 2, 251).

« .... Sans doute, dit la Cour, on éprouve tout d'abord quelque difficulté à comprendre qu'un tribunal français puisse consacrer une stipulation incontestablement usuraire, si on la rapproche de notre loi du 3 septembre 1807. Mais, avec un peu de réflexion, on ne tarde pas à reconnaître que la faculté de percevoir un intérêt quelconque étant une fois admise, il est tout naturel, que pour fixer le taux de l'intérêt, chaque pays tienne compte de sa situation, en fait de commerce et de crédit, de l'abondance ou de la rareté du numéraire, des risques du créancier, des avantages que le débiteur peut retirer de la somme empruntée, en un mot de tout ce qui influe d'ordinaire sur le prix de l'argent; d'où il suit que la loi, en semblable matière, ne peut avoir que le caractère d'un règlement spécial, dont les dispositions varient selon les lieux et les circonstances, et ne s'élève jamais à la hauteur de ces principes de morale absolue devant lesquels toutes les nations civilisées s'inclinent avec respect » (voyez dans le même sens, Bordeaux, 22 août 1865; Cherbourg, 12 février 1869; Sirey, 1870, 2, 9, etc.). Dans le même ordre d'idées, la Cour de cassation a décidé que le taux de l'intérêt dû à raison des valeurs rappor-

ables devait être déterminé par le lieu de l'ouverture
de la succession.

Nous avons parlé de la loi du lieu où se fait le prêt ;
est-ce à dire que nous admettions pour l'intérêt conventionnel d'autres principes que pour les effets de l'o-
bligation en général? Ainsi, lorsque le prêteur et l'emprunteur ont la même nationalité ou sont domiciliés
dans le même pays, la loi nationale, ou la loi domiciliaire ne devra-t-elle pas être préférée à la *lex loci contractus*? Il n'y a pas lieu de faire exception à la règle
générale ; mais il ne faut pas oublier que le principe de
la libre soumission des parties domine toute cette matière, et que la loi applicable entre les différentes lois
qui pourraient être appliquées, est toujours celle que
les parties ont tacitement désignée. Il est particulièrement aisé, en matière d'intérêt conventionnel, de savoir sous l'empire de quelle loi, dans l'intention des
contractants, le prêt a été fait ; si l'intérêt stipulé est
supérieur à 6 0/0, quand la loi nationale (commune) des
parties limite l'intérêt conventionnel à 5 0/0 et quand,
d'après la loi domiciliaire, il ne peut dépasser 6 0/0,
tandis que la *lex loci contractus* le laisse entièrement
libre, il est évident que c'est cette dernière loi que les
parties ont eue en vue au moment du contrat. C'est ainsi
que la Cour de Bordeaux, dans un arrêt du 22 août 1805,
a déclaré valable la convention par laquelle, des Français résidant en pays étranger, admettent entre eux un

taux d'intérêt autorisé par la loi ou la coutume de ce pays.

N'oublions point que la fraude corrompt tout. La loi du 3 septembre 1807 restera applicable toutes les fois que les parties auront fait le prêt à l'étranger afin de s'y soustraire; cette question donnera lieu à une appréciation du juge; par exemple, si le prêt a été fait en Angleterre entre deux Français de passage dans ce pays, la fraude se présumera facilement; il en sera autrement si les parties avaient un domicile ou même une résidence en Angleterre.

Nous parlons du lieu où le prêt a été fait; il faut s'entendre sur cette expression. On peut convenir en un lieu qu'un prêt sera fait et réaliser la convention, c'est-à-dire remettre les deniers dans un autre lieu. Ici la *lex loci contractus* n'est pas la loi du lieu où la promesse est faite, où les paroles sont échangées, mais celle du lieu où les deniers sont comptés. « Contrac- « tum autem non utique eo loco intelligitur quo nego- « tium gestum est, sed quo solvenda est pecunia » (L. 3, D. 42, 5). Ainsi les intérêts d'un prêt fait en France pour être réalisé en Angleterre, sont réglés par la loi anglaise. Huber exprime la même idée (*De conflictu legum*, L. 1, t. III, § 10). « Verum tamen « non ita precise recipiendus est locus in quo contrac- « tus est initus, ut si partes alium in contrahendo « locum respexerint, ille non potius sit consideran- « dus. » Cette distinction est rationnelle; dans le prêt, le lieu que les parties ont en vue est celui où la somme est remise, parce que c'est de cette remise que naît l'obligation de l'emprunteur. On sait d'ailleurs que l'intérêt est le prix du risque de l'argent, et qu'il doit varier suivant l'état du crédit; or, l'état du crédit ne peut s'apprécier que par rapport au pays où l'emprunteur reçoit la somme qui fait l'objet du prêt.

Remarquons qu'il s'agit, non de l'exécution du prêt qui est le remboursement, mais de la réalisation qui est le prêt lui-même.

Ces distinctions ont été faites par plusieurs arrêts (voyez Turin, 8 floréal an XIII; Cass., 14 messidor an XIII; Bordeaux, 26 janvier 1831; Cass, 21 décembre 1874; Sirey, 1831, 2, 178; 1875, 1, 78).

Il est toujours facile de connaître le lieu où le prêt s'est réalisé. Mais on s'est demandé si on devait encore appliquer la loi du lieu de la remise, lorsque le prêt est la conséquence d'une ouverture de crédit. Les principes ne nous permettent point de faire ici une exception; l'ouverture de crédit est analogue à la promesse de prêter et de même que celle-ci ne se réalise que par la numération des espèces, l'ouverture de crédit ne se réalise qu'au moment où le crédité fait usage du crédit qui lui a été ouvert, c'est-à-dire à chaque négociation d'effets escomptés; ainsi la loi française sera applicable aux billets souscrits et négociés en France, et la loi anglaise à ceux souscrits et négociés en Angleterre, à moins que l'équité commande d'interpréter autre-

ment la volonté des parties (Chambéry, 19 février 1875;
Sirey, 1876, 1, 170).

L'art. 1907 du Code civil dispose que le taux de
l'intérêt conventionnel doit être fixé par écrit.

Contrairement à cet article, les parties peuvent
s'être référées simplement au taux d'intérêt en usage
dans le pays où elles ont réalisé le prêt. Leur convention ne sera pas néanmoins entachée de nullité; la
disposition de l'art. 1907 concerne une formalité
extrinsèque soumise à la règle *locus regit actum*.
Remarquons également que deux étrangers de même
nationalité, faisant un prêt en France, pourraient se
soustraire à la règle de l'art. 1907 parce qu'ils seraient
censés contracter dans leur pays.

Le taux des intérêts conventionnels se trouve donc
déterminé par la loi à laquelle les parties sont présumées s'être soumises. Cette loi doit être appliquée
par les tribunaux français; mais ne faut-il pas distinguer entre les intérêts qui ont couru jusqu'à la demande et ceux qui n'ont couru que depuis et régler
ces derniers d'après la *lex fori*, c'est-à-dire d'après la
loi française?

Trois opinions ont été présentées sur cette question.

Dans la première opinion, on assimile les intérêts
postérieurs à la demande aux intérêts moratoires. La
demande en justice opérerait novation. Il y a dans ce

sens deux arrêts (Aix, 14 janvier 1825; Bordeaux, 22 août 1865).

Dans la seconde opinion, on propose de distinguer entre le cas où l'intérêt supérieur à celui fixé par la loi française a été stipulé jusqu'à parfait remboursement du capital, et celui où il n'aurait été stipulé limitativement que jusqu'à une époque déterminée pour ce remboursement. Dans le second cas seulement, il interviendrait à l'époque de l'exigibilité une obligation nouvelle qui serait régie par la loi du pays aux juges duquel on demande d'en sanctionner l'exécution (Paul Pont, *Petits contrats*, n° 271). Nous n'admettons point cette distinction. Que les parties aient stipulé des intérêts jusqu'à parfait payement ou qu'elles les aient stipulés jusqu'à l'époque fixée pour le remboursement, leur intention est toujours la même; elles entendent que les intérêts convenus soient payés au créancier jusqu'à ce qu'il soit complètement désintéressé; sinon il souffrirait une perte.

En second lieu, il n'est pas possible de voir une novation de l'obligation dans la demande en justice qui ne saurait porter atteinte aux droits du créancier.

La Cour de cassation, dans un arrêt du 10 juin 1857 a consacré la troisième opinion qui assimile les intérêts postérieurs à la demande, à ceux qui ont couru antérieurement (Sirey. 1859, 1, 751). « Il n'y a pas de différence à établir entre les intérêts réglés par la convention, échus antérieurement à la demande et ceux

échus postérieurement ; en effet, si les tribunaux français ne doivent pour les intérêts moratoires accorder
que les intérêts fixés par la loi française, il n'en doit
pas être ainsi, lorsque les intérêts ont couru par la
force de la convention, et depuis sa création au taux
fixé par les parties, et, dans ce cas ils doivent ainsi
courir jusqu'au payement ; il n'y a pas lieu de faire une
distinction qui serait une violation de la convention. »

§ 2. *Obligations de faire ou de ne pas faire.*

En règle générale, l'obligation de faire ou de ne pas
faire se résout, en dommages et intérêts en cas d'i-
nexécution de la part du débiteur (art. 1142). C'est à la
loi de l'obligation, suivant les principes que nous
avons déjà établis, de déterminer jusqu'à quel point
une telle obligation peut recevoir une exécution effective.

§ 3. *Dommages et intérêts en cas d'inexécution de l'obligation ou de retard dans l'exécution.*

La question de savoir si des dommages et intérêts
seront dus en cas d'inexécution totale ou partielle
est relative aux effets de l'obligation. Il en est de même

de l'appréciation de ces dommages et intérêts. D'après l'art. 1149, les dommages et intérêts dus au créancier sont, en général, de la perte qu'il a faite et du gain dont il a été privé. Cet article règle un point qui rentre dans les effets de l'obligation. La loi à laquelle ils sont soumis déterminera ce que doivent comprendre les dommages et intérêts.

II. SUITES DES OBLIGATIONS.

Nous avons distingué les effets de l'obligation qui se rattachent à sa formation de ceux qui naissent d'un fait postérieur ; Fœlix donne à ces derniers le nom de *suites des contrats*.

Parmi les effets de cette deuxième classe, les uns dérivent du mode d'exécution, les autres naissent *ex post facto*, d'une cause nouvelle.

Quant aux premiers, ils dépendent de la loi du lieu où se fait l'exécution : « Ea quæ ad complementum « vel executionem contractus spectant, vel absolute eo « superveniunt, solere a statuto loci dirigi in quo pe- « ragenda est solutio » (Burgundus, *Traité*, I, n° 29). Nous aurons à nous occuper de ces effets indirects de l'obligation à propos des règles sur l'exécution.

Les effets indirects de la seconde classe, qui ne dérivent pas de l'obligation et ne se rattachent pas davantage à l'exécution, mais qui proviennent *ex post facto* d'une cause nouvelle, doivent être réglés par la loi du lieu où cette cause s'est produite. On cite comme exemple, la caution judiciaire dont l'obligation est déterminée par la loi du lieu où elle a été demandée, la novation, la ratification d'un contrat nul, la confusion, etc., suites accidentelles des contrats qui doivent être soumises à la loi du lieu où elles se produisent.

On cite encore la dation d'arrhes. Mais ici une distinction est nécessaire ; tantôt elle forme un incident distinct de la convention et, alors, c'est la loi du lieu où elle est faite qui doit la régler, tantôt elle est la suite d'une obligation déjà conclue ; dans ce cas la *lex contractus* doit l'emporter.

SECTION III.

DE LA LOI QUI DOIT RÉGIR LES EFFETS DE LA VENTE.

Nous devons nous arrêter un instant sur les effets du contrat de vente.

Parmi ces effets, les uns ont rapport au contrat lui-même, les autres à son exécution.

La loi du contrat se détermine d'après la règle gé-

nérale que nous avons donnée plus haut. Quant à l'exécution, elle se règle d'après la loi du lieu où est située
la chose vendue ; sauf indication contraire, cette loi est
celle du débiteur en matière de meubles.

L'obligation de garantie qui est à la charge du vendeur est, avec l'obligation de livrer la chose, un des effets immédiats du contrat; elle est donc soumise à la
lex contractus. Les différentes actions qui peuvent dé-
river de cette obligation (action *venditi*, action *redhibi-
toria*, action *quanti minoris*), seront, par suite, déterminées par cette même loi.

Mais c'est à la loi de l'exécution, dans le contrat de
vente, à la *lex rei sitæ*, qu'il faut se référer pour les
suites accidentelles de la vente.

Il en est ainsi de la demeure du vendeur ou de l'a-
cheteur. Ainsi, d'après l'art. 1652, les intérêts moratoires du prix de vente courent à partir de la sommation, contrairement à la règle générale de l'art. 1153,
qui exige une demande en justice. On pourrait disposer également que l'acheteur sera en demeure de plein
droit, au jour fixé pour le payement. Cette question
sera résolue par la loi du lieu où devait se faire le
payement, c'est-à-dire, sauf convention expresse et
contraire, dans le lieu où se fait la délivrance (article 1651).

De même, l'éviction de la chose vendue est soumise
à la loi de l'exécution, c'est-à-dire à la *lex rei sitæ*. Dans
les ventes de marchandises et en général de choses

qui se comptent, se pèsent ou se mesurent, c'est cette même loi, c'est-à-dire la loi du lieu où doit se faire la livraison des marchandises qui sert à déterminer la manière de les compter, de les peser ou de les mesurer.

. Dans les ventes d'immeubles, on se demande si la tradition est nécessaire pour opérer la translation de la propriété ; à propos de l'obligation de donner, nous avons déjà examiné cette question; nous savons qu'elle doit être résolue d'après la *lex rei sitæ*.

Les ventes et cessions de droits, entre autres les. transports de créances, sont en général soumises aux règles précédentes. Toutefois, plusieurs questions spéciales peuvent se présenter.

La cession du droit est-elle valable ? Les choses incorporelles ne peuvent se localiser; on peut leur appliquer avec justesse l'adage : « *inhærent personæ.* » En effet, elles ne se distinguent pas de la personne de celui qui les possède; Fiore en conclut, avec raison, que c'est suivant la loi qui régit la personne qu'on doit décider si un droit est ou non cessible. Ainsi, l'appelé, dans la substitution, peut-il céder son droit à la restitution? Nous croyons que la loi nationale doit avoir pleine autorité sur ce point : on ne saurait consulter la loi du contrat ni celle du testament (suivant que la substitution a été faite par acte entre vifs ou par testament) ; en effet, le donateur, ou l'héritier du disposant d'une part, et le grevé de l'autre, ne sont pas intéressés, à proprement parler, dans la .cession que ferait l'appelé de son droit à la restitution. Les substitutions sont particulièrement soumises aux prescriptions du législateur ; les appelés sont plus ou moins protégés par lui, suivant le point de vue qu'il adopte ; la question que nous examinons rentre donc dans le statut personnel, *stricto sensu.* Nous appliquons la loi nationale et non la loi du domicile, comme pour les meubles corporels ; c'est qu'en effet, dans ce dernier cas, on ne peut dire que très improprement que le meuble est attaché à la personne ; lorsqu'on ne peut déterminer le lieu où il est situé, on dit qu'il se trouve à son domicile ; mais on ne saurait admettre, comme pour les choses incorporelles, qu'il se confond avec la personne elle-même et est soumis à la même loi.

Dans les transports de créances, trois personnes sont en présence : le cédant, le cessionnaire et le cédé. La cession, en ce qui concerne les rapports du cédant et du concessionnaire, est soumise aux principes généraux ; c'est la loi à laquelle ils se sont référés explicitement ou implicitement qui régit les conditions et les effets de leur contrat.

Quant au cédé, il est intéressé à connaître de la cession, afin de ne pas payer deux fois (entre les mains du cédant et entre celles du cessionnaire). Aussi la loi exige que la cession lui soit signifiée ou qu'elle soit acceptée par lui (art. 1690). Cette formalité de signification ou

18.

d'acceptation est établie non seulement dans son intérêt, mais encore dans l'intérêt des tiers, c'est-à-dire des créanciers du cédant qui pratiqueraient saisie-arrêt entre les mains du cédé. Cette question de l'ensaisinement du cessionnaire à l'égard du cédé ne saurait dépendre de la loi qui régit le contrat de cession, puisque le cédé n'est pas partie à ce dernier. Fiore déclare que, pour décider de la validité de la cession à son égard, il faut appliquer sa loi domiciliaire. « Nous devons distinguer, dit-il, dans la cession deux choses : le transfert du titre et la faculté de le faire valoir; le mode d'exercer l'action et tout ce qui est nécessaire pour que la cession soit efficace vis-à-vis du débiteur et vis-à-vis des tiers. Le premier est régi par la loi du domicile du créancier, qui a le titre en sa possession ; le second, par celle du domicile du débiteur. Il est vrai, en effet, que la créance est en la possession du créancier, mais il n'est pas moins vrai qu'elle n'est exigible qu'au domicile du débiteur. »

Nous avons vu que la loi nationale détermine si un droit est ou non cessible. Fiore parle ici de la loi domiciliaire; mais il ne s'agit pas du statut personnel. La loi du domicile du créancier est applicable quand il s'agit d'opérer le transfert du titre; il en est de même de celle du débiteur, lorsqu'il s'agit de saisir le cessionnaire du titre vis-à-vis des tiers. En effet, le domicile est le siège légal de la personne; c'est le centre de ses affaires les plus importantes; aussi, le créancier transférera son titre suivant la loi en vigueur dans le pays où il vit, où il exerce peut-être un négoce ; de même, l'ensaisinement du cessionnaire vis-à-vis du cédé est une mesure de publicité qui doit dépendre de la loi du lieu où il est habituellement en rapport avec le public.

L'art. 1690 du Code civil consacre en faveur du cédé le droit d'exercer le retrait litigieux. Nous considérons ce droit comme dépendant du statut personnel, c'est-à-dire comme réglé par la loi nationale et non point par la loi du contrat ; c'est un de ceux qui sont étroitement attachés à la personne.

SECTION IV.

DE LA LOI QUI DOIT RÉGIR LE CONTRAT DE MARIAGE ET LES CONVENTIONS MATRIMONIALES.

Parmi les contrats il en est un d'une nature particulière, le contrat de mariage, auquel nous devons un examen spécial. Nous avons à rechercher quelle est la loi qui règle ses effets, et en l'absence d'un contrat exprès, quelle est celle qui doit servir à déterminer le régime tacitement adopté par les parties.

Le but du contrat de mariage est de régler l'association conjugale quant aux biens et de fixer la mesure dans laquelle chacun des époux doit contribuer aux charges du mariage.

A côté des droits qui sont la conquence même du mariage, tels que l'établissement d'un régime légal et l'attribution au mari de certains pouvoirs, il y a les stipulations mêmes du mariage, telles que la dot et les conventions matrimoniales.

On a proposé de distinguer entre ces deux ordres de rapports juridiques et de les soumettre à une loi différente. Pour nous, quelle que soit la loi qui doit régir le contrat de mariage, nous pensons qu'elle s'applique à tous ses effets, sans qu'il y ait lieu de les scinder. Toutes les dispositions du contrat de mariage s'enchaînent et chacune d'elles a sa raison d'être dans les autres ; si telle stipulation est faite en faveur de la femme, c'est le plus souvent en considération du régime matrimonial sous lequel elle doit vivre ; si donc, les effets d'une semblable stipulation dépendaient d'une autre loi que celle à laquelle l'association conjugale est soumise, on arriverait à des résultats absolument contraires à la volonté des parties. Aussi, devons-nous poser en principe que tous les droits que le contrat de mariage a pour but de régler sont soumis à l'empire d'une loi unique.

Il s'agit maintenant de rechercher quelle est cette loi.

On a proposé tour à tour bien des lois différentes : la loi du lieu où le mariage est célébré, la loi du domicile actuel du mari, la loi de son domicile au moment du mariage, sa loi nationale, enfin la loi du domicile matrimonial.

Nous n'avons pas à nous occuper du contrat de mariage en tant qu'il affecte les biens des époux. A ce point de vue, on se demande si le statut matrimonial est réel ou personnel, si, par exemple, en l'absence de contrat de mariage, les immeubles des époux doivent être régis par le statut matrimonial en vigueur dans le pays où ils sont situés, ou par celui que les époux ont tacitement adopté.

On peut aussi se demander si la loi qui détermine le régime matrimonial sous lequel doivent vivre les époux ne change point avec le statut personnel auquel ils sont soumis.

Ainsi certains auteurs, de ceux qui prétendent que le statut personnel est déterminé par la loi du domicile, ont soutenu que le changement de domicile a pour effet de soumettre les époux à une nouvelle loi personnelle, et, s'ils n'ont point fait de contrat de mariage, au régime matrimonial établi par la loi de leur nouveau domicile à défaut de conventions matrimoniales.

Pour ceux qui considèrent la loi nationale comme celle qui doit régir l'état et la capacité des personnes, ce serait la naturalisation qui, en changeant le statut personnel soumettrait à une loi nouvelle le régime matrimonial des époux. Enfin, une modification introduite dans la législation pourrait avoir un effet analogue.

Nous pensons avec la jurisprudence et la plupart des

auteurs que le régime matrimonial doit être soumis à une loi unique et invariable, *perpetua lex*. Les époux aussi bien que les tiers seraient trompés, si un événement postérieur au mariage pouvait modifier le régime qu'ils ont tacitement adopté. Aussi un arrêt de cassation du 23 avril 1823 (Sirey, 1824, 1,118) a décidé qu'une communauté constituée sous l'empire des Chartes du Hainaut restait assujettie à leurs dispositions, nonobstant la survenance des lois abolitives de la féodalité ; de même, un arrêt de rejet du 30 janvier 1854 (Sirey, 1854, 1, 268) dispose que « des époux anglais mariés en Angleterre sous l'empire d'une législation exclusive de la communauté conjugale, ne se trouvent point placés sous ce régime par cela seul qu'ils viennent établir leur domicile en France. »

Ainsi la loi qui régit l'association conjugale quant aux biens est une *perpetua lex*. Nous devons par suite écarter le système qui veut que cette loi soit celle du domicile actuel du mari.

Dans un système assez répandu, on assimile le contrat de mariage aux autres contrats, et on décide qu'il doit être régi, quant à ses conditions et à ses effets par la loi que les parties sont présumées avoir adoptée ; ainsi, ce serait la loi nationale des parties, et, si celles-ci diffèrent de nationalité, la loi du lieu où le contrat est rédigé ; s'il n'y a pas de contrat exprès, la loi du lieu où le mariage est célébré. On lit dans Huber (*De Conf. legum.*) : « Porro non tantum ipsi contractus ip-

« sæque nuptiæ certis locis rite celebratæ ubique pro
« justis et validis habentur, sed et effecta contractuum
« nuptiarum in iis locis recepta ubique vim suam obti-
« nebunt. » Chasseneux, sur la *Coutume de Bourgogne*,
expose la même doctrine. Dumoulin la repousse assez
vivement : *Iste nescit quid dicit*. Boullenois fait remarquer
que « le lieu où se célèbre le mariage est un lieu de hasard qui ne saurait décider des droits des conjoints »
(*Statuts*, p. 2, t. II, ch. IV, obs. 38).

Cette doctrine a été adoptée par la Cour de cassation
dans un arrêt du 11 thermidor an XIII. Elle admet
d'ailleurs que si les époux appartiennent à la même
nationalité, c'est à la loi du domicile du mari de régir
le contrat de mariage ; « mais, ajoute-t-elle, il en est
autrement, lorsque les époux ne sont pas citoyens du
même Etat; leurs pactes alors doivent se régler d'après
les principes du droit des gens, et par conséquent, suivant les lois du pays où le contrat a été passé. »

L'arrêt de thermidor ne fit point jurisprudence, et
depuis, la plupart de nos Cours d'appel et la Cour de
cassation ont consacré la doctrine très ancienne qui
soumet le mariage à la loi du domicile matrimonial.

Que faut-il entendre par la loi du domicile matrimonial : M. Coin-Delisle en a donné la définition dans une
consultation insérée dans la *Revue critique* (t. **VI**,
p. 193).

« Ce qu'on appelait, dit-il, *domicile matrimonial*, était
le lieu où les futurs époux projetaient de s'établir aus-

sitôt après le mariage, fût-il auparavant celui d'un des deux époux, fût-il étranger alors au domicile de chacun des époux. » Ainsi il s'agit d'un domicile qui s'établit *animo tantum absque facto* ; les anciens auteurs l'appellent *locus habitationis destinatæ*. Ce sera souvent le domicile du mari au moment du mariage. Mais, selon M. Coin-Delisle, il s'agirait moins du domicile légal que du domicile de fait, c'est-à-dire du lieu où le mari habite ordinairement. On suppose un étranger autorisé à établir son domicile en France ; il épouse une Française; pas de difficulté, ses conventions matrimoniales seront régies par la loi française. Si l'étranger ne fait que voyager en France, il est à peu près certain qu'il n'a point l'intention d'y fixer son domicile après le mariage ; aussi, on appliquera la loi de son domicile actuel, c'est-à-dire la loi étrangère. Enfin, on peut supposer un étranger non autorisé à établir son domicile en France, mais y résidant habituellement. Ici faudra-t-il donner autorité à la loi française ou à la loi étrangère: M. Coin-Delisle se décide pour la loi française, parce que la femme française a juste sujet de penser que le domicile matrimonial sera établi en France : « L'équité seule dit que la femme ne doit pas être abusée par une apparence de domicile, qu'elle a compté sur l'établissement d'une communauté de biens, idée avec laquelle nous sommes, pour ainsi dire, bercés, et qui est en France dans toutes les têtes, savants ou ignorants, jurisconsultes, hommes du peuple, tous nous pensons que le mariage donne un droit par moitié à chacun des époux à ce qui sera gagné durant le mariage. Une femme serait trompée s'il en était autrement, et pourtant la loi du domicile du mari étranger peut exclure la communauté, par exemple s'il était Anglais (Coin-Delisle, *id. ibid.*).

Ainsi, il faut entendre par lieu du domicile matrimonial le lieu où les époux doivent se fixer immédiatement après le mariage, et, pour déterminer ce lieu, il faut rechercher, d'après les circonstances, quelle a été à cet égard l'intention du mari et si la femme en a eu connaissance. La loi du domicile matrimonial sera tantôt la loi du domicile du mari au moment du mariage, tantôt celle du domicile de la femme à cette époque, tantôt celle du lieu de la célébration, tantôt enfin celle d'un autre lieu, pourvu que, dans ces différentes hypothèses, l'intention du mari et de la femme soit la même.

MM. Aubry et Rau soutiennent le même système et s'attachent à démontrer qu'en l'absence de contrat de mariage, ce n'est point toujours la loi du domicile du mari qui règle l'association conjugale. « Le domicile du futur époux ne saurait être considéré comme indiquant par lui-même et nécessairement, de la part de la future épouse, l'intention de se soumettre à la loi de ce domicile. C'est le lieu où les futurs conjoints se proposaient de fixer le siège de leur association conjugale qu'il convient de prendre en considération pour déterminer le régime auquel ils entendaient se soumettre, et ce n'est qu'en l'absence de circonstances de nature à indiquer le contraire qu'ils doivent être présumés avoir voulu établir leur domicile matrimonial au lieu du domicile du mari » (Aubry et Rau, n° 594 *bis*, n. 65).

Nous trouvons le germe de ce système dans la loi 65, *De jud.*, D. :

« Nec enim id genus contractus est ut potius eum
« locum spectari oporteat in quo instrumentum dotis
« factum est, quam eum in cujus domicilium et ipsa
« mulier per conditionem matrimonii erat ceditura. »

Dumoulin, répondant à Chasseneux, partisan de la loi de la célébration du mariage, établit nettement la doctrine de la loi du domicile matrimonial :

« Dic indistincte quod ad effectum et ad decisionem
« jurium matrimonii, ubi non fuit specificatum, nec
« facta relatio ad alium certum locum, inspicietur
« locus domicilii habitationis viri destinatæ tempore
« matrimonii. »

Ce domicile d'habitation que les époux choisissent au temps du mariage se reconnaît d'après les circonstances.

Ce système, qui donne lieu à des appréciations si délicates, paraît avoir été adopté par la jurisprudence. Il sert à expliquer la variété de ses décisions.

Un arrêt de Cassation, du 29 décembre 1836 (Sirey, 1837, I, 437), décide que le point de savoir si le Français qui se marie en pays étranger sans contrat est marié sous l'empire de la communauté française ou sous l'empire du régime établi par la loi locale est une question d'intention. De même, nous lisons dans un arrêt de rejet, du 11 août 1855 (Sirey, I, 699) : « Attendu que l'arrêt attaqué a apprécié la volonté des époux d'après les circonstances qui ont accompagné leur mariage à Florence, et desquelles on a été autorisé à conclure qu'ils avaient à cette époque fixé leur domicile matrimonial en Toscane. »

D'autres arrêts ont appliqué les mêmes principes à différentes espèces.

Ainsi, un étranger habitant en France, mais non autorisé à y établir un domicile, aux termes de l'art. 11 du Code civil, épouse une Française; doit-il être réputé avoir accepté la communauté conjugale établie par la loi française? Le tribunal de la Seine s'était prononcé pour la négative; son jugement fut infirmé par la Cour de Paris, qui décida qu'on devait considérer l'étranger comme ayant en France un domicile matrimonial (Paris, 3 août 1849, Sirey, 1849, I, 420; Cass., 29 juin 1842, Sirey, 1842, I, 975; 27 janvier et 7 février 1843, I, 247 et 282; Cass., 1857, I, 247).

Enfin, un arrêt d'Alger, du 16 février 1867 (Sirey, 1868, 2, 48), a suivi la même doctrine, en déclarant la loi française applicable : 1° à l'étranger qui se marie en France sans contrat, même avec une étrangère, pourvu qu'à l'époque du mariage il soit fixé en France; 2° au Français qui se marie sans contrat avec une étrangère à l'étranger, s'il n'apparaît point qu'il ait quitté la France sans esprit de retour.

Le système que nous venons d'exposer a pour lui à peu près toute la jurisprudence et le plus grand nombre des auteurs. Cependant, nous ne saurions l'accepter ; il nous paraît reposer sur des principes fort contestables.

D'abord, il est étrange, sous l'empire du Code civil, d'attacher une aussi grande importance à la loi du lieu où les époux se proposent d'établir leur domicile matrimonial. Sans doute, dans l'ancien droit, il fallait prendre le domicile en considération, puisqu'il déterminait, d'une manière générale, le statut personnel et qu'il s'appliquait aux meubles, en vertu de la maxime *mobilia sequuntur personam*. Sous l'empire de ces coutumes, toutes remplies de l'esprit féodal, il était naturel de présumer que les époux entendaient soumettre leur régime matrimonial à la loi qui, désormais, aurait autorité sur leur personne et sur leur fortune mobilière. Rien de semblable depuis la Révolution ; l'état et la capacité des personnes sont réglés par la loi nationale (art. 3, C. civ.) ; il n'y a plus de sujets temporaires de droit ; les changements de domicile n'ont point pour effet de soumettre les personnes à des lois nouvelles ; elles conservent leur statut personnel partout où il leur plaît de résider et ne peuvent être atteintes que par les lois de police et de sûreté qui obligent tous ceux qui se trouvent sur le territoire (art. 3-1°). Dès lors, comment la loi du domicile matrimonial pourrait-elle servir à déterminer le régime des époux, en l'absence de contrat, et, s'il y a un contrat de mariage, à interpréter leurs conventions matrimoniales? Mais, dit-on, cette autorité de la loi du domicile matrimonial vient de la volonté tacite des époux. Or, lorsque leurs domiciles respectifs ne sont pas situés dans le même pays, n'est-il pas juste de supposer qu'ils s'en rapportent à la loi du lieu où ils doivent s'établir après la célébration du mariage?

Ce raisonnement repose sur une double erreur. D'abord, c'est mal interpréter la volonté des parties, que de supposer qu'elles laissent à la loi du lieu où elles vont s'établir, le soin de déterminer leur régime matrimonial; si cette loi n'est pas la loi nationale de l'une d'elles, elle n'a aucune influence sur leur statut personnel; comment songeraient-elles à s'y référer? Un Français et une Française, établis en Angleterre, ou même (il faut aller jusque là dans le système de la jurisprudence), sur le point de s'établir en Angleterre, resteront soumis, pour leur état et leur capacité, à la loi française, tant qu'ils n'auront point perdu leur nationalité; il n'est donc pas permis de leur supposer l'intention d'adopter le régime matrimonial déterminé par la loi anglaise.

D'autre part, ce prétendu contrat tacite ne saurait exister, puisque, dans le contrat de mariage, tout n'est point laissé au libre arbitre des parties. Leur loi nationale peut leur imposer un certain régime matrimonial; elle limite toujours leur volonté dans une mesure plus ou moins grande. « Elle oblige nécessairement, dit Fiore, et elle doit être appliquée de plein droit, non parce qu'elle a été préalablement acceptée par une convention tacite, mais parce qu'elle s'impose à tous ceux qui se marient et qui lui sont soumis légalement. On peut seulement, dans certains cas, admettre le contrat tacite, à savoir, lorsque la loi dispose, mais laisse en même temps la liberté de stipuler le contraire; mais, dans le cas dont il s'agit, le silence des contractants ne peut équivaloir qu'à la volonté tacite de se conformer à leur loi nationale » (Droit international privé, *Contrat de mariage*).

Remarquons, en dernier lieu, que le système qui soumet le contrat de mariage à la *lex loci habitationis destinatæ* a le défaut de laisser une trop grande place à la libre appréciation du juge (voir Pothier, *Comm.*, n° 14; Lebrun, n° 22; Merlin, *Rép. Convent, matrim.*, § 2; et Comm., § 1, n° 3; Fœlix, n° 66; Aubry et Rau, t. I, p. 107, n° 66, etc.).

Dans un système qui se rapproche de celui-ci, on décide, d'une manière générale, qu'en l'absence de conventions, le régime matrimonial est déterminé par la loi du domicile du mari. On s'appuie également sur la volonté présumée des époux; Bartole nous dit : « Spectabitur statutum terræ viri, quia uxor sequitur « domicilium mariti, et sic animi destinatione mariti.»

Sirey (*Consultation*, t. XVII, p. 217, anciennecollec-
tion) appuie cette opinion de son autorité : « Le droit
commun, dit-il, les règles consacrées par tous les auteurs sur la matière, c'est que la femme qui se marie
devant suivre la condition et la personne du mari, a
nécessairement l'intention présumée d'habiter avec
lui, d'avoir le même domicile ; qu'ainsi le domicile du
mari est le domicile matrimonial relativement à l'un et
à l'autre époux. » — « Ubi maritus, domicilium dotale
conscriptum est. »

Nous retrouvons la même idée dans un jugement du
tribunal de la Seine, du 17 janvier 1819 : « Lorsque le
mariage se contracte entre des personnes de nationalités différentes, il est de principe constant que les
effets du mariage et même les conventions matrimoniales se règlent par le domicile du mari, qui devient
aussi celui de la femme et le vrai domicile matrimonial : car, en se mariant, la femme suit le domicile
comme la condition de son mari. »

Ainsi la loi du contrat de mariage sera toujours
celle du domicile du mari, au moment de la célébration.

Nous adresserons à ce système les mêmes critiques
qu'au précédent. Il invoque à tort la volonté présumée
des parties, et il se trompe en l'interprétant en faveur de
la loi domiciliaire du mari. Les anciens auteurs qui,
dans notre matière, soutenaient l'autorité de cette loi,
s'appuyaient sur cette double considération, que le

statut personnel du mari en dépendait déjà et qu'après le mariage, celui de la femme en dépendrait également : « La présomption est, dit Boullenois (*Statuts*, p. 2, t. II, ch. IV, observ. 38), qu'embrassant le parti du mariage, et s'identifiant en quelque sorte avec son mari, elle adopte plutôt les lois selon lesquelles elle va être obligée de vivre dorénavant, que des lois auxquelles elle se met elle-même dans la nécessité de renoncer. » Aujourd'hui ce raisonnement ne peut plus s'appliquer à la loi du domicile du mari, s'il est vrai, comme nous avons essayé de le démontrer, que, sous l'empire du Code civil, l'état et la capacité des personnes sont réglés par la loi nationale.

Nous arrivons ainsi à l'examen du dernier système proposé sur cette importante question. C'est, dit-on, la loi nationale du mari qui doit déterminer le régime matrimonial des époux en l'absence de contrat de mariage, et, s'il y a un contrat exprès, c'est elle qui doit en régler les conditions intrinsèques et les effets (sa forme extérieure est soumise au statut local en vertu de la maxime *locus regit actum*).

Cette doctrine se rapproche beaucoup en réalité de celle de Boullenois ; elle repose comme la sienne sur cette idée, qu'en se mariant la femme suit la condition de son mari et consent à vivre sous l'empire de la loi qui régit son état et sa capacité, autrefois la loi domiciliaire, aujourd'hui, la loi nationale.

Mais nous écartons toute idée de consentement

tacite des parties. Nul ne peut se soustraire à son statut personnel, et le mari qui a toujours le droit, en vertu du principe de la liberté des conventions, d'insérer dans le contrat de mariage les clauses qui lui conviennent, ne peut point par sa volonté tacite ou expresse le soustraire à l'autorité de sa loi nationale; de même que le Français ne saurait à la fois conserver sa qualité de Français et avoir un état et une capacité contraires à la loi française, de même des époux qui doivent vivre sous l'empire de cette loi, ne sauraient dans les rapports pécuniaires que fait naître l'association conjugale, se prévaloir d'une autre loi pour interpréter les conventions qui les régissent. Alors même que l'étranger a été autorisé en vertu de l'article 11, à établir son domicile en France, il reste soumis à sa loi nationale pour son état et sa capacité ; s'il épouse une Française, celle-ci suivra sa condition, deviendra étrangère, sera soumise au même statut personnel : est-il permis de dire avec M. Coin-Delisle et la jurisprudence, qu'en l'absence de contrat, elle a dû compter sur l'établissement d'une communauté légale? Non, elle n'ignorait pas que, tout en continuant de résider en France, elle cessait cependant d'être Française, que c'était la loi étrangère non la loi française qui devait régler les effets du mariage et par suite le contrat de mariage : « La loi, dit Fiore, est appelée à régler le contrat de mariage parce qu'elle doit protéger les intérêts économiques des époux et des

19.

enfants et pourvoir à l'avenir de la famille. Or, si la femme suit la condition du mari, si les enfants naissent citoyens de la patrie du père, quelle est la loi à qui il appartient d'y pourvoir, si ce n'est pas celle de la patrie du chef de la famille? » (Fiore, op. cit., n° 327).

En résumé, la loi nationale du mari, en l'absence de contrat de mariage, détermine le régime matrimonial des époux, et s'il y a un contrat, elle en règle les conditions et les effets.

Quelques arrêts paraissent se rapprocher de cette doctrine. Ainsi, l'arrêt de la Cour d'Alger du 1er mai 1867 décide que le Français qui se marie sans contrat, avec une étrangère et en pays étranger, est censé marié sous le régime de la communauté légale, s'il n'a point quitté la France sans esprit de retour, c'est-à-dire, s'il n'a pas cessé d'être Français, aux termes de l'art. 17 du Code civil. Mais nous avons montré que cet arrêt s'expliquait également dans le système de la jurisprudence; le Français établi à l'étranger, qui a l'intention de retourner en France, a, dans ce pays, son domicile matrimonial, *domicilium habitationis destinatæ*.

La doctrine développée par Fiore n'a pas encore passé dans la jurisprudence, et la plupart des auteurs soutiennent le système de nos anciens jurisconsultes, bien qu'il ne se concilie guère avec les principes du Code civil.

Une question subsidiaire se présente. Les tiers peu-

vent-ils être lésés par l'application du statut matrimonial étranger ? Nous n'avons point à examiner les effets
de ce statut relativement aux immeubles situés en
France. Quant à ceux qui se rattachent à la capacité
de la femme mariée, aux pouvoirs du mari, ils rentrent
dans le statut personnel, et nous avons déjà résolu le
point de savoir si, dans l'intérêt des Français, nos tribunaux pouvaient refuser d'appliquer les lois personnelles étrangères. Disons, d'une manière générale,
que le statut matrimonial de l'étranger ne devra pas
être appliqué en France, toutes les fois qu'il sera contraire à une loi d'ordre public et d'intérêt national.

CHAPITRE IV.

DE L'EXÉCUTION ET DE LA PREUVE DES OBLIGATIONS.

La loi de l'exécution est celle du lieu qui a été choisi par les parties pour l'accomplissement de l'obligation. Si les parties n'ont pas désigné explicitement le lieu de l'exécution, on doit interpréter leur volonté en s'appuyant sur les principes communs à toutes les législations ; ainsi, il est généralement admis que le payement doit se faire au domicile du débiteur, que l'objet de la vente doit être livré dans le lieu où il se trouve, et le prix payé dans le même lieu, si la vente a été faite sans terme.

Cependant, des doutes pourront parfois s'élever sur la détermination du lieu où l'obligation doit s'exécuter ; ainsi dans la vente de marchandises, on se demande si l'obligation du vendeur s'accomplit lorsqu'il y a envoi des marchandises ou lorsqu'il y a réception, en d'autres termes, si elle s'accomplit au domicile du débiteur (le vendeur), ou au domicile du créancier (l'acheteur). Nous pensons avec Savigny (VII, § 370) qu'il faut se décider en faveur de la *lex domicilii ven ditoris*, parce que les marchandises qu'il envoie se trouvent à son domicile, et c'est la loi du lieu où sont situées les marchandises qui règle l'exécution de la vente (v. L. 12, § 1, D. *Depositi.*, XVI, 3).

Nous avons vu, au chapitre précédent, que certains effets du contrat dérivent du mode d'exécution ; ils sont soumis à la *lex loci executionis*.

Ainsi c'est elle qui sert à fixer l'estimation de la chose due.

Nous avons vu que les dommages et intérêts pour cause d'inexécution de l'obligation ou de retard dans l'exécution dépendaient de la loi du contrat, quant à leur fixation (art. 1149-1150, C. c.). Mais on doit consulter la *lex loci executionis* pour savoir s'il y a eu faute, retard, négligence ou cas fortuit. En effet, c'est à la loi du lieu où ces faits peuvent se produire, de les déterminer et d'en régler les conséquences ; mais c'est la loi à laquelle les parties se sont soumises implicitement ou explicitement qui doit servir à fixer les dommages et intérêts, parce que l'inexécution ou le retard dans l'exécution de l'obligation, la faute, la négligence du débiteur sont des faits nécessairement prévus par les parties à l'époque du contrat. Au reste, il n'y a guère de controverse sur ce point, et la théorie que nous exposons était déjà celle de Voët (*De statut.*, §§ 9, 2, p. 270). « Hinc ratione effectus et complementi ipsius « contractus putatur ille locus in quem distincta est so- « lutio : id quoad modum, mensuram, usuras, negli-

« gentiam et moram post contractum initum acciden-
« tem referendum est. »

Ainsi, les intérêts moratoires (art. 1153) seront réglés, quant à leur taux ou à leur reproduction, par ana-
tocisme (art. 1154-1155), par la *lex loci executionis*,
puisque c'est au lieu où devait s'accomplir l'obligation
que le retard se produit.

Le point de savoir si les intérêts courent de plein
droit, ou après sommation, ou bien encore, après demande en justice, dépend également de la *lex loci
executionis*.

C'est encore la loi du lieu de l'exécution qui règle
les conditions dans lesquelles la clause pénale est encourue.

§ 2. *Preuves de l'obligation.*

Au moment de l'exécution, l'existence de l'obligation peut être contestée. Le créancier doit alors la
prouver.

Quelles preuves pourront être présentées ? L'obligation pourra-t-elle être prouvée par écrit ? La preuve
par témoins sera-t-elle être admise ou rejetée ? Les
présomptions auront-elles une force probante ? Le serment pourra-t-il être déféré ou référé ? Y aura-t-il lieu
au serment supplétoire, etc. ?

Nous avons déjà parlé des formes extrinsèques ou probantes des obligations ; nous avons dit qu'elles étaient soumises ordinairement à la *lex loci contractus* et, par exception, à la loi nationale commune des parties. Il semble, par suite, qu'au moment du procès, pour faire la preuve, il faudra consulter la loi qui a présidé aux formes probantes du contrat. Cependant, un grand nombre d'auteurs pensent qu'on doit appliquer ici la loi de l'action, c'est-à-dire la loi du tribunal devant lequel l'affaire est portée (Massé, *Dr. com.*, II, n° 770; Bonnier, *Preuves*, n°ˢ 928, 933, 935).

La preuve, dit-on, en faveur de ce système, n'a pas d'autre but que celui de convaincre le juge et il ne peut puiser sa conviction que dans les éléments autorisés par les lois de son pays. Nous répondrons que le juge peut très bien demander à la loi étrangère les preuves d'une convention qui est réglée, quant à ses formes extrinsèques, par la loi étrangère ; sinon il faudrait dire que le juge français ne peut jamais appliquer que la loi du lieu où il exerce ses fonctions ; nous avons déjà réfuté cette opinion.

On ajoute (Fœlix, L. 2, t. III, ch. II) « que la question de l'admissibilité d'une preuve est connexe à celle de savoir si une action peut être admise ensuite d'une prétendue convention ; or, le juge saisi de la contestation doit examiner si la loi de son pays accorde action ou protection aux prétendues conventions. » Cet ar-

gument serait décisif s'il ne s'appuyait point sur une
véritable pétition de principe. Sans doute, les difficultés qui s'élèvent sur la preuve des contrats se rapportent à l'action ; mais il s'agit de savoir si la loi de
l'action se confond avec la *lex fori* ; c'est ce qu'on suppose démontré dans le système de nos adversaires ;
c'est ce que nous ne saurions admettre. La procédure
est réglée par la loi du tribunal, mais le droit d'agir
en justice, l'action est un des éléments de l'obligation
civile ; il est donc soumis, comme inhérent à l'obligation à la loi du contrat. Nous reviendrons d'ailleurs
sur ce point à propos de la prescription.

La jurisprudence n'a pas consacré le système qui
soumet les questions de preuve à la *lex fori*. Dans l'arrêt souvent cité de 1804, il est décidé que la loi du lieu
où le contrat a été passé régit le contrat quant à ses
conditions, à ses effets et à sa preuve. Telle n'est pas
précisément la doctrine que nous adoptons, nous pensons avec la Cour de cassation, que la règle *locus regit
actum* est applicable dans notre matière ; mais nous
ne saurions dire, suivant les termes de l'arrêt, que le
contrat est soumis à une même loi, quant à ses conditions, à ses effets et à sa preuve. En effet, nous
avons vu que les conditions et les effets de l'obligation dépendent de la loi à laquelle les parties se réfèrent explicitement ou implicitement ; au contraire,
les formes extrinsèques ou probantes sont soustraites,
quant à la loi qui les détermine, au libre choix des

parties; il doit en être de même de la preuve. En résumé, ce n'est pas la loi du contrat qui est souveraine pour trancher ces questions, mais toujours la loi
du lieu où le contrat est passé; celle-ci, nous le savons,
ne régit les conditions et les effets du contrat, qu'en
l'absence d'une loi nationale ou domiciliaire commune
aux parties ou de toute autre loi choisie par elles.

Zachariæ (*Code civil français*, n° 31) résume ainsi le
système auquel nous nous rangeons : « La question
de savoir quels sont les moyens de preuve à l'aide desquels on est admis à établir, devant les tribunaux français, soit l'existence d'actes juridiques, par exemple,
de contrats passés à l'étranger, soit les modifications
qu'ils peuvent y avoir reçues, par des conventions ac-
cessoires ou subséquentes, se détermine d'après la loi
du pays où ces actes ont été conclus. C'est ainsi que le
juge français doit admettre la preuve testimoniale d'une
convention purement verbale dont l'objet dépasse la
valeur de 150 francs, si cette convention a été passée
dans un pays dont la loi n'exige pas la rédaction par
écrit de pareils actes et en autorise la preuve par témoins. »

Il faut appliquer ces principes aux différentes espèces de preuves. Nous renvoyons à ce que nous avons
dit sur la forme extrinsèque des actes, en ce qui concerne la preuve littérale et la preuve testimoniale.

N'oublions pas que tout ce qui touche à la procédure
est régi par la *lex fori*; ainsi, les formes suivant lesquelles,

les écrits seront présentés au tribunal ou les témoins interrogés par lui ne dépendent point de la *lex loci contractus*; elles rentrent dans l'exercice de l'action et par conséquent sont soumises à la loi du tribunal.

Les autres preuves sont, en général, régies par les mêmes principes. Ainsi, le point de savoir s'il y a lieu de déférer ou de référer le serment (en droit français le serment peut toujours être déféré ou référé) si le juge peut autoriser le serment supplétoire dépend de la *lex loci contractus*. Mais le mode de prestation du serment est soumis à la *lex fori*.

Quant aux présomptions de la loi il est nécessaire de faire des distinctions.

L'admissibilité de la preuve par présomptions établies par le juge dépend encore de la loi du lieu où s'est fait le contrat.

Mais pour les présomptions établies par la loi, il est nécessaire d'examiner la nature des actes ou des faits sur lesquels la loi les fonde.

Ainsi l'art. 1350 du Code civil, cite comme présomptions établies par la loi :

1° « Les actes que la loi déclare nuls, comme présumés faits en fraude de ses dispositions, d'après leur seule qualité. » Ici l'admissibilité de la présomption de nullité dépend de la loi qui régit les formes extrinsèques, s'il s'agit d'un vice de forme, ou de celle qui régit les formes intrinsèques, s'il s'agit d'un vice relatif aux conditions de l'obligation ;

2° « Les cas dans lesquels la loi déclare la propriété ou la libération résulter de certaines circonstances déterminées. » Ici c'est à la *lex solutionis* qu'il faut se référer;

3° « L'autorité que la loi attribue à la chose jugée. » Cette présomption doit dépendre de la loi du lieu où l'affaire a été jugée (Bonnier, *Preuves*, t. II, n° 934).

4° « La force que la loi attache à l'aveu de la partie ou à son serment. » Ce sont là des preuves complètes plutôt que des présomptions ; leur admissibilité dépend de la *lex loci contractus.*

CHAPITRE V.

DE L'EXTINCTION DES OBLIGATIONS.

SECTION PREMIERE.

DES DIFFÉRENTS MODES D'EXTINCTION DES OBLIGATIONS.

Nous devons nous occuper, dans ce dernier chapitre, de l'extinction des obligations.

Une première question se pose : Quelle est la loi qui détermine les différents modes d'extinction des obligations? En effet, si la plupart d'entre eux, les plus importants, sont communs à toutes les législations, il peut y en avoir qui ne soient admis que par quelques-unes et rejetés par les autres. Nous croyons qu'en principe la loi qui préside à la naissance de l'obligation doit présider également à son extinction ; c'est donc à la *lex contractus* qu'il faudra se référer pour résoudre cette première question.

Passons aux différents modes d'extinction de l'obligation consacrés par notre Code civil et qui sont d'ailleurs admis dans tous les pays (art. 1234). Les obligations s'éteignent :

1° Par le payement; 2° par a novation; 3° par la remise volontaire; 4° par la compensation; 5° par la confusion; 6° par la perte de la chose; 7° par la nullité ou la rescision; 8° par l'effet de la condition résolutoire; 9° par la prescription libératoire.

Examinons successivement ces différents modes d'extinction de l'obligation; nous placerons la prescription libératoire dans une section spéciale, à cause de son importance.

§ 1. *Du payement.*

A quelle loi le payement est-il soumis quant à ses conditions? La réponse nous est fournie par l'art. 1247 du Code civil : « Le payement doit être exécuté dans le lieu désigné par la convention. Si le lieu n'y est pas désigné, le payement, lorsqu'il s'agit d'un corps certain et déterminé, doit être fait dans le lieu où était, au temps de l'obligation, la chose qui en fait l'objet. Hors ces deux cas le payement doit être fait au domicile du débiteur. » Ces principes sont admis partout; la *lex solutionis* est donc facile à déterminer. Si cependant, par impossible, on se trouvait en présence de deux législations en désaccord sur la fixation du lieu où doit se faire le payement en l'absence de toute convention, dont l'une, par exemple, tiendrait pour le lieu du domicile du débiteur et l'autre pour celui du domicile du créancier, il faudrait, croyons-nous, appliquer la règle générale que nous avons posée plus haut, et faire trancher la difficulté par la loi du contrat.

C'est la *lex solutionis* qui détermine comment se fait le payement (art. 1243-1244-1245). La loi personnelle est applicable, lorsqu'il s'agit de savoir si le payement peut être fait ou reçu.

Une controverse s'est élevée à propos des payements de sommes d'argent qui se font en papier-monnaie.

On suppose que le lieu expressément ou implicitement désigné pour l'acquittement de l'obligation est celui où le papier-monnaie a cours forcé. Il est évident d'abord que le créancier ne pourra prétendre être payé en espèces sonnantes dans le lieu désigné pour le payement ; mais ne faut-il pas dire que, rentré dans son pays, il lui est permis d'assigner le débiteur devant ses juges nationaux (en vertu de l'art. 14 du Code civil, par exemple), pour le faire condamner à payer en monnaie française ? Pardessus (art. 1495 *bis*) et M. Massé se prononcent pour l'affirmative : « Sans doute, dit ce dernier, il (le créancier) ne pourra pas, dans le pays où est fait le payement, contraindre le débiteur à lui payer la différence, si la loi du pays s'y oppose ; mais ce débiteur, qui ne sera pas libéré complètement, pourra être cité par le créancier étranger devant les juges de celui-ci, y être valablement con-

damné à parfaire le payement, et voir le jugement exécuté sur tous ceux de ses biens qui se trouveront, en
pays étranger, à la disposition de son créancier. »

Quelque avantageuse que soit cette théorie pour le
créancier français, nous devons la rejeter en nous fondant sur la volonté même des parties. La manière dont
se fait le payement dépend exclusivement de la *lex solutionis* et celle-ci est toujours celle à laquelle les parties se sont référées. Le créancier français qui accepte
d'être payé dans un pays étranger, consent en même
temps à recevoir en payement du papier-monnaie aussi
bien que des espèces; et le tribunal français saisi, en
vertu de l'art. 14, devrait condamner le débiteur à
payer en monnaie française, mais dans la monnaie du
lieu fixé par la convention; quant à l'action qu'inten
terait le créancier en France, après avoir été payé en
papier-monnaie à l'étranger, elle devrait être écartée
purement et simplement.

Le payement peut avoir lieu avec subrogation, c'est-
à-dire avec substitution d'un nouveau créancier à l'ancien (art. 1249, C. civ.).

Quelle est la loi qui doit régir les effets de la subrogation?

Pour résoudre cette question, il est nécessaire de
connaître la nature du payement avec subrogation.

Selon les uns, le payement avec subrogation éteint
la dette; mais le créancier subrogé a contre le débiteur
une action de mandat, de gestion d'affaire ou de prêt,

suivant les cas ; de plus, la loi, par sa puissance, attribue à la nouvelle obligation toutes les garanties de l'ancienne (hypothèque, cautions, etc.).

Selon les autres, le payement avec subrogation ne
fait que substituer un nouveau créancier à l'ancien ;
l'obligation subsiste avec toutes ses garanties. Nous
pensons que c'est à cette dernière opinion qu'il faut se
ranger.

Cette controverse sur la nature de la subrogation est
du domaine de la doctrine ; les différents législateurs
ne paraissent point s'en être préoccupés. Cependant,
la solution de notre question dépend du parti que l'on
adopte dans cette controverse.

Ceux qui prétendent que le payement avec subrogation éteint l'ancienne obligation, sont conduits à soumettre les effets de la subrogation à la *lex solutionis* ;
car il n'y a vraiment de subrogation qu'au moment
même du payement.

Pour nous, au contraire, qui ne voyons dans la subrogation qu'une simple substitution d'un nouveau
créancier à l'ancien, l'ancienne obligation continuant
de subsister, nous devons l'assimiler à la cession d'action, et par suite la faire régir par la loi du lieu où elle
intervient. En fait, cette différence présente peu d'importance, parce que le plus souvent la subrogation a
lieu à l'époque et dans le lieu du payement, surtout
lorsqu'il s'agit d'une subrogation par la volonté du débiteur (art. 1250-2°) ; il s'ensuit que la loi de la subrogation ne peut guère se distinguer de la *lex solutionis*.

On peut se demander si la loi nationale du subrogé ne doit pas être préférée à la *lex loci subrogationis*, lorsqu'elle est en même temps celle du débiteur, le subrogeant étant étranger. Fiore n'admet point cette restriction ; en effet, dans la subrogation, les deux parties en cause sont le subrogeant et le subrogé, comme dans la cession ce sont le cédant et le cessionnaire ; le débiteur dans la subrogation et le cédé dans la cession ne sont que des tiers.

L'art. 1250 exige la rédaction d'un acte d'emprunt et d'une quittance notariés, lorsque la subrogation a lieu par la volonté du débiteur : c'est afin de garantir les créanciers de ce dernier contre des fraudes possibles. Ce sont là des formalités qui ont rapport au mode de payement : elles dépendent donc de la *lex solutionis*.

Dans les cas de subrogation légale (art. 1251), il est nécessaire d'appliquer des principes différents ; la subrogation légale accompagne certains faits juridiques ; ainsi, elle a lieu au profit de celui qui étant tenu avec d'autres ou pour d'autres au payement de la dette, a intérêt à l'acquitter (art. 1251-3°). Il est évident que c'est la loi du lieu où se réalise le fait qui donne naissance à la subrogation légale qui doit aussi régir ses effets ; ainsi dans l'exemple cité ce sera la *lex solutionis*.

La subrogation a pour conséquence de transporter tous les droits de l'ancien créancier sur la tête du nouveau ; ainsi ce dernier a les garanties, hypothèques et

20.

cautions qui sont attachées à l'obligation. Ces droits continueront d'être déterminés par la loi du contrat.

§ 2. *Remise de dettes.*

Les conditions et les effets de la remise de dettes sont soumis, en règle générale, à la loi du lieu où elle est faite ; mais il est nécessaire de faire quelques distinctions.

D'abord pour faire une remise de dette il faut avoir la capacité de donner et pour l'accepter il faut avoir celle de recevoir à titre gratuit ; nous sommes en présence d'une question de statut personnel.

Les art. 1284, 1285, 1287 et 1288 s'occupent des effets de la remise à l'égard des codébiteurs solidaires et des cautions. Quelle est la loi qui doit les déterminer ? Ce ne peut être celle du lieu où se produit la remise ; bien que la remise soit un fait accidentel, ses effets à l'égard des coobligés dépendent de la nature de l'obligation ; ils doivent donc être soumis à la loi qui la régit.

Le concordat en matière commerciale est une remise de dettes d'un caractère spécial ; la minorité des créanciers la subit conformément au vœu de la majorité. On s'est demandé si le concordat pouvait être op-

posé par le débiteur aux créanciers qui ne l'avaient pas
voté dans leur propre pays. Massé le nie absolument ;
et un arrêt de Paris du 25 février 1825 consacre cette
doctrine.

« Certainement, dit Massé, un créancier étranger qui
n'a pas adhéré au concordat ne peut obtenir en France
des droits plus grands que les créanciers français,
parce qu'on ne peut admettre en France deux ordres
de créanciers et favoriser les étrangers plus que les nationaux. Mais s'il cite devant le tribunal étranger, son
débiteur, ce dernier ne peut utilement lui opposer le
concordat auquel il n'a pas adhéré. De même, un
étranger qui a été déclaré en faillite dans son pays, et
qui y a obtenu un concordat, ne peut s'en prévaloir en
France pour repousser l'action exercée contre lui par
un créancier français » (Massé, *Droit commercial*,
n° 613).

Nous pensons que ce système doit être repoussé ; le
concordat doit pouvoir être opposé partout où le débiteur failli est poursuivi. Les créanciers qui ne l'ont pas
voté le subissent, en vertu de la loi du lieu où leurs
créances ont été ou devaient être vérifiées ; s'ils ont
laissé passer le délai prescrit pour la production de
leurs créances, ils sont considérés comme ayant tacitement adhéré au concordat (voir Fiore, *Droit intern.
privé*; *Extinction des obligations*).

Nous pouvons rattacher à la remise de dettes la cession de biens volontaire ou judiciaire et le bénéfice de

compétence qui entraînent une remise partielle. Ce
sont des avantages régis par la loi personnelle; mais
comme ils ont pour conséquence de priver les
créanciers d'une partie de leurs droits, Fiore prétend
qu'ils n'ont d'effet partout qu'autant qu'ils sont accep-
tés par eux; notamment en ce qui concerne la cession
de biens judiciaire, elle ne peut soustraire le débiteur
à sa condamnation, en dehors du territoire de sa nation. Nous croyons que la solution contraire serait plus
conforme aux principes, et ne blesserait pas l'équité.
Le créancier, en contractant avec le débiteur est censé
avoir eu connaissance de son statut personnel, et par
conséquent de ces avantages personnels qui n'ont rien
de contraire à l'ordre public et qui sont admis dans un
grand nombre de législations.

§ 4. *Compensation et confusion.*

« Lorsque deux personnes se trouvent débitrices,
l'une envers l'autre, il s'opère entre elles une compensation qui éteint les deux dettes » (art. 1289).

La compensation se produit au moment où naît la
seconde obligation; c'est donc la loi du lieu où se
forme cette dernière qui doit en déterminer les conditions et les effets. Nous ne disons pas qu'elle est soumise à la loi de la seconde obligation (qui, on le sait,

n'est pas toujours la *lex loci contractus*), parce que c'est
le fait du nouvel engagement que nous avons à considérer ; or, le fait de l'engagement est localisé dans l'endroit où il se produit.

Ainsi, c'est la *lex loci contractus* qui déterminera si
la compensation a lieu de plein droit aux termes de
l'art. 1289 du Code civil, ou si elle doit être demandée
suivant les principes du droit romain.

« Lorsque les qualités de créancier et de débiteur se
réunissent dans la même personne, il se fait une confusion de droit qui éteint les deux créances. »

Il n'y a qu'à appliquer ici le principe que nous venons de poser à propos de la compensation. C'est la
loi du lieu où se produit cette réunion des qualités de
créancier et de débiteur qui doit régir les conditions et
les effets de la confusion.

§ 5. *Perte de la chose due.*

On suppose qu'un corps certain, qui faisait l'objet
d'une obligation, vient à périr ou est mis hors du commerce (art. 1302).

Cet objet périt par cas fortuit.

Il périt par la faute du débiteur.

Il périt par cas fortuit, le débiteur étant en demeure.

Dans la première hypothèse, le débiteur n'est pas responsable de la perte de la chose due. Mais d'après quelle loi doit-on apprécier s'il y a eu cas fortuit? Nous avons déjà vu que c'était d'après la *lex·loci execulionis*; puisqu'il s'agit d'un corps certain, cette loi se confond avec la *lex rei sitæ*.

Dans la deuxième et dans la troisième hypothèse, le débiteur est responsable de la perte de la chose due (la démence est assimilée à la faute). Pour juger s'il y a démence ou faute, il faut encore se référer à la loi du lieu où l'obligation devait s'exécuter.

Nous ne parlons pas du lieu où la chose a péri, quoique ce lieu ne soit pas toujours celui où elle était ordinairement et où elle devait être livrée (par exemple s'il y a eu un déplacement temporaire . C'est qu'en effet les conséquences de la perte de la chose due ne se rapportent point au fait de la perte, mais à l'exécution de l'obligation.

§ 6. *De la nullité ou de la rescision de l'effet de la condition résolutoire.*

On distingue l'obligation nulle de l'obligation annulable. l'obligation nulle n'existe pas ; le juge qui prononce la nullité ne fait que constater l'absence de tout lien de droit; elle ne peut être ratifiée. L'obligation annulable existe, mais elle est viciée; le juge doit l'annuler, la détruire; elle peut être ratifiée.

Quelle est la loi qui permet d'établir si l'obligation est nulle de plein droit ou simplement annulable?

Il faut rechercher si la nullité a sa source dans le contrat ou dans des circonstances postérieures, et la soumettre, dans la première hypothèse, à la loi du contrat, dans la seconde, à celle du lieu où s'est produit le fait qui entraîne la nullité. Nous disons que la loi du contrat sera appliquée toutes les fois que la nullité aura sa source dans le contrat. Nous devons faire ici une sous-distinction. La nullité peut porter soit sur la forme extrinsèque de l'obligation, soit sur ses conditions intrinsèques; dans le premier cas c'est la *lex loci contractus* qui détermine s'il y a nullité, par application de la règle *locus regit actum*; dans le second, la nullité est soumise à la loi expressément ou implicitement choisie par les parties (loi nationale ou domiciliaire commune, loi locale de l'obligation).

Parmi les annulabilités, il est nécessaire de distinguer celles qui dérivent d'un vice du consentement, de celles qui proviennent du défaut de capacité de la partie; les unes sont régies par la loi du contrat, les autres sont soumises à la loi de la personne.

La loi qui déclare la nullité (nullité de plein droit ou annulabilité) donne également une action **pour la faire** prononcer par le juge. Il n'y a pas lieu de faire régir l'action en nullité ou en rescision par une autre loi. Cependant il faut mettre à part tout ce qui a rapport à la procédure et qui dépend toujours de la *lex fori*. Ainsi, dans l'ancien droit, il fallait des lettres de chancellerie pour agir en rescision; si une disposition de ce genre existait dans un pays étranger, il est évident que, pour agir en rescision d'une obligation soumise à la loi de ce pays devant la juridiction française, il ne serait pas nécessaire d'obtenir au préalable, de l'autorité étrangère, des lettres de rescision.

Nous n'en dirons pas de même de la prescription de l'action en rescision; elle n'est pas régie par la *lex fori* (comme nous l'établirons plus loin), mais par la loi qui détermine la nullité.

Nous n'avons pas besoin de nous arrêter à l'effet de la condition résolutoire. La condition résolutoire, et par suite l'extinction de l'obligation qui suit son accomplissement, dépendent de la loi de l'obligation.

SECTION II.

DE LA PRESCRIPTION LIBÉRATOIRE.

Nous arrivons à la prescription libératoire. Quelle est la loi qui doit la régir?

Il y a sur cette question de grandes controverses entre les interprètes.

Pothier (*Prescription*, § 251) soutient que la loi du domicile du créancier est seule applicable, parce qu'une personne ne peut être privée d'un droit que par la puissance de la loi à laquelle elle est soumise. Pothier applique cette idée à la rente constituée ; elle doit être régie, d'après lui, quant à sa nature, ses effets et son extinction, par la loi du domicile, et, si les parties ne sont point soumises à la même loi domiciliaire, on préfère celle du créancier : « La raison en est que les choses que nous avons *in bonis* étant distribuées en deux classes, de meubles ou d'immeubles, lorsqu'on demande à laquelle de ces deux classes la rente constituée appartient, c'est de la rente en tant qu'elle est *in bonis nostris* dont il est question, et partant de la rente en tant qu'elle est considérée du côté du créancier. Or, c'est la loi du domicile du créancier qui doit régler les droits résidant en la personne du créancier : c'est donc la loi qui doit régler la nature des rentes constituées » (Pothier, *Des choses*, § 2).

Ce système n'est guère admissible. D'abord, il n'est pas juste de comparer un droit incorporel tel que la rente, et en général tout rapport d'obligations, aux choses que nous avons *in bonis*. Sans doute, on peut dire que les créances font partie de l'actif du patrimoine comme les autres biens ; en un mot, que ce sont des biens, *bona, quia beatos faciunt*. Mais il ne faut pas

confondre. même au point de vue de la composition du
patrimoine, un droit de créance et un droit de propriété, ou tout autre droit réel. Le droit réel est un
rapport entre une personne et le genre humain tout
entier qui est tenu à une simple abstention. Le rapport d'obligation embrasse deux termes égaux; préférer la loi du créancier à celle du débiteur pour déterminer le temps et les conditions de la prescription, ce
serait aggraver les charges du débiteur.

Ainsi nous rejetons la loi domiciliaire ou nationale
du créancier.

Devons-nous repousser également l'autorité de la loi
personnelle (domiciliaire ou nationale) du débiteur?
Sans aucun doute, la loi personnelle du débiteur n'est
pas plus intéressante que celle du créancier. Mais, en
matière de prescription, on peut considérer la *lex domicilii debitoris* autrement que comme loi personnelle.

D'abord, reprenant l'idée de Pothier, on peut se demander si le rapport d'obligation n'a pas une sorte
de situation comme les choses corporelles. Marcadé,
(*Traité de la prescription*), compare la prescription libératoire à la prescription acquisitive. « De même, dit-
il, qu'en identifiant le droit réel avec la chose sur laquelle il frappe, on décide que la loi de la situation
doit régir la prescription, de même en identifiant le
droit personnel avec la personne sur laquelle il frappe,
on décidera que c'est la loi de la personne, c'est-à-dire

du domicile du débiteur qui doit régir la prescription. »

Ce point de vue doit encore être écarté ; il n'est pas plus possible d'identifier le rapport d'obligation avec la personne du débiteur qu'avec celle du créancier.

Mais, a-t-on dit, la *lex domicilii debitoris* est applicable à la prescription, parce que la prescripion concerne plutôt l'action en justice que l'obligation : « Præscriptio non pertinet ad valorem contractus sed ad « tempus et modum actionis instituendæ » (Huberus).

M. Labbé a développé cette idée dans une remarquable dissertation sur l'arrêt de la Cour de cassation du 13 janvier 1869 (Sirey, 1869, 1, p. 1),

A l'appui de ce système on fait observer que c'est à l'autorité qui commande au débiteur que le créancier doit s'adresser, afin de vaincre sa résistance, d'où on conclut que les exceptions que peut opposer le débiteur, entre autres celle de prescription, doivent être déterminées par la même autorité. On ajoute que l'exactitude de ce point de vue est encore plus incontestable, si l'on admet qu'une obligation naturelle survit à la prescription accomplie (Aubry et Rau, t. VI, § 775 ; Larombière, *Oblig.*, art. 1235, n° 6). La loi du domicile du débiteur est donc applicable, en tant qu'elle est la *lex fori*. Mais ici une difficulté se présente : s'agit-il du domicile qu'avait le débiteur au moment du contrat, ou de celui qu'il a au moment de la poursuite ? En d'autres termes, faut-il tenir compte de la *mutatio domicilii* survenue postérieurement au contrat?

Dunod (ch. XIV) pense qu'il y a toujours lieu d'appliquer la loi du lieu où le débiteur avait son domicile au moment du contrat, que si depuis il l'a changé, il ne peut point néanmoins faire la condition de son créancier plus mauvaise, parce qu'il ne doit pas dépendre de lui d'abréger à son gré le terme de la prescription au préjudice de son créancier.

Boullenois (*Statuts*, p. 350) fait une application plus rigoureuse des principes ; la *lex domicilii debitoris* régit la prescription comme *lex fori* ; il en résulte qu'elle doit changer avec le domicile du débiteur puisque le changement de domicile a pour effet de modifier la compétence.

M. Labbé (*loc. cit.*) se range à ce système, malgré la situation défavorable qu'il fait au créancier. D'ailleurs, fait-il remarquer, un changement de domicile, une expatriation est une chose difficile à accomplir ; oui, sans doute, si l'on admet qu'on ne peut avoir de domicile légal que dans sa patrie ; mais ce point est très controversé.

Les parties pourraient encore insérer une élection de domicile dans le contrat ; mais elles n'auront cette pensée que si elles diffèrent de nationalité ; de plus, il faudrait montrer qu'elles n'ont pas dû s'en rapporter à tout événement à la loi du contrat.

Enfin on prétend écarter une dernière objection, en

soutenant que si la prescription établie par la loi du nouveau domicile est plus courte que l'ancienne, le débiteur ne comptera que les années écoulées depuis le changement de domicile (Marcadé, art. 2219, n° 5). Ainsi, après la *mutatio domicilii*, le créancier diligent pourra toujours interrompre la prescription. Mais, répondrons-nous, il n'aura pas toujours connaissance du changement de domicile, et si la nouvelle prescription est plus courte que l'ancienne, le temps qui en reste à courir s'écoulera, sans qu'il ait fait aucun acte d'interruption et sans qu'on puisse néanmoins l'accuser de négligence. La question subsiste dans les mêmes termes : le créancier a-t-il dû prévoir les conséquences qu'aurait dans notre matière une *mutatio domicilii* de la part du débiteur, de sorte qu'il ne puisse s'en prendre qu'à lui-même s'il ne s'en est pas garanti?

Avant de critiquer en lui-même le système que nous exposons, nous devons faire une dernière observation.

C'est comme *lex fori*, avons-nous dit, que la loi du domicile du débiteur est applicable. Mais il y a des cas où normalement, ou par exception, le créancier peut assigner le débiteur devant un autre tribunal que celui de son domicile. Ainsi, en vertu de l'art. 420 du Code de procédure civile, le demandeur a le choix entre le tribunal du domicile du défendeur, celui du lieu où la promesse a été faite et la marchandise livrée, enfin celui du lieu où le payement devait être effectué ; dans les relations commerciales entre Français et étrangers ou entre étrangers différant de nationalité, la juridiction française peut donc être compétente à trois titres différents. En second lieu, l'art. 14 du Code civil, contrairement à l'axiome *actor sequitur forum rei*, donne au demandeur français le droit de poursuivre en France le défendeur étranger, alors même que l'obligation a été contractée à l'étranger ; il en résulte que, dans ce cas, si le créancier use de la faculté que la loi lui donne, c'est le tribunal de son domicile qui devient compétent à la place du *forum rei*. Enfin, dans les cas de demande incidente, d'intervention ou de tierce opposition, la juridiction française peut avoir à se prononcer sur des questions de prescription qui normalement devraient être tranchées par le tribunal du domicile du débiteur.

Il n'est pas nécessaire d'indiquer quels inconvénients peuvent résulter pour le débiteur de cette variété dans la compétence ni de montrer comment souvent, en matière commerciale, par exemple, où l'on applique l'art. 420 du Code de procédure, le créancier pourra, par son assignation, modifier la durée et les conditions de la prescription.

On s'est demandé si l'on ne pouvait pas échapper à ces conséquences. D'abord, toutes les fois où la loi française attribue compétence à plusieurs tribunaux (art. 14 Code civ., art. 420 Cod. pén.), force est bien de décider que la *lex fori*, à laquelle est soumise la prescription est celle que le créancier a choisie en assignant le débiteur devant l'une de ces juridictions. Dans cette hypothèse, dira-t-on, le débiteur a pu connaître ou à peu près les différentes prescriptions qu'il pourrait un jour invoquer, et il n'a dû légitimement compter que sur la plus longue qui est la plus avantageuse pour le créancier. Ainsi, une vente de marchandises a été faite par un Français à un étranger; la livraison a lieu en Angleterre, le payement en Belgique; l'étranger n'a pas dû ignorer qu'outre le juge de son domicile, le juge français, en vertu de l'art. 14 du Code civil, le juge anglais ou belge, en vertu de la loi anglaise ou belge, pouvaient être appelés à connaître des obligations contractées par lui, et par suite à appliquer en matière de prescription la loi à laquelle ils sont soumis. Ainsi, en général, le créancier, en assignant le débiteur, ne peut pas le surprendre comme il peut être surpris par lui, au cas de changement de domicile. Mais nous supposons admis partout le principe de droit des gens, d'après lequel les tribunaux d'une nation ne peuvent être compétents, en matière d'obligations, qu'autant qu'ils sont la juridiction naturelle des contractants, à raison de la nationalité ou du domicile, ou que le contrat ou l'un des actes qui en sont la conséquence a été fait dans leur ressort; ainsi la *lex fori* pourra être, suivant les différentes législations, la *lex domicilii debitoris*, la *lex domicilii creditoris* (art. 14 Code civ.), la *lex contractus*, la *lex executionis*, la *lex solutionis*.

Mais il peut arriver qu'un tribunal se trouve saisi en dehors des cas ordinaires; la juridiction française, nous l'avons montré plus haut, peut avoir à connaître d'une obligation, bien que normalement elle ne soit pas compétente; de plus, si l'incompétence *ratione personæ* n'est pas opposée *in limine litis*, elle peut passer outre.

Dans ces hypothèses faudra-t-il encore appliquer la loi française? N'est-ce point la loi du tribunal où les poursuites devaient avoir lieu et non point celle du tribunal où, par exception, elles ont lieu, qui doit régir l'action, et, d'après le système que nous examinons, la prescription?

En équité l'affirmative ne serait pas douteuse; mais elle est absolument écartée par ceux qui pensent que les lois sur la prescription sont d'ordre public et que les tribunaux ne peuvent jamais appliquer une prescription étrangère. Nous aurons plus loin à examiner cette opinion.

M. Labbé, qui l'adopte, essaie d'y apporter un tempérament : « Il n'est pas déraisonnable, dit-il, de croire qu'un législateur qui admet le principe de la prescription, ait la condescendance de laisser appliquer par ses juges, saisis exceptionnellement d'une action, la règle de prescription établie dans le lieu où normalement l'action devait être portée, c'est-à-dire au domicile du débiteur » (Labbé, *loc. cit.*). L'éminent professeur fait remarquer que le tribunal du débiteur est le tribunal compétent par excellence ; cela est vrai, sans doute, sauf en matière commerciale, où il nous paraît difficile d'attribuer une compétence par excellence au tribunal du domicile du débiteur, plutôt qu'aux autres tribunaux également compétents (art. 420, C. p.). Mais est-il possible de s'attacher à ces considérations, s'il est vrai que les règles de prescription sont d'ordre public, disons mieux, de droit public ?

Nous n'avons fait jusqu'à présent, au système qui soutient l'autorité de la *lex fori*, que des objections d'un ordre secondaire ; il nous reste à rechercher si cette théorie repose sur une base vraiment solide ?

On dit que la prescription concerne plutôt l'action en justice que l'obligation : « Jus præscriptionis actionem « pertinet, non ad negotium gestum. »

Que faut-il entendre par *action*? Le droit romain, à qui cette théorie est empruntée, définit l'action, *le droit de poursuivre en justice ce qui nous est dû* « jus « persequendi judicio, quod sibi debetur » (Inst. Just., t. VI, pr.).

Dans le système de la procédure formulaire, ce droit de poursuite n'appartient pas immédiatement au demandeur, au créancier ; en d'autres termes, il n'est pas contenu dans son droit personnel ; il doit s'adresser au préteur pour l'obtenir, et, à cet effet, lui demander la délivrance d'une formule d'action. L'obligation civile ne lui donne que ce droit d'al-

21.

ler trouver le préteur, le *jus ad actionem*. Ainsi, par leur système de procédure, les Romains ont été amenés à considérer le droit d'agir en justice, dans leur langage, l'action, comme un droit distinct de l'obligation, dont elle ne dépend que médiatement et qui en est la cause occasionnelle plutôt que la cause généra trice.

On comprend alors qu'on ait considéré l'action (prise dans ce sens) comme soumise à un autre droit que l'obligation ; deux personnes pouvaient créer à l'avantage de l'une et au détriment de l'autre toute espèce de droit, excepté celui de se poursuivre en justice (*in judicio*) ; ce droit n'était donné que par le préteur ; il en résultait que les parties pouvaient bien choisir la loi à laquelle le rapport d'obligation serait soumis, mais la détermination de la nature, des conditions et de la prescription de l'action n'appartenait qu'au préteur et dépendait par suite de la loi à laquelle il obéissait luimême.

Les questions de preuve, et surtout celles relatives aux exceptions, à la durée des actions, devaient donc être réglées par la *lex fori*.

Est-il permis de transporter cette théorie dans le droit moderne, spécialement dans le droit du Code civil ? Nous ne le pensons pas. Aujourd'hui, l'action, ce n'est plus le droit de poursuivre en justice, c'est la poursuite elle-même. Le juge, dans une certaine mesure, remplace le préteur romain ; mais il est loin d'avoir toutes ses attributions ; *il ne dit pas le droit (jus non dicit)* ; les défenses et les exceptions qui ne dérivent pas du procès lui-même ne rentrent pas dans la procédure, et, par conséquent, ne doivent pas être soumises à la *lex fori.* En un mot, cette loi doit régir la poursuite elle-même et non pas le droit de poursuivre qui n'est qu'un corollaire de l'obligation.

Mais, a-t-on dit, toute justice émane du souverain ; c'est lui qui donne une sanction à l'obligation en donnant le droit au créancier d'en exiger l'exécution. Sans doute, c'est le souverain de la nation où le procès a lieu qui autorise la poursuite ; mais il faut toujours distinguer l'exercice d'un droit de la jouissance de ce droit ; l'exercice du droit d'agir en justice dépend évidemment de la loi du lieu où l'on agit ; aussi cette loi régit toute la procédure. Mais le créancier tient son droit d'agir en justice non de la loi du lieu où il l'exerce, mais de celle sous l'empire de laquelle l'obligation a été contractée.

Ces prémisses posées, il nous est facile de conclure. La prescription libératoire n'a pas rapport à la poursuite, à l'instance, comme la péremption, mais au droit de poursuivre ; elle ne doit donc pas être soumise à la *lex fori.* Ajoutons que le droit de poursuivre est inhérent à l'obligation et que ce sont vraiment les parties qui le créent en contractant, comme elles créent l'obligation elle-même. Leur volonté doit donc présider à son extinction comme elle préside à sa naissance, à moins que, par leur caractère, les différentes règles de la prescription ne soient applicables que sur le territoire où elles sont en vigueur.

Nous arrivons ainsi à l'examen d'un nouveau système qui fonde l'autorité de la *lex fori* sur des raisons de droit public.

M. Labbé en a formulé le principe dans les termes suivants : « La loi qui octroie la faculté d'agir en justice limite l'exercice de cette faculté. Le créancier qui sollicite d'une autorité une condamnation doit respecter les limites de temps où l'intervention de cette autorité est, de crainte d'erreur, renfermée par la loi de son institution » (Voy. Sirey, sous l'arrêt déjà cité).

Ce système est également celui de M. Demangeat. Au fond, il repose sur la même idée que le précédent, à savoir que le droit d'agir en justice est déterminé par la loi du pays où l'action est intentée; mais ici ce n'est pas seulement la loi du tribunal compétent qu'on déclare applicable, mais celle du tribunal devant lequel le procès est réellement porté. Nous n'avons pas à revenir sur les raisons qui défendent d'accepter cette idée. Ajoutons que l'ordre public n'est pas mis en péril lorsqu'une des parties peut agir devant la juridiction française dans des limites de temps déterminées par un statut étranger qui a d'ailleurs force de loi pour le juge français.

Certains auteurs (Troplong, *Prescription*, n° 38;

Massé, *Droit comm.*, t. I, n° 559) ont proposé de soumettre la prescription à la *lex loci executionis*.

Dans les contrats unilatéraux, comme il n'y a qu'une obligation, il n'y a aussi qu'un lieu de l'exécution ; c'est le lieu où le remboursement doit être effectué dans le prêt de consommation, où la chose déposée doit être restituée, dans le contrat de dépôt.

Mais dans les contrats synallagmatiques, il peut y avoir autant de lieux d'exécution qu'il y a d'obligations corrélatives. Ainsi dans la vente de meubles *in genere*, l'obligation du vendeur s'exécute au lieu de leur situation, celle de l'acheteur au lieu convenu pour le payement du prix qui peut être différent (art. 1651); de même dans la vente de marchandises, la livraison peut être faite dans un endroit et le prix payé dans un autre. Ainsi, le système qui soumet la prescription à l'autorité de la *lex loci executionis* peut aboutir à faire régir par des prescriptions différentes des obligations qui naissent d'un même contrat et dont chacune est la cause de l'autre ; ce résultat est contraire à l'équité, aux prévisions des parties et à cette égalité qui est le principe même des contrats synallagmatiques.

Mais sur quoi se fonde cette théorie ?

Troplong (*loc. cit.*) remarque que la prescription libératoire est la punition de la négligence du créancier ; or, le créancier est négligent au lieu où le payement devait être fait. Marcadé (*Prescription*), répond que pour être négligent en un lieu, il faut y avoir été ;

or si le créancier n'a pas été recevoir son payement au
lieu convenu, on ne saurait dire que sa négligence s'est
produite en ce lieu; et le même auteur ajoute que la
loi à laquelle le créancier a négligé d'obéir est celle devant laquelle il devait assigner le débiteur, c'est-à-dire
la loi de son domicile. Mais nous avons vu que dans
certains cas, en matière commerciale, par exemple,
(art. 420 C. pr.) le débiteur pouvait être assigné devant
différents tribunaux; il est alors difficile de dire à
laquelle de ces lois le créancier a négligé d'obéir.

Au reste, la négligence du créancier ne peut pas être
assimilée à un événement déterminé qui se produit en
un certain lieu et qui emprunte à la loi de ce lieu son
caractère et ses conséquences juridiques; sans doute,
nous avons décidé que les intérêts moratoires se réglaient d'après la *lex loci executionis*, parce que c'est
au lieu de l'exécution que le débiteur est constitué en
demeure soit de plein de droit, soit par interpellation
du créancier; mais précisément dans cette hypothèse,
a négligence de la partie a pour point de départ un
événement déterminé qui ne se rattache pas au contrat, l'expiration d'un délai ou l'envoi d'une sommation; c'est donc au lieu où l'exécution de son obligation aurait pu empêcher la mise en demeure, que le
débiteur fait preuve de négligence et c'est d'après la
loi de ce lieu qu'il doit en supporter les conséquences.
Mais les causes d'extinction des obligations qui ne naissent point de faits postérieurs au contrat ne peuven

être régies que par la loi du contrat. Nous avons démontré plus haut que le droit d'agir, l'action, dans le sens que les Romains donnaient à ce mot, était inhérente à l'obligation civile ; l'extinction de ce droit et par suite de l'obligation civile, c'est-à-dire, la prescription, doit donc dépendre de la *lex contractus* ; c'est à cette loi que le créancier néglige d'obéir en ne poursuivant pas.

Nous adopterons le dernier des systèmes qui ont été proposés sur cette question ; la prescription doit être régie par la loi du contrat, en vertu du principe que le même droit préside à la naissance et à l'extinction de l'obligation (Fiore, *Dr. intern privé* ; Ballot, *Revue pratique*, t. VIII, p. 333 ; M. Renault, à son cours).

Mais il faut se rappeler que, contrairement à l'opinion de Savigny et des auteurs qui l'ont suivi, nous n'admettons pas que l'obligation ait un *droit local* indépendant de la volonté des parties, droit qui se déterminerait suivant la différence des cas (Savigny, t. VIII, p. 270). M. Ballot s'inspirant de la doctrine trop absolue qui a été consacrée par l'arrêt de cassation du 23 février 1864, prétend que la loi du lieu où le contrat est passé, doit servir à régler la prescription : « La loi du pays où il est (le débiteur), le saisit lui et son contractant au moment où il stipule et le régit depuis la naissance de l'engagement jusqu'à son extinction. »

L'auteur de la consultation maintient sa doctrine, même au cas où le contrat est intervenu entre

deux étrangers appartenant à la même nationalité.
M. de Vatimesnil, en adhérant à cette consultation, se place au véritable point de vue ; il n'admet point
que l'obligation ait par elle-même un *droit local* ; il
insiste sur cette idée que les causes d'extinction du
contrat, et, entre autres, la prescription, dépendent
de la loi par laquelle les parties ont entendu faire régir leur convention. Ainsi toute la difficulté se résout
en une question d'interprétation de la volonté des
parties. Elles ne se font point la loi à elles-mêmes,
mais, entre plusieurs lois qui pourraient être suivies,
elles ont un choix à exercer ; il est bien entendu
qu'elles ne peuvent jamais s'en référer expressément
ou tacitement qu'à une loi unique, en ce qui concerne
les effets de droit où leur volonté n'est pas libre ; ainsi,
la loi de la prescription, dans la doctrine que nous sou-
tenons, est nécessairement celle qui a présidé à la formation du contrat, alors même que les parties auraient
convenu de soumettre l'extinction de l'obligation à
une autre loi. C'est en ce sens qu'on peut dire que les
règles de prescription échappent entièrement à la volonté des parties.

M. de Vatimesnil recherchant l'intention des contractants, dans l'espèce qui lui était soumise, soutient
que la loi française est applicable lorsque l'obligation
a été contractée en France, et que le débiteur y a son
domicile, encore que les parties aient la même nationalité. On sait que, en cas de silence des con-

tractants, c'est à la loi de leur patrie commune que
nous donnons la préférence sur la loi du domicile de
l'un ou de l'autre, et même du domicile commun,
ainsi que sur la loi du lieu où le contrat a été passé ;
enfin, à défaut d'une loi nationale commune c'est encore la loi domiciliaire commune qui l'emporte sur la
lex loci, et celle-ci n'est applicable qu'autant que les
parties ont une nationalité différente et sont domiciliées dans différents pays. Mais, dans cette matière, la
volonté des parties est souveraine ; elles peuvent déclarer, par exemple, que leur contrat sera soumis à la
loi nationale ou domiciliaire d'une seule d'entre elles,
du débiteur, ou même du créancier ; et la loi ainsi désignée régira leur contrat quant à ses conditions
intrinsèques, quant à ses effets et à la prescription.

Quelle est sur cette question importante la doctrine
de la jurisprudence ?

Certains auteurs, M. Ballot entre autres, dans la consultation précitée, ont prétendu qu'elle avait consacré
l'autorité de la *lex contractus* par différents arrêts
(Douai, 16 avril 1834 ; Paris, 7 février 1839 et 18 janvier 1840 ; Alger, 18 août 1848 et surtout l'arrêt de
cassation du 23 février 1864). Ces arrêts ne s'occupent
point de l'extinction de l'obligation, mais de ses conditions intrinsèques, de ses effets et de sa preuve. L'arrêt
du 13 janvier 1869 a tranché la question dans le sens
du système qui admet l'autorité de la loi du domicile, et il paraît se prononcer en faveur de la loi du do-

micile à l'époque du procès; dans l'espèce, c'était devant le tribunal de son domicile que le débiteur était poursuivi.

Les règles de prescription limitent les procès dans l'intérêt de l'ordre public et n'admettent point de dérogations. Mais il faut se garder ici de tomber dans une confusion; ici, la notion d'ordre public doit être prise dans le sens que nous lui avons donné, en l'appliquant au statut personnel. Le législateur ne veut pas que l'état et la capacité des contractants dépendent de leur libre choix; de même, il ne veut pas non plus qu'ils aient la faculté de modifier à leur gré les règles de prescription. En d'autres termes, ces règles sont impératives; mais, toutes les dispositions impéraives d'une loi ne sont pas d'ordre public, en ce sens que les tribunaux du pays où elles sont en vigueur ne puissent en appliquer d'autres; l'opinion contraire n'irait rien moins qu'à renverser la base même du droit international privé.

Les parties ne peuvent pas déroger aux lois sur la prescription; elles ne peuvent point, par un acte isolé, postérieur au contrat ou distinct, en étendre ou en réduire la durée, en régler librement les conditions et les effets. Mais si, par leur situation spéciale au point de vue du domicile ou de la nationalité, elles ne sont pas soumises à une loi unique, et si, par suite, elles font expressément ou tacitement un choix entre différentes lois, rien n'empêche que ce choix ne réa-

gisse sur la détermination de la prescription comme
sur les conditions et les effets du contrat.

Est-ce à dire que les principes posés au titre de la
prescription ne devront avoir aucune influence sur la
décision du juge dès qu'une autre loi que la loi française sera applicable? Non, assurément. D'abord, il
faudra tenir compte du principe que les parties ne peuvent point déroger par leurs conventions aux règles de
prescription; ce principe est fondamental, et toutes
les législations l'ont admis ; mais si l'une d'elles,
dans un cas particulier, y faisait exception, le juge
français, croyons-nous, devrait considérer une pareille
anomalie comme contraire à notre droit public et refuser de la prendre en considération.

De même, il ne pourrait admettre en aucun cas
qu'une action fût imprescriptible; il devrait alors appliquer l'art. 2262 sur la prescription de trente ans.

Mais faut-il encore soutenir qu'il ne saurait reconnaître une prescription plus longue que celle de l'article 2262? Nous ne le pensons pas. Seul, le principe
que toute action doit être prescrite est de droit public,
parce qu'il touche à la base même de l'organisation
sociale; toutefois, il nous semble qu'on ne saurait jamais admettre des prescriptions de plus de cent ans,
si par hasard il s'en trouvait.

La prescription peut être interrompue ou suspendue.

La prescription libératoire ne peut être interrompue
que civilement. Les actes qui produisent l'interruption

sont régis par la loi du domicile du débiteur, puisque c'est à son domicile qu'il doit être assigné (art. 2244, 2245, 2247). Dans le cas de reconnaissance de la dette, il intervient un véritable contrat, dont la loi se détermine d'après les principes établis dans cette matière ; c'est de cette loi que dépend l'effet interruptif de la reconnaissance.

Les cas de suspension doivent être déterminés par la loi personnelle ; la suspension de la prescription est, en effet, un avantage accordé à la personne.

POSITIONS.

DROIT ROMAIN.

I. Les *cautiones rei uxoriæ* étaient des stipulations incertaines ayant pour objet une restitution équitable de la dot (*quod æquius melius erit*, p. 15).

II. Dans le droit de l'action *rei uxoriæ* la femme est créancière de la dot pendant le mariage.

III. L'action *ex stipulatu de dote* n'avait pas toujours pour objet une *certa quantitas* (p. 54).

IV. L'action *rei uxoriæ* compète au père de famille en cas de mort de la femme *in matrimonio* quand même celle-ci aurait été émancipée après la constitution de dot.

V. La *retentio ob liberos* et la *retentio ob mores* peuvent être cumulées (p. 96).

VI. Le *judicium de moribus* a le même objet que la *retentio ob mores* (p. 98).

VII. La défense d'hypothéquer le fonds dotal tire son origine de la *lex Julia* et non du sénatus-consulte Velléien.

VIII. Tous les changements survenus dans le *status* de la personne, entraînaient, en droit romain, la *capitis deminutio*, et non pas seulement ceux qui diminuaient sa capacité.

DROIT INTERNATIONAL PRIVÉ ET DROIT CIVIL FRANÇAIS.

I. La juridiction française ne peut pas refuser de trancher les contestations entre étrangers dans les cas où elle est compétente pour les trancher entre Français, à moins qu'elles ne soient relatives à l'état des personnes (voir p. 120).

II. La violation d'un principe de droit international privé donne ouverture à cassation (p. 123).

III. La loi nationale de l'étranger régit son état et sa capacité, quand même son application serait contraire à l'intérêt d'un Français (p. 145 et 175).

IV. Les jugements qui déterminent ou qui modifient l'état ou la capacité de l'étranger le suivent en France, à moins qu'ils ne soient contraires à l'ordre public français (p. 158).

V. L'art. 37 du Code civil a toujours été applicable aux sociétés anonymes étrangères, après la loi de 1857 comme avant; et il l'est encore, nonobstant la loi de 1867 (p. 194).

VI. La forme extrinsèque des contrats est régie par la loi du lieu où ils sont passés ou par la loi nationale commune des parties (p. 206).

VII. Le point de savoir si le contrat doit revêtir la forme authentique ne dépend point du statut personnel des parties, mais de la loi du lieu où il intervient (p. 215).

VIII. L'obligation qui n'a pas été contractée en France entre deux Français est soumise, quant à ses conditions intrinsèques, à sa nature et à ses effets, à la loi à laquelle les parties se sont expressément ou implicitement référées, à moins que l'ordre public français ne s'oppose à l'application de cette loi (p. 224 et 257).

IX. Le contrat conclu par lettre devient parfait au moment où l'offre est acceptée (p. 237).

X. La loi nationale des parties régit les conditions habilitantes de leur capacité; la loi nationale de la femme détermine si l'autorisation maritale est nécessaire (p. 251).

XI. Lorsque la *lex loci contractus* préside à la formation du contrat, c'est la loi du lieu où le prêt est réalisé et non celle du lieu où il est conclu qui doit déterminer le taux de l'intérêt conventionnel (p. 268).

XII. La loi nationale du mari régit le contrat de mariage, et à défaut de contrat de mariage, détermine le régime matrimonial des époux (p. 292).

XIII. Les questions de preuve doivent être résolues par la loi à laquelle le contrat est soumis quant à sa forme extrinsèque (p. 298).

XIV. La prescription libératoire est régie par la loi qui a présidé à la naissance de l'obligation (p. 331).

DROIT PÉNAL.

I. La loi du 25 mai 1864 n'a pas fait d'exception aux art. 291 et suivants du Code pénal et ne dispense pas de leur application les associations qui se rattachent à des coalitions.

II. Les suites sanglantes du duel tombent sous l'application des art. 304, 309 et 311 du Code pénal.

DROIT CONSTITUTIONNEL.

I. Sous l'empire de la Charte de 1814, les traités modifiant des tarifs de douanes avaient besoin de la ratification des Chambres.

II. L'art. 14 de la Charte ne reconnaissait au roi le droit de faire des ordonnances, pour la sûreté de l'Etat qu'à la condition de ne violer aucune des dispositions expresses de la Charte. L'art. 13 du sénatus-consulte des 8 et 10 septembre 1869 permettait, au contraire, à l'empereur de changer entièrement la Constitution, sauf à faire ratifier les changements par voie d'appel au peuple.

III. Les traités d'extradition n'ont pas besoin de la ratification des Chambres dans la Constitution de 1875. On ne doit pas considérer comme tacitement ratifiés ceux qui n'ont pas reçu la ratification expresse de l'Assemblée nationale de 1871.

Vu par le Président de la thèse,

LABBÉ.

Vu par le Doyen de la Faculté,

CH. BEUDANT.

Vu et permis d'imprimer,
Le vice-recteur de l'Académie de Paris.

GRÉARD.

TABLE DES MATIERES.

DROIT ROMAIN.

L'ACTION EX STIPULATU DE DOTE.

DROIT FRANÇAIS.

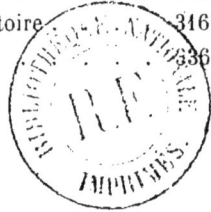

Page 31, ligne 16, au lieu de *Rubia*, lisez *Rubria*.

— ligne 23, au lieu de *censere*, lisez *censore*.

Page 47, ligne 23, au lieu de *nam et publice*, lisez *nam reipublicæ*.

Page 52, ligne 18, au lieu de *neptæ*, lisez *nepte*.

Page 63, ligne 9, au lieu de *nulla re*, lisez *nullave*.

Page 65, ligne 26, au lieu de .....*ureos*, lisez *centum aureos*.

Page 79, ligne 26, au lieu de *omnia*, lisez *annua*.

Page 89, ligne 1, supprimez *dari*.

— ligne 2 au lieu de *spondes*, lisez *dari spondes*.

Page 105, ligne 13, au lieu de *scriptum*, lisez *scriptura*.

Page 246, ligne 5, au lieu de *conditions des obligations*, lisez *conditions de validité des obligations*.

Page 231, ligne 4, au lieu de *si nous appliquons*, lisez *si nous appliquions*.

Page 310, ligne 3, intercalez le paragraphe suivant :

§ 2. Novation.

Les effets de la novation sont déterminés et régis par la loi du lieu où elle se produit, c'est-à-dire du lieu où naît la nouvelle obligation.

Page 310, au lieu de § 2, lisez § 3.

Page 325, ligne 15, au lieu de *ius præscriptionis actionem*, lisez *ius præscriptionis ad actionem*.

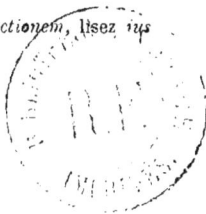

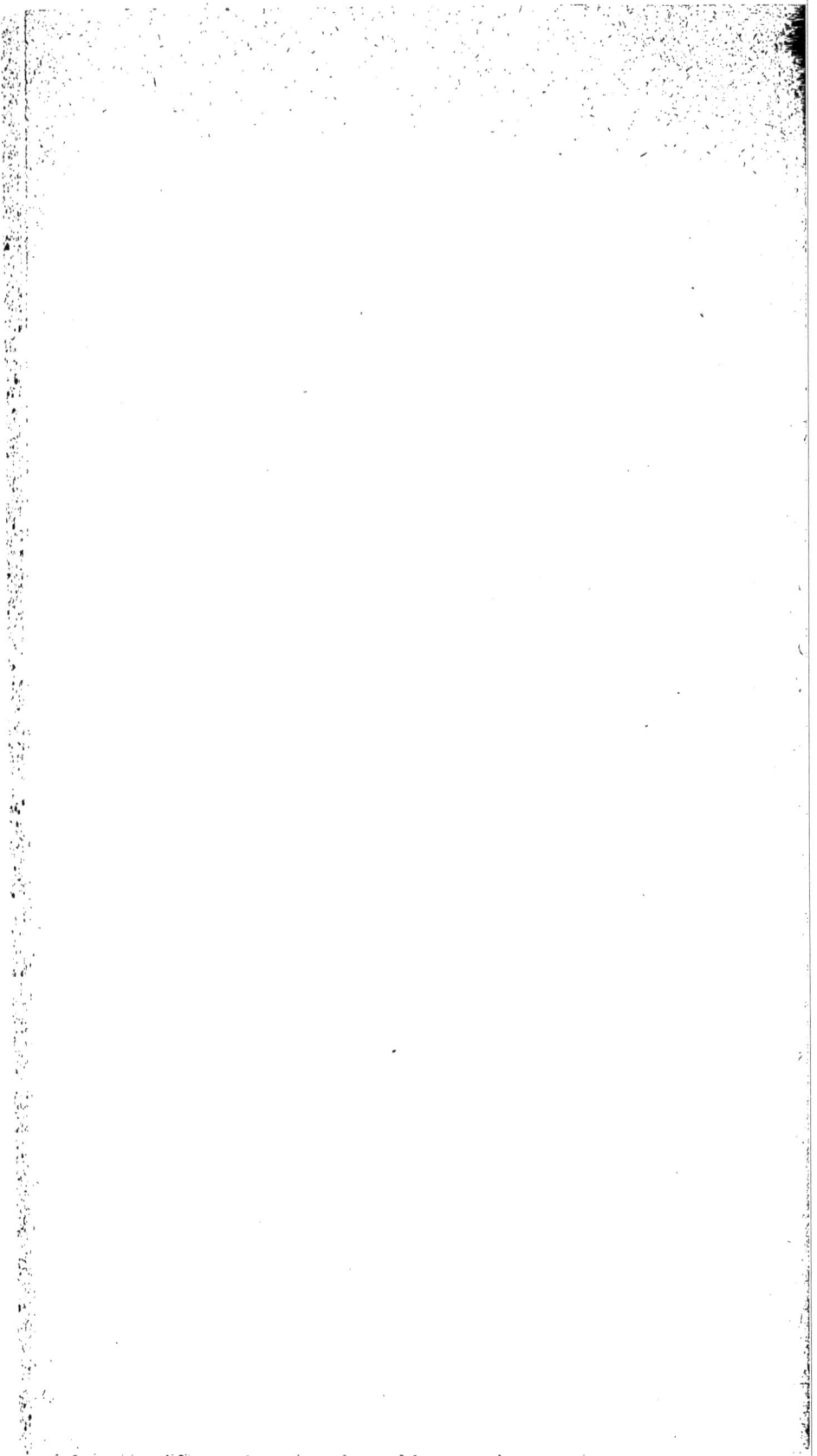

www.ingramcontent.com/pod-product-compliance
Lightning Source LLC
Chambersburg PA
CBHW060124200326
41518CB00008B/921